Inhalt

125 Years State Tourism Organisation

If we look back to the beginnings of tourism organisation and marketing for Tyrol, we quite rightly feel both joy and respect. It is impressive to see how our trail blazing "ancestors" forged ahead with their pioneering spirit and visionary thinking, as they founded the Association for the Enhancement of Tourism in North Tyrol in 1889.

This book documents the many measures implemented back then; policies which have been sustained over generations. These solid foundations are the reason why Tyrol's tourism can be described today as a pillar of strength, powerful economic force and key commercial sector. The Tyrolean tourism industry generates around four billion Euros annually in foreign added value. It secures income and prosperity for our most remote regions and valleys. Numerous advertising campaigns and marketing projects are considered classic masters of the genre and have made a fundamental contribution to the success of the Tyrol brand, whose reputation and charisma goes far beyond the borders of the European Union.

However, one must bear in mind that these successful developments cannot be taken for granted. The driving forces of our entrepreneurial people and leaders of Tyrolean tourism made this success story happen with their foresight, innovative spirit and creativity. Whether cable car enterprises, the first TIS online information system or the new, authentic imagery now used in advertising design – Tyrol has always been on the cutting edge. Even in increasingly dynamic and competitive times, we remain confident that our people will persistently and courageously continue to drive towards new goals, so the engine of prosperity called tourism stays up and running.

Looking back is important, because it serves as a reminder of from where we have come. Or, as French writer André Malraux once said: "In order to read the future, one must first leaf through the chapters of the past." With this in mind, we wish all readers – from Tyrol and beyond – an interesting and enlightening read. May the many impressions and vestiges of our history serve as motivation and a positive stimulus.

Günther Platter
Governor of Tyrol,
Councillor for Tourism

Josef Margreiter
State Tourism Director of Tyrol,
Managing Director of Tirol Werbung

125 Jahre Landestourismusorganisation

Wenn wir auf die Anfänge der Tourismusorganisation und -werbung für Tirol zurückblicken, so empfinden wir zu Recht Freude und Respekt. Es ist imponierend, von wie viel Pioniergeist und Weitblick unsere »Vorfahren« beseelt waren, als sie 1889 den Verein zur Hebung des Fremdenverkehrs in Nordtirol gründeten.

Viele der in diesem Buch dokumentierten Maßnahmen, die seit damals nachhaltig über Generationen umgesetzt wurden, bilden eine wichtige Basis dafür, dass heute vom Tourismus als Fels in der Brandung, als Wirtschaftsmotor, als Leitbranche gesprochen wird. Rund vier Milliarden Euro an ausländischer Wertschöpfung werden jährlich durch die Tiroler Tourismuswirtschaft generiert. Sie sichert Einkommen und Wohlstand bis in unsere entlegensten Regionen und Täler. Zahlreiche Werbemittel und Marketingprojekte zählen mittlerweile zu Klassikern und haben wesentliche Beiträge zum Erfolg der Marke Tirol geleistet, deren Bekanntheit und Strahlkraft weit über die Grenzen der Europäischen Union hinausreicht.

Dabei darf allerdings nicht vergessen werden, dass eine derart erfolgreiche Entwicklung keine Selbstverständlichkeit war und ist. Es waren unternehmerische Menschen, die Tiroler Touristiker, die mit ihren Visionen, ihrer Innovations- und Schaffenskraft diese Erfolgsgeschichte ermöglicht haben. Egal ob pionierhafte Seilbahnbauten, das erste Online-Informationssystem TIS oder in jüngster Zeit eine neue, authentische Bildsprache in der Werbegestaltung – Tirol war stets am Puls der Zeit. Daher bleiben wir auch in einer immer dynamischeren und kompetitiveren Welt zuversichtlich, dass unsere Landsleute weiterhin eigensinnig und mutig die richtigen Entwicklungen vorantreiben, damit der Wohlstandsmotor Tourismus am Laufen gehalten werden kann.

Der Blick zurück kann dabei helfen, denn zu wissen, woher man kommt, ist wichtig. Oder wie es der französische Schriftsteller André Malraux formuliert hat: *»Wer in der Zukunft lesen will, muss in der Vergangenheit blättern.«* Wir wünschen daher allen interessierten Leserinnen und Lesern – sowohl aus Tirol als auch darüber hinaus – eine unterhaltsame und aufschlussreiche Lektüre dieses Buches. Mögen Ihnen die vielen Spuren und Eindrücke unserer Geschichte als Motivation und positive Anregung dienen.

Günther Platter
Landeshauptmann von Tirol,
Tourismusreferent

Josef Margreiter
Landestourismusdirektor von Tirol,
Geschäftsführer der Tirol Werbung

…, Erzherzogin v. Parma etc vom Alpeiner Ferner bey Innsbruck im 8ber 1823

Wie es begann

Erzherzogin Maria Luise macht einen Ausflug zum Alpeiner Ferner im Stubaital und wird dort von der Landbevölkerung begeistert empfangen (1823, Federzeichnung von unbekannter Hand).
Archduchess Maria Luise on an outing to the Alpeiner glacier in the Stubaital where she was enthusiastically received by the country people (1823, pen-and-ink drawing by an unknown hand).

Immer schon war man in Tirol auf die Bewirtung und Betreuung von Reisenden eingestellt. Das Land erfüllt ja seit der Römerzeit die klassische Funktion als Bindeglied zwischen Deutschland und Italien, als Drehscheibe im europäischen Verkehrsnetz. Dementsprechend gab es entlang der wichtigsten Verbindungswege viele und leistungsfähige Gasthäuser. Mit »Fremdenverkehr« in unserem heutigen Sinne hat dies allerdings nichts zu tun. Pilger und Kaufleute, Diplomaten und Krieger zogen möglichst rasch durch das Land, dessen Berge eher abschreckten als zum Verweilen einluden.

Nur einzelne Bildungsreisende ergötzten sich an den Schönheiten der Natur und nützten die Gelegenheit, einige der schon damals berühmten Kunstschätze zu bewundern. Sie könnten als die ersten Touristen bezeichnet werden, auch wenn sie nicht Tirol als Ziel gewählt hatten, sondern ebenfalls mehr oder weniger nur auf der Durchreise waren – wie Goethe auf seiner Reise nach Italien, als ihn in Tirol weder landschaftliche Reize noch kulturelle Besonderheiten in seiner Eile zu bremsen vermochten. Der deutsche Dichter Kotzebue war da ein paar Jahre später schon aufmerksamer und interessierter. Er notierte allerhand Bemerkenswertes für seine Leser und verstieg sich zu einem Lobpreis des Landes, ja sogar zu einer Empfehlung für einen erholsamen Sommeraufenthalt, wobei ihm die leiblichen Genüsse offenbar am wichtigsten waren: *»Für Leute, die sichs gern bequem machen, gern gut essen und trinken, gewinnt eine Reise durch Tyrol neue Reize. In jedem Dorf findest du mehrer gute, oft elegante, immer sehr reinliche Zimmer. Eine Stunde, oft auch nur eine halbe Stunde nach deiner Ankunft wird dir ein Mahl aufgetischt, bestehend aus Fleischsuppe, Fisch, Wildbreten, delicaten Mehlspeisen, zum Dessert Confect und Früchte. Ohne Bedenken darf ich selbst schwächlichen Damen den Rath geben, sich im nächsten Sommer Gesundheit und Heiterkeit in den Tyroler Gebürgen zu holen.«*

Folgende Doppelseite: Seit dem späten 18. Jahrhundert faszinierten die Gletscher der Tiroler Berge Wissenschaftler und Künstler: Der Ötztaler Gletscher auf einem Aquarell des Wiener Malers Jakob Gauermann (1801/05).
Following double page: Since the late 18th Century, the Tyrolean glaciers have fascinated artists and scientists alike. The Ötztal glacier in a water-colour (1801/05) by Viennese painter, Jakob Gauermann.

Vielleicht sollte man mit diesem 1805 gedruckten »Werbetext« für Tirol die Geschichte des Fremdenver-

kehrs in Tirol offiziell beginnen lassen. Denn inzwischen hatten sich die Voraussetzungen geändert, die Berge wurden nicht mehr ausschließlich als lästige Hindernisse betrachtet, sondern bewundert und bestaunt. Die jungen Naturwissenschaften begannen mit ihrer Erforschung. Geologen und Botaniker zogen in die Täler und erkletterten bisher ängstlich gescheute Höhen. Adelige und andere, die es sich leisten konnten, machten Ausflüge zu wilden Gletschern und schickten Einheimische zur Erkundung der Gipfelwelt aus. Auf diese Weise wurden 1800 der Großglockner unter der Patronanz des Gurker Bischofs Graf Salm und 1804 der Ortler auf Anregung Erzherzog Johanns erstmals bestiegen.

Bilder des Tiroler Volkshelden Andreas Hofer und Trachtenbilder aller Art (hier von 1797) machten auf Tirol neugierig.
Pictures of Andreas Hofer, the Tyrolean popular hero, and pictures of various costumes (this one dates back to 1797) aroused public interest in the Tyrol.

Das Sandwirtshaus im Passeiertal, Andreas Hofers Heimat, ein beliebtes Reiseziel vor allem englischer Tirolfreunde, auf einem Bild des Malers Sir Thomas Dyke, Lord Acland (um 1820).
The Sandwirt Inn in Passeier, Andreas Hofer's home and a popular destination for English fans of Tyrol in particular. Painting by Thomas Dyke, Lord Acland (c. 1820).

Mit dem Forschungsinteresse und der Neugier verband sich eine romantische Sehnsucht nach natürlichem Leben im Sinne Rousseaus. Aussehen, Sitten und Gebräuche der Tiroler wurden mit wachsendem Eifer beobachtet, beschrieben und im Bild festgehalten. Gemälde, Kupferstiche und Blätter in anderen grafischen Techniken verbreiteten die Kenntnis von Tirol, während gleichzeitig die vielen wandernden Tiroler Händler im Ausland die Aufmerksamkeit auf sich zogen und das Interesse für ihre Heimat weckten, ein Effekt, den im 19. Jahrhundert die verschieden reisenden Sängergruppen erzielten. Am bekanntesten wurde Tirol zweifellos durch den Aufstand gegen Napoleons Heere. In ganz Europa ging davon die Kunde, und Andreas Hofer wurde überall als Märtyrer der Freiheitsliebe gefeiert. Seine Landsleute kennenzulernen, zogen in den Jahren nach der Niederwerfung des Korsen vor allem viele Engländer aus. Später schrieben sie darüber in englischen Zeitungen und Büchern.

Der Gasthof »Sonne« in der Innsbrucker Neustadt (heute Maria-Theresien-Straße).
The Sonne Inn in the new part of Innsbruck (now the Maria-Theresien-Straße).

Aber auch aus anderen Ländern kamen in den zwanziger und dreißiger Jahren des 19. Jahrhunderts immer mehr Neugierige nach Tirol, das sich anschickte, der bereits vielbereisten und vielgelobten Schweiz Konkurrenz zu machen. Dass es inzwischen da und dort neue Straßen gab, die wesentliche Verbesserungen brachten, machte das Reisen etwas bequemer. Auch im Postwagenverkehr gab es Fortschritte. Zwar hatte das autoritäre Vormärz-Regime, das zwischen 1815 und 1848 die Zügel fest in der Hand hielt, für allzu offene Grenzen nicht viel Verständnis, war doch jeder Fremde ein potenzieller Demokrat oder gar Revolutionär, der schlimmes Gedankengut einschleusen konnte, doch zu verhindern war die nun einmal angebrochene Entwicklung nicht. Strenge Vorschriften bezüglich Pass- und Meldewesen waren kein ernsthaftes Hindernis. Dafür bemühten sich einzelne Wirte,

Wegweiser
in der Provinzial-Hauptstadt
INNSBRUCK
und deren Umgebung
für Reisende
Verfaßt von
Mag. Barth. Beyrer
Innsbruck
zu haben bey dem Herausgeber im Gasthofe
zur goldenen Sonne.
In Commißion in der Wagner'schen Buch- und in der
Unterberg'schen Kunsthandlung.

GUIDE
des
Voyageurs
dans la ville
D'INNSBRUCK
et ses environs
par
Mag Barth Beyrer.
A Innsbruck chez l'éditeur
Jean Mahl-Schedl
hôtel du Soleil d'or et à la librairie de Wagner.

Erster Führer durch die Stadt (ca. 1835), verfasst und herausgegeben von Mag. B. Beyrer, dem Besitzer des Hotels »Sonne« . Daneben die französische Ausgabe.
The first guidebook to the town, written and published c. 1835 by Mag. B. Beyrer, the owner of the Hotel Sonne. Next to it, the French edition.

Der Ordensmann, Dichter und Wissenschaftler Beda Weber schrieb das erste ausführliche Reisehandbuch über Tirol (Erstauflage 1839).
Beda Weber, friar, poet and scientist, wrote the first detailed guidebook on the Tyrol (first edition 1839).

manche Bürgermeister und andere, die in den Touristen eine Chance für die Zukunft sahen, den ankommenden Fremden einen Aufenthalt so angenehm wie möglich zu machen.

Auch an Information fehlte es nicht. Die ersten Innsbruck-Führer zum Beispiel erschienen schon in den dreißiger Jahren. Und der Benediktinerpater, Heimatforscher und Schriftsteller Beda Weber schrieb erstmals über Tirol ein umfassendes »Handbuch für Reisende«. Es erschien in einer dreibändigen Ausgabe in den Jahren 1837/38. Vier Jahre später folgte eine verkürzte einbändige Ausgabe. Zudem brachten mehrere Tiroler Werkstätten für Druckgrafik in rascher Folge neue Tiroler Ansichten auf den Markt, die weite Verbreitung fanden.

Ein eigener Wirtschaftszweig war der Fremdenverkehr damals freilich noch nicht. Die Zahl der ankommenden Reisenden war dafür einfach zu gering. Jeder Einzelne konnte in der Zeitung vorgestellt werden!

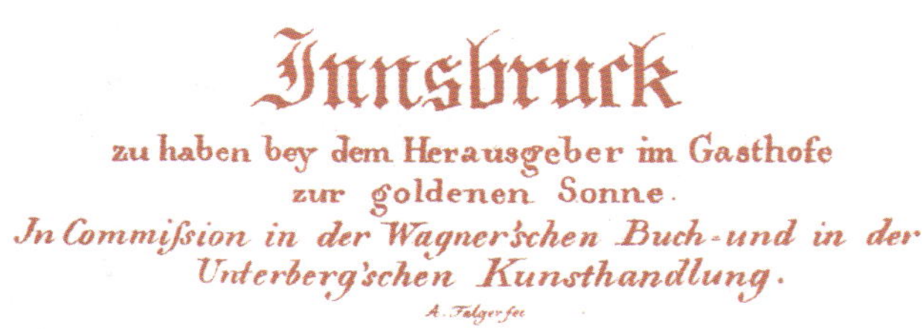
Innsbruck
zu haben bey dem Herausgeber im Gasthofe
zur goldenen Sonne.
In Commißion in der Wagner'schen Buch- und in der
Unterberg'schen Kunsthandlung.
A. Falger fec

Der Innsbrucker Gasthof »Zum goldenen Stern« mit Kutsche und dem wichtigsten Verkehrsmittel der Biedermeierzeit, dem Stellwagen.
The "Zum goldenen Stern" inn at Innsbruck with a carriage and the stagecoach, the main means of transport during the Biedermeier era.

Früher Werbeprospekt (um 1835): Eines der vielen renommierten Gasthäuser Tirols.

An early prospectus (c.1835) showing one of the many renowned Tyrolean inns.

How it all started

The people of Tyrol have always been attuned to caring and catering for travellers. Well-run inns and other services to facilitate travel sprang up early on along the main routes between Germany and Italy. The mountains may have been an obstacle for merchants and pilgrims, but they have enticed ever increasing numbers of explorers and writers to discover their natural beauty from the end of the 18th Century onwards. The romantic dream of a natural way of life aroused interest in the appearance, practices and customs of the mountain folk. Tyrol was best known for its uprising against Napoleon. Englishmen in particular were curious to meet Andreas Hofer's compatriots, and wrote many books and articles on the subject.

Viele der Tiroler Ansichten, die von in- und ausländischen Druckwerkstätten und Verlagen herausgebracht wurden, folgen der damaligen Vorliebe für romantische Stimmungen. Die Zeichnungen der Südtirolerin Johanna Isser-Großrubatscher (hier die Kienburg im Iseltal) wurden sogar in England zur Illustration von Büchern über Tirol nachgestochen.

Many of the Tyrolean scenes published by domestic and foreign printing houses document the public fondness for romanticism at that time. The drawings by Johanna Isser-Großrubatscher from South Tyrol (here, Keinburg Castle in Iseltal) were engraved in England and used to illustrate books on the Tyrol.

Die damals vielbestaunte Stefansbrücke im Zuge der um 1840 ausgebauten Brennerstraße.
Much admired at the time, the Stefansbrücke was part of the Brenner road which was rebuilt in 1840.

Unternehmerisch denkende Tiroler Fuhrleute und Wirte stellten sich mit dem Angebot neuer Stellwagenlinien auf den zunehmenden Reiseverkehr ein.
Tyrolean hauliers and innkeepers showed early entrepreneurial tendencies by offering a new stagecoach line to the increasing numbers of tourists.

Lienzer und Brunecker Stell=wagenfahrt.

Um den mehrseitigen Wünschen der verehrten Reisenden zu entsprechen, hat sich Unterzeichneter entschlossen, vom 22. Juni d. J. angefangen, alle Tage einen Stellwagen von Lienz nach Bruneck, und ebenso von Bruneck nach Lienz fahren zu lassen, so zwar, daß in Sillian Mittag gehalten und der Wagen gewechselt wird.

Die Abfahrt in Lienz ist in der Schweitzergasse, Haus-Nr. 72, um 5 Uhr Morgens, und von Bruneck anher bei der Sonne um 4 Uhr Früh.

Die Fahrpreise sind wie früher, für die Person pr. Meile 12 kr. C. M. — Erlaubtes Gebäck wird mitgenommen, und billig berechnet.

Kinder unter sechs Jahre zahlen die Hälfte.

Zu einem zahlreichen Zuspruch empfiehlt sich

Lienz am 14. Juni 1847.

Etl,
Stellwagen-Inhaber und befugter Lohnkutscher.

☞ Die Herren Gastgeber werden ersucht, dieß zu Jedermanns Wissen in ihren Gastzimmern anheften zu wollen.

Der Besuch von Bauernbühnen stand oft am Unterhaltungsprogramm von Tirolreisenden des frühen 19. Jahrhunderts (lavierte Federzeichnung von Jakob Placidus Altmutter, um 1815).
Visitors to Tyrol in the early 19th Century were often entertained by folk theatre performances (pen and ink sketch by Jakob Placidus Altmutter, dated 1815).

Die Innsbrucker Bürger verbrachten die heißen Sommerwochen gerne in den Dörfern des südlichen Mittelgebirges (Blick auf Natters, Mitte des 19. Jahrhunderts, lavierte Zeichnung von unbekannter Hand).

Innsbruck's citizens liked to spend the hot summer weeks in the villages of the southern mountain foothills (view of Natters, mid-19th Century, pen and ink sketch by an unknown hand).

Sommerfrische und Bauernbäder

Bei der Entwicklung zum Fremdenverkehrsland konnte man in Tirol an bestehende Traditionen anknüpfen. Dies galt für den hohen Standard des Gastgewerbes im traditionellen Durchzugsland. Dies trifft aber auch auf Einrichtungen zu, die zur Erholung der Einheimischen geschaffen wurden, etwa die »Bauernbäder« und der in Bürgerkreisen geltende Brauch, während der heißen Sommermonate in klimatisch günstigere, zumeist höher gelegene Gegenden der Nachbarschaft zu übersiedeln.

Diese »Sommerfrische« gilt gemeinhin als Erfindung der Bozner, die aus der ungesunden Luft ihres Talkessels auf die Höhen des Ritten flohen und dort schon im 17. Jahrhundert regelrechte Sommersiedlungen errichteten. Um 1850 waren von den 33 Häusern in Klobenstein 18 Sommerfrischhäuser, in Oberbozen dienten von den 20 Häusern nicht weniger als 14 als ausschließliches Sommerquartier von Bozner Bürgern.

Aber auch anderswo gab es ähnliche Traditionen. Im Innsbrucker Raum etwa war das südliche Mittelgebirge als Sommerfrische beliebt, wie wir nicht zuletzt vom Dichter Hermann von Gilm wissen, der in seiner Jugend viele Monate in Natters verbrachte und dort seine erste Verliebtheit in Verse bannte. Der Achensee war ebenfalls schon im frühen 19. Jahrhundert ein häufig aufgesuchtes Erholungsgebiet für gutgestellte Familien. Um die Mitte des 19. Jahrhunderts gesellten sich zu den Tiroler Sommerfrischlern zunehmend auswärtige Gäste, doch konnte diese Entwicklung erst nach Errichtung von Bahnlinien als bequeme, rasche und billige Verkehrsmittel voll zum Tragen kommen.

Was den Bürgern ihre Sommerfrische, war vielen Bauern ein meist kurzer Aufenthalt in einem der vielen, über das ganze Land verstreuten Bäder. Heilquellen und Badegasthäuser hatten seit dem Mittelalter bei der Tiroler Bevölkerung große Bedeutung. Sie dienten nicht nur der Volksmedizin, sondern ganz allgemein der Hygiene, der Erholung und nicht zuletzt der Unterhaltung. Die »Bauernbadln« waren auch bei den Städtern und selbst in adeligen Kreisen beliebt.

Der Achensee, beliebte Sommerfrische schon vor der Mitte des 19. Jahrhunderts, auf einem Gemälde aus dieser Zeit.
A popular summer resort even before the mid-19th Century, Lake Achensee, depicted in a contemporary painting.

Hochzeit in Maria Himmelfahrt am Ritten, dem Bozner Naherholungsraum, mit dem Sommerfrischhaus des jungvermählten Paars (Ausschnitt aus einem Gemälde des frühen 19. Jahrhunderts).
Wedding in Maria Himmelfahrt on the Ritten above Bozen, showing the young couple's summer home (Excerpt of a painting from the early 19th Century).

Die Geschichte einiger Bäder lässt sich bis ins 14. Jahrhundert zurückverfolgen. Zu den ältesten Einrichtungen dieser Art zählt der »Fieberbrunnen« im Pillerseetal, der dem Ort Fieberbrunn den Namen gegeben hat. Auch Heiligkreuz bei Hall in Tirol und das Brennerbad gehen in das 14. Jahrhundert zurück. Dreikirchen über Klausen im Eisacktal wird 1314 und das Volderwildbad bei Hall im Jahr 1463 erstmals urkundlich genannt. Aus dieser Zeit wissen wir auch schon vom »Sauerbrunnen« in Obladis. Im 18. Jahrhundert erlebte das Bad Kreckelmoos bei Reutte seine erste Glanzzeit und galt damals schon als »Nobelbad«.

In der ersten Hälfte des 19. Jahrhunderts wurde eine Reihe von Schwefel- und Eisenbädern, von Mineralquellen verschiedenster Art, von Sauerbrunnen und Warmbädern neu erschlossen. Die Gästezahlen stiegen, die Ausstattung der Badehäuser wurde verbessert. Das Eisenbad Ratzes in einem bewaldeten Hochtal bei Kastelruth hatte z.B. 1823 bereits 53 Gästezimmer, zwölf Baderäume und zwei Speisesäle. Immer mehr kamen um diese Zeit bereits auswärtige Gäste in die traditionellen Badeorte, die jetzt auch eine regelrechte Werbung aufzogen. So hob das damals gerade für internationalen Betrieb ausgebaute Bad Weitlanbrunn in

Zwei bekannte Tiroler Bäder auf Ansichten des 18. Jahrhunderts: Volderwildbad bei Hall (unten) und Kreckelmoos im Außerfern.
Two well-known Tyrolean spas depicted in the18th Century: Volderwildbad near Hall (below) and Kreckelmoos in the Außerfern.

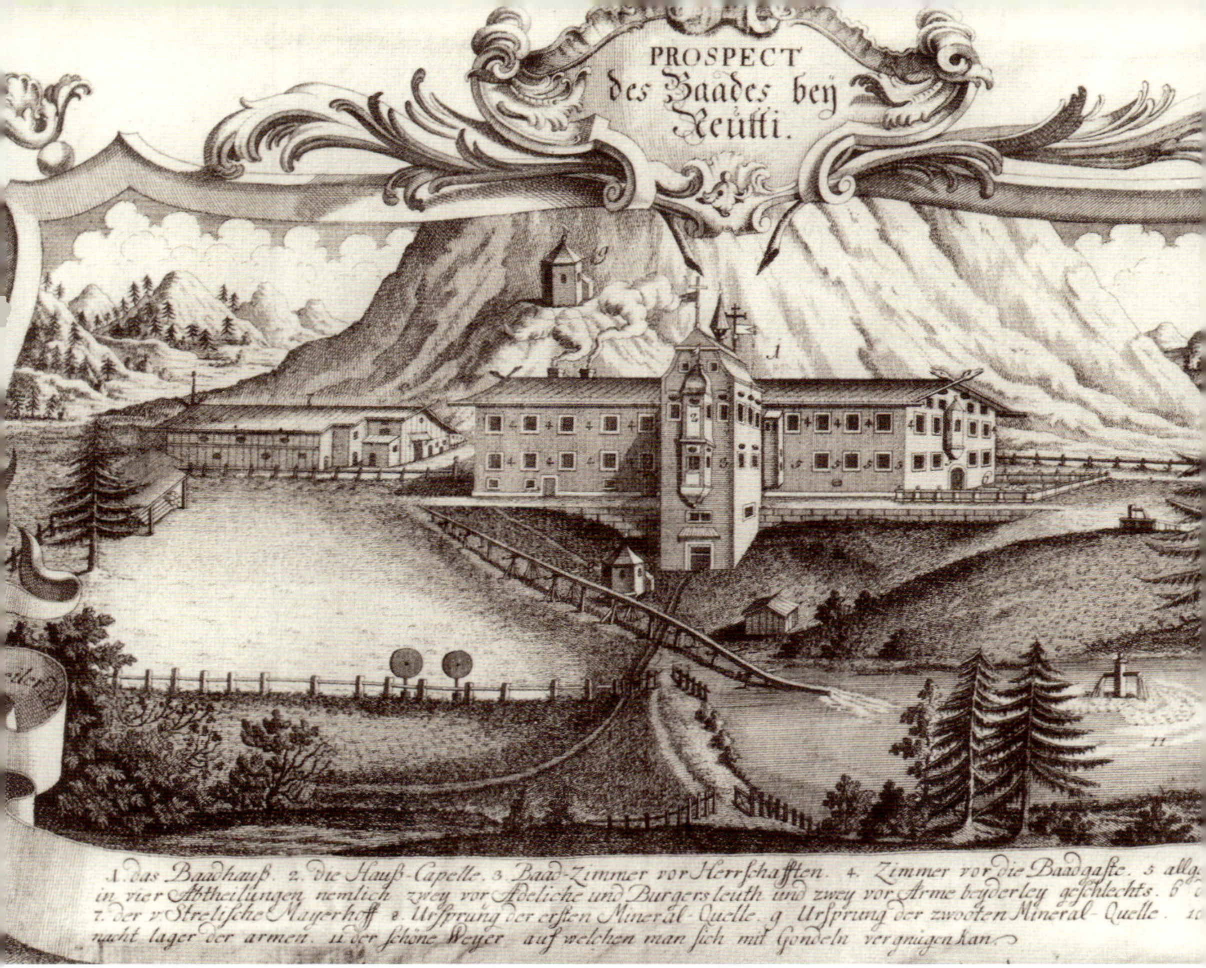

einem 1851 erschienenen Prospekt folgende Ausstattung hervor: *»50 größere und kleinere, theils heiz-, theils unheizbare, gut eingerichtete, geräumige, trockene, gesunde Wohnzimmer zur bequemen Unterkunft 200 Badegäste jeden Ranges und Standes, nebst heizbarem Tafelzimmer, und sehr lichtem fröhlichem Speisesaal, dann zehn sehr gut eingetheilte, reinlichste, theils heizbare, theils unheizbare Bade-Lokalitäten, worin 150 Personen zugleich baden können, und darunter im ersten Stocke fünf abgesonderte Bäder für Honoratioren höheren Ranges, nebst einem Spritz- oder Douche-, dann zwei Dampfbäder-Zimmer neuer eigner bester Vorrichtung.«*

Andere Heil- und Wildbäder, in denen auch für leibliches Wohl und Unterhaltung gesorgt wurde und die den städtischen Besuchern zudem den Reiz würziger Gebirgsluft boten, waren dagegen noch bis ins späte 19. Jahrhundert recht primitiv. Wie es in so einem typischen Bauernbadl zuging, schildert Heinrich Noë in seinem Buch »Winter und Sommer in Tirol« (1876) recht anschaulich: »*Tritt man durch den groben Vorhang, welcher da statt der Thüre dient, in die große Badestube, so erblickt man links und rechts eine Reihe von Wannen, in welchen die Herren Bauern plaudern, viele davon auch rauchend sitzen. Die Wanne ist bis an ihre Brust mit Brettchen zugedeckt, welche den aus dem Wasser aufsteigenden Dampf zusammenhalten sollen, damit er in den Körper eindringe und gehörig wirke. Mancher von diesen badenden Sommerfrischlern hat auch auf den Brettchen, die ihm gerade Hals und Arm frei lassen, ein Seidel Wein stehen, um über der äußeren Anfeuchtung die innere nicht zu vernachlässigen …*«

Obladis im Oberinntal mit dem angesehenen Kurbad (auf dieser Lithographie von ca. 1840 links oben zu sehen).
Obladis in the Upper Inn Valley with its prestigious spa (seen top left on this lithograph dated c.1840).

Werbeprospekt des Jahres 1851 und ein um 1870 aufgenommenes Foto des Bades Weitlanbrunn bei Sillian.
Advertising brochure from 1851 and a photo taken around 1870 of Weitlanbrunn, a spa near Sillian.

Nach Eröffnung der Unterinntaler Eisenbahn begann der rasante Aufstieg der Sommerfrischen im Zillertal (oben: Schlitters auf einer Lithographie von ca. 1835) und am Achensee.
After opening the Lower Inn Valley Railway, the number of summer visitors to the Zillertal Valley and Lake Achensee increased dramatically (top: Schlitters on a lithograph dated c. 1835).

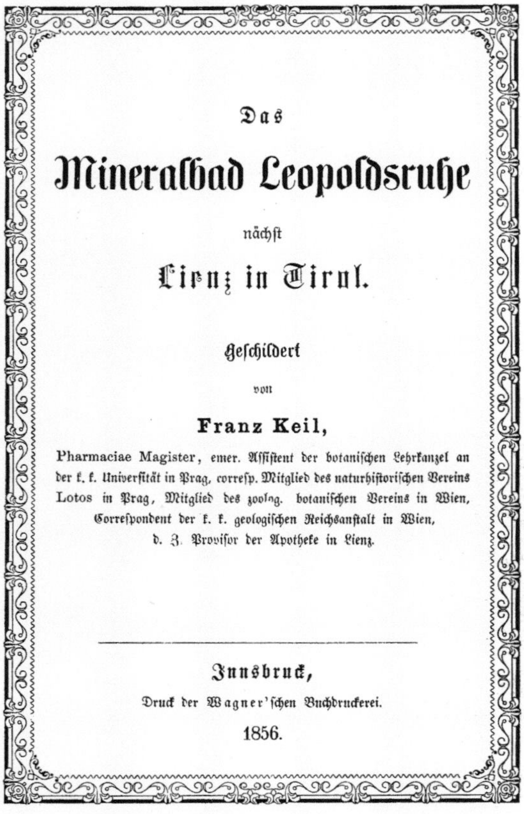

Das

Mineralbad Leopoldsruhe

nächst

Lienz in Tirol.

Geschildert

von

Franz Keil,

Pharmaciae Magister, emer. Assistent der botanischen Lehrkanzel an der k. k. Universität in Prag, corresp. Mitglied des naturhistorischen Vereins Lotos in Prag, Mitglied des zoolog. botanischen Vereins in Wien, Correspondent der k. k. geologischen Reichsanstalt in Wien, d. Z. Provisor der Apotheke in Lienz.

Innsbruck,

Druck der Wagner'schen Buchdruckerei.

1856.

Die meisten alten Bäder ließen im 19. Jahrhundert die Heilkraft ihrer Quellen wissenschaftlich untersuchen und bestätigen.
Most of the ancient baths had the healing powers of their waters confirmed by scientific analysis in the 19th Century.

Bezeichnend ist, dass die kolorierte Lithographie vom »Fürstenhaus« in Pertisau, das damals von den Besitzern, den Fiechter Mönchen, als Hotel eingerichtet wurde, zu einer Serie über die Brennerbahn (1867/68) gehört.
This coloured lithograph of the "Fürstenhaus" in Pertisau (pictured right), which was turned into a hotel by its owners at that time, the Fiechter monks, belongs to a series about the Brenner Railway (1867/68).

Summer retreat and rural baths

Tyrol was able to tap into existing traditions as it developed into becoming a tourist destination. This also applied to the custom of people moving to the climatically favourable, mostly higher-lying neighbouring areas during the hot summer months. This "summer retreat" was spent not just by the farming community at one of the many bath houses, mineral springs or spas that have been scattered throughout the province since the Middle Ages. Since the middle of 19th Century, these summer destinations have also attracted increasing numbers of visitors from far and wide.

Sonderfall Meran

Meran um 1835
Meran in 1835

Eine Sonderstellung in der Geschichte des frühen Tiroler Fremdenverkehrs nimmt Meran ein, das historisch bedeutsame Städtchen an der Passer. Es hatte weder als Sommerfrische Tradition, noch lockte eine heilkräftige Quelle. Dafür war Meran wegen der milden und trockenen Wintermonate bekannt und galt schon seit Jahrhunderten als idealer Aufenthaltsort für Genesende. Von Kaiser Karl V. weiß man, dass er sich in Meran erholte. Andere kaiserliche und landesfürstliche Gäste folgten. In der ersten Hälfte des 19. Jahrhunderts begann die Entwicklung Merans zum modernen Kurort. 1835 berichtet der deutsche Reisende August Lewald: »Man hat in jüngster Zeit angefangen, das Klima von Meran als heilsam für Brustkranke zu empfehlen und es halten sich daher beständig Patienten dort auf.« Es war der Leibarzt der in Meran zur Kur weilenden Fürstin Schwarzenberg, Dr. Johann Nepomuk Huber, der eine erste Werbeschrift über Meran schrieb und darin nicht nur das milde Klima, sondern auch die Heilkraft der Trauben und der gesunden Milch lobte. Das war im Jahr 1836. Man erklärte es später zum Geburtsjahr des Kurortes Meran.

Zu den ersten Verfechtern der Idee, aus Meran ein internationales Kurzentrum zu machen, gehörte der weitblickende Bürgermeister Josef Valentin Haller (1792–1871). Er fand in der Stadt nicht nur Unterstützung. Seine verdienstvollsten Mitkämpfer waren der aus München stammende Arzt Dr. Bernhard Mazegger, der 1840 im Meraner Nachbarort Obermais eine Kaltwasser-Heilanstalt eröffnete, und der ebenfalls in Bayern geborene Maler und Literat Friedrich Lentner, der 1842 als Lungenkranker nach Meran kam, um hier Heilung zu finden. Er machte die Stadt zu seiner zweiten Heimat und widmete sich mit viel Energie und Fantasie dem Aufbau und der Propagierung des Kurwesens. 1850 wurden bereits 380 Kurgäste registriert, die zum Großteil während des ganzen Winters in Meran blieben. Es begann sich einzubürgern, dass die Saison im September mit einer Traubenkur begann und im Mai mit einer Molkekur endete.

Außer Klima, der Trauben- und Molkekur sowie der Wasserheilanstalt hatte Meran zu jener Zeit noch nicht viel zu bieten. Um den steigenden Ansprüchen der rasch größer werdenden Gästeschar gerecht zu werden, mussten noch zeitgemäßere Einrichtungen für die Unterhaltung und auch zur Unterkunft von Gästen mit gehobenen Ansprüchen eingerichtet werden.
Um all diese Belange kümmerte sich seit 1850 eine Fremden- oder Kurkommission unter Bürgermeister Haller und mit Friedrich Lentner als Geschäftsleiter. Es war das erste derartige Gremium in Tirol und hatte sieben Mitglieder, unter ihnen auch Ärzte und Bausachverständige, denn ein eigenes Kurhaus war ein lang gehegter Wunsch. 1854 erschien erstmals eine Art Kurzeitung, ein Jahr später wurden eine Kurordnung und die Einhebung einer Kurtaxe beschlossen.

Die offizielle Errichtung einer amtlich genehmigten und mit allen Rechten und Pflichten ausgestatteten Kurvorstehung am 2. März 1855 bedeutete das Ende der Meraner Pionierjahre, jetzt konnte der Aufschwung zum Nobelkurort erst richtig einsetzen. Waren 1850 erst 380 Gäste gezählt worden, so erhöhte sich diese Zahl bis 1862 auf 1245, um sich in den folgenden Jahren erneut zu vervielfachen.

Bürgermeister Valentin Haller und Dr. Bernhard Mazegger. Mit ihnen begann der Weg Merans zum internationalen Kurort.

Mayor Valentin Haller and Dr. Bernhard Mazegger. The men behind Merano's progression into becoming an international spa town.

Die Kaltwasser-, Molken- und Trauben-Kuranstalt des Dr. Mazegger in Meran-Obermais auf einem Prospekt aus der Mitte des 19. Jahrhunderts.

Dr. Mazegger's cold water, whey and grape sanatorium in Meran-Obermais, in a brochure from the mid-19th Century.

Special case, Merano

Merano has a special status in Tyrol's early tourism developments. The historically significant town attracted visitors with its healing waters. Merano was known for its mild and dry winter months and was regarded for centuries as the ideal abode for convalescents. The first promotional literature in 1836 praised Merano on not just its mild climate, but the healing powers of its grapes and healthy milk. A cold water sanatorium was open to the public in nearby Obermais. A Visitors and Spa Commission was created in 1850 to oversee further advancements. The establishment of the Spa Administration in 1855 signalled the end of Merano's pioneering years.

Anfänge des Alpinismus

In seinen Anfängen war der Alpinismus ein Hobby einiger weniger wagemutiger Herren aus vornehmen Kreisen – man denke nur an die kühnen Unternehmungen Erzherzog Johanns. Aus wissenschaftlichem Interesse, Naturbegeisterung und sportlichem Ehrgeiz wurden vor allem zahlreiche Engländer Pioniere des Bergsteigens. Ihr Vorbild und ihre Propaganda ließen die Zahl der Kletterer rasch steigen. War zuerst hauptsächlich die Schweiz ihr Ziel, begann in den fünfziger und sechziger Jahren des 19. Jahrhunderts auch die Eroberung der Tiroler Bergwelt. Sir John Bull, der erste Präsident des 1857 gegründeten »Alpine-Club London«, bestieg in diesem Jahr mit einem einheimischen Führer von Cortina aus als Erster den Gipfel des Monte Pelmo. Berühmt wurden auch Mister Tuckett durch seine Erstbesteigungen in den Zillertaler und Stubaier Alpen und Mister Care durch seine alpinistischen Pioniertaten in der Brenta- und Adamellogruppe. Zu ihnen gesellten sich bald die ersten Österreicher, so der Wiener Paul Grohmann, der Erstbesteiger des Hochfeilers (1865) und zahlreicher Dolomitengipfel (z.B. Langkofel 1869).

Ein neuer Beruf entsteht: der Bergführer.
A new profession emerged: the Mountain Guide.

Grohmann war auch maßgeblich an der Gründung des Österreichischen Alpenvereins beteiligt, die nach dem Vorbild des britischen Alpine-Clubs 1862 in Wien erfolgte. In den einzelnen Ländern wirkten Bevollmächtigte des Vereins; zu einer Gliederung in Sektionen kam es nicht. Der Österreichische Alpenverein leistete von Anfang an wichtige Arbeiten, wenn auch hauptsächlich auf kartografischem und wissenschaftlichem Gebiet, während praktische Hilfen für den Bergfreund eher ausblieben. So konnte etwa ein 1868 erschienener »Tirolführer« klagen, dass »hinsichtlich der Führer noch wenig Vorsorge getroffen« sei. Auf diesem Gebiet und im Wege- und Hüttenbau sahen aber die Tiroler Alpenvereinsfunktionäre eine Hauptaufgabe, sollte der Zustrom von Bergfreunden gefördert und damit der einheimischen Bevölkerung eine neue Verdienstmöglichkeit gesichert werden.

Mittelteil eines vom Österreichischen Alpenverein veröffentlichten Panoramas der Ötztaler Alpen (entstanden 1863/4).
Central section of a panorama of the Ötztal Alps, published by the Austrian Alpine Association (made in 1863/4).

Ohne Mithilfe des Österreichischen Alpenvereins ließ der aus Prag stammende Kaufmannssohn Johann Stüdl am Kalser Aufstieg zum Großglockner eine einfache Hütte bauen. Bereits 1872 und 1873 wurde sie erweitert und später nach ihm benannt. Bemerkenswert an der 1869 entstandenen Lithographie ist auch das Stativ mit einem abgedeckten Fotoapparat rechts im Bild.

Merchant's son from Prague, Johann Stüdl, had a simple hut constructed on the Kalser ascent to the Großglockner without any assistance from the Austrian Alpine Association. It was expanded in 1872 and 1873 and later named after him. The lithograph created in 1869 is remarkable in that a tripod with a covered camera can be seen in the right of the picture.

Auch die 1872 auf Anregung von Johann Stüdl errichtete Clarahütte im Umbaltal wurde von einem Mitglied der Sektion Prag des Deutschen Alpenvereins privat finanziert.
On the suggestion of Johann Stüdl, the Clara Hut in the Umbaltal Valley was also built in 1872, funded privately by a member of the Prague Section of the German Alpine Association.

Einer der Mitbegründer des Deutschen Alpenvereins und der Initiatoren des Zusammenschlusses des ÖAV mit dem DAV: Franz Senn, der »Gletscherpfarrer«.
One of the founding members of the German Alpine Association and initiator of the merger between the Austrian and German Alpine Associations: Franz Senn, the "Glacier Priest".

Plakat aus dem Jahr 1904 der in den 1870er Jahren gegründeten Alpenvereinshütte in den Stubaier Alpen. Sie wurde nach dem Ötztaler Alpenvereinspionier Franz Senn benannt, der seine letzten Lebensjahre als Pfarrer in Neustift im Stubaital verbrachte.
Poster dated 1904 of the 1870's founded Alpine Association hut in the Stubai Alps. It was named after Ötztal Alps Alpine Association pioneer Franz Senn, who spent his final years as a pastor in Neustift in the Stubaital Valley.

Deshalb tat sich der Kurat von Vent im Ötztal, Franz Senn, selbst Gründungsmitglied des Österreichischen Alpenvereins und dessen Bevollmächtigter im westlichen Nordtirol, mit einigen Freunden aus München und Prag zusammen und gründete 1869 den Deutschen Alpenverein. Einer von Senns Mitstreitern war Johann Stüdl, der sich im Glockner- und Venedigergebiet engagierte und dort 1867 und 1872 als Privatmann zwei Hütten erbaut hatte.

Der Deutsche Alpenverein war von Anfang an in selbstständige Sektionen gegliedert, die eine rege und auf die örtlichen Verhältnisse abgestimmte Tätigkeit entfalteten. Der Zusammenschluss der beiden Alpenvereins-Organisationen im Jahre 1873 markiert das Ende der ersten Phase der Geschichte des Alpinismus in Tirol. Jetzt begann eine fast systematische Erschließung der Tiroler Bergwelt.

The beginnings of alpinism

In its infancy, alpinism was a hobby exercised by only a few select gentlemen of aristocratic heritage. The mountain climbing pioneers were, in fact, mostly from England. The Austrian Alpine Association was founded in Vienna in 1862. Although it made significant contributions in the cartographic and scientific fields, no practical assistance was offered to mountain enthusiasts. Tyrolean officials of the association recognised this as being their main role. For this reason, Ötztal priest and alpine pioneer, Franz Senn, teamed up with friends from Munich and Prague and founded the German Alpine Association in 1869. After the merger of the two organisations in 1873, an almost systematic development of the Tyrolean Mountains began.

Cyprian Granbichler, Ötztaler Bergführer der ersten Stunde, starb 1868 an Erschöpfung, als er zusammen mit seinem Freund Franz Senn in ein Unwetter geriet.

Cyprian Granbichler, one of East Tyrol's first mountain guides, died from exhaustion in 1868 after getting caught in a storm with his friend, Franz Senn.

Vom Lienzer Fotografen Georg Egger um 1869/70 aufgenommenes Gruppenfoto der damals bereits berühmten Kalser Bergführer, die 1868 in einem Artikel der Zeitschrift »Der Tourist« als »kernhafte Naturen« beschrieben werden, wo bereits »der bloße Anblick Vertrauen und Sicherheit erweckt«!

Group photo of the then already famous Kals Mountain Guides, taken by Lienz photographer Georg Egger in 1869/70. An article published in 1868 in "Der Tourist" magazine describes them as "men of substance", of whom "the mere sight inspires a feeling of confidence and security"!

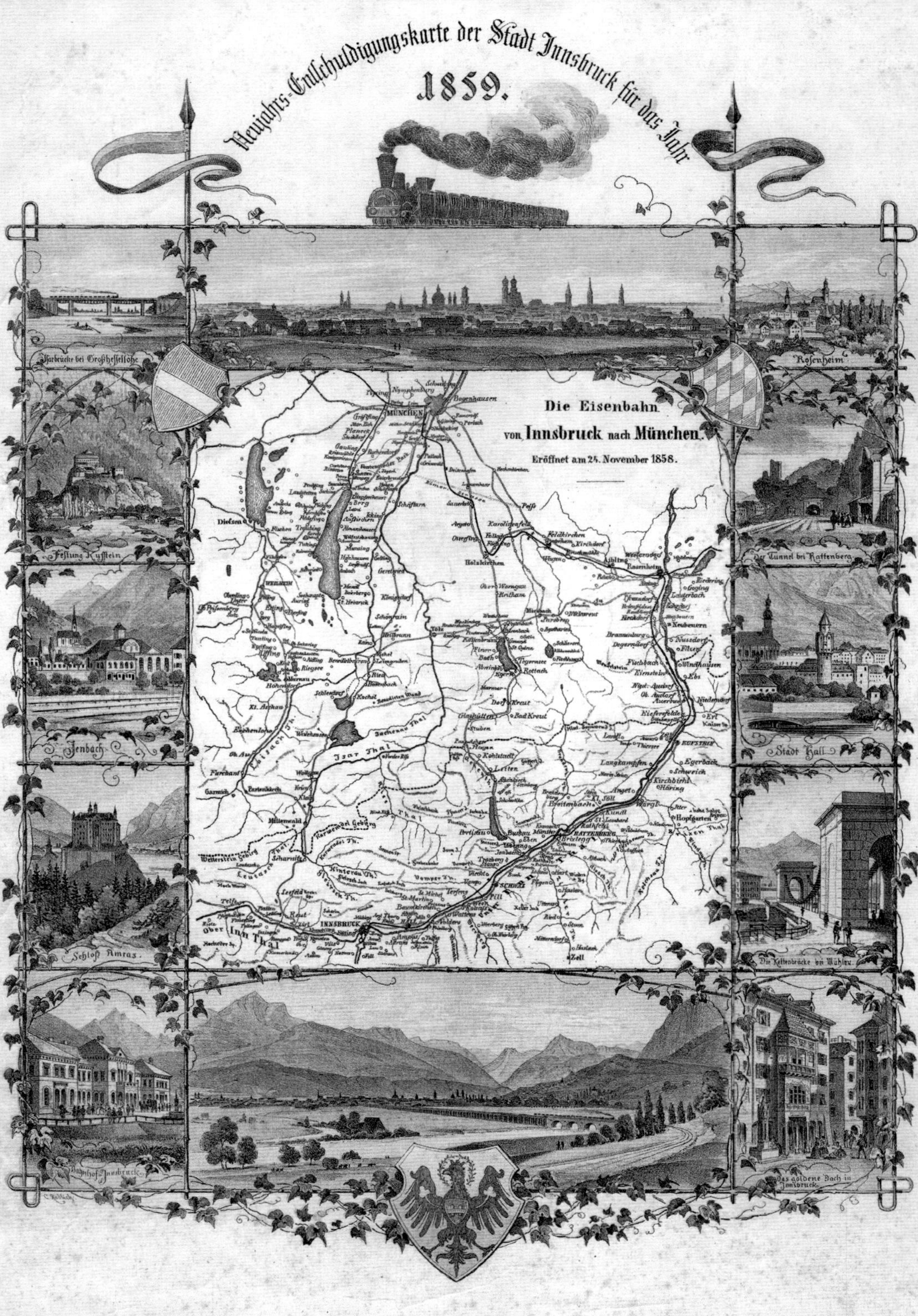

Lith. Anstalt v. C. Redlich in Innsbruck.

Das Dampfross bringt den Massentourismus

Der 1858/59 erbaute Bahnhof Bozen war bis 1867 Endstation der von Süden nach Tirol führenden Bahnlinie.
Built in 1858/59, Bolzano Station was the railway line terminus from the South to Tyrol until 1867.

Abbildung links:
Gleich nach Eröffnung der Bahnverbindung von München nach Innsbruck im Jahr 1858 erschien dieser reich bebilderte Streckenplan als »Neujahrsentschuldigungskarte« der Stadt Innsbruck.
Immediately after the rail link from Munich to Innsbruck was opened in 1858, this richly illustrated route plan appeared as a "New Year's apology card" from the city of Innsbruck.

Mit den Verkehrsmitteln der ersten Hälfte des 19. Jahrhunderts wäre eine weitere Aufwärtsentwicklung des Tourismus kaum denkbar gewesen. Erst die Eisenbahn, der Bau von Schienenwegen nach Tirol und kreuz und quer durch das Land, ließ die Zahl der Gäste und Übernachtungen nach 1860 sprunghaft in die Höhe schnellen.

Im Jahr 1858 stießen die Eisenbahnpioniere von Kufstein bis Innsbruck und 1859 im Süden bis Bozen vor. Kurz darauf begann man mit der Projektierung des Verbindungsstücks über den Alpenhauptkamm, und 1864 konnte mit dem Bau der Brennerbahn begonnen werden. Für heutige Begriffe unbegreiflich schnell konnte die Strecke eröffnet werden. Am 25. Juli 1867 rollte der erste Zug über den Pass. Das ursprünglich geplante große Fest musste allerdings entfallen, weil des Kaisers Bruder Maximilian sein amerikanisches Abenteuer – er hatte sich zum Kaiser von Mexiko krönen lassen – mit dem Leben bezahlt hatte und Hoftrauer herrschte. So kündigten nur einfache Inserate die Eröffnung des Personenverkehrs

K. K. privilegirte Südbahn=Gesellschaft.

Nordtiroler-Bahn.
Sommerfahrplan, gültig vom 1. Juni 1862 an.
Fahrzeiten.

Mit Zug Nr. II.
Von Innsbruck nach München 7 Stunden 40 Minuten.
" " " Salzburg 6 " 35 "
" " " Wien 16 " 50 "

Mit Zug Nr. IV.
Von Innsbruck nach München 8 Stunden 40 Minuten.
" " " Salzburg 8 " 44 "
" " " Wien 22 " — "

Mit Zug Nr. VI.
Von Innsbruck nach München 6 Stunden 10 Minuten.
" " " Salzburg 8 " 25 "
" " " Wien 18 " 40 "

Lokalzüge zwischen Innsbruck und Hall
an jedem Dienstag, Donnerstag, Samstag, Sonntag und Feiertag.

Innsbruck war durch das neue Verkehrsmittel viel schneller zu erreichen.
Innsbruck could be accessed much faster with this new mode of transport.

zwischen Innsbruck und Bozen an. Welch ungeheueren Fortschritt das neue Verkehrsmittel brachte, lässt der Vergleich der Fahrtzeiten erkennen: Mit dem schnellsten Pferdepostwagen hatte man von Innsbruck bis Bozen noch über 15 Stunden gebraucht, jetzt war man nur mehr knapp sechs Stunden unterwegs. Schon im ersten vollen Jahr ihres Bestandes wurden nahezu 200.000 Personen befördert.

Nach dem Erfolg der Brennerbahn, der sich sogleich abzeichnete, wurde ein anderes altes Projekt in Angriff genommen, der Bau der Pustertalbahn, die eine innerösterreichische Verbindung zwischen Tirol und der Hauptstadt der Monarchie herstellte und damit auch von größter touristischer Bedeutung war.
In nur zweijähriger Bauzeit konnte die Bahnlinie am 20. November 1871 zwischen Franzensfeste und Villach dem Verkehr übergeben werden. Gleich nach der Pustertalbahn kam die Schienenverbindung von Wörgl über Kitzbühel und Hochfilzen nach Salzburg an die Reihe.

Immer mehr Erholungssuchende und Reiselustige benutzten nun die billige und relativ bequeme Fahrgelegenheit ins Herz der Alpen. Die Sommerfrischen, Kurbäder und Bergsteigerdörfer nördlich und südlich des Brenners füllten sich mit Gästen aus Deutschland und dem östlichen Österreich. Ein Aufenthalt in Tirol war von nun an nicht mehr nur einem kleinen Kreis von Privilegierten möglich. In diesem Sinne – noch nicht an den absoluten Zahlen gemessen – hat damals das Zeitalter des Massentourismus begonnen. Nicht zu jedermanns Freude übrigens. Der bayerische Reiseschriftsteller Ludwig Steub, der in deutschen Zeitungen eifrig Werbung für Tirol gemacht hatte, zitierte Goethes Geister, die er nun nicht mehr loswerde, und jammerte über die vielen Münchner Ausflügler. Sie seien ausgerückt, um das »*liebliche Oertlein*« Brixlegg – wo er sich gerade einquartiert hatte – »*geistig zu bajuvarisieren*«. Wörtlich heißt es in einem 1873 erschienenen Artikel: »*Was ich jeweils empfunden habe, wenn sie so Stück für Stück aus dem Eisenbahnwagen hüpften und von der heiligen Tiroler Erde Besitz ergriffen, das läßt sich eher nachfühlen als beschreiben. Nunmehr tripple sie bereits durch alle Auen und krappeln auch schon etliche Felsen hinan. Dabei sind sie so bergselig, so alpenfroh!*«

Beim Bau des Bergiseltunnels am Beginn der Brennerstrecke, 1864 vom Innsbrucker Fotopionier Carl Alexander Czichna aufgenommen.
During construction of the Bergisel Tunnel at the beginning of the Brenner Route, taken in 1864 by Innsbruck photo pioneer, Carl Alexander Czichna.

Czichna-Aufnahme vom Bau der Brennerbahn: Baugerüst zur Aufschüttung eines Dammes bei Matrei (1864/65).
Pictures taken by Czichna of the Brenner Railway construction: scaffolding for an embankment near Matrei (1864/65).

K. K. priv. Südbahn-Gesellschaft.

Eröffnung
der
Tiroler Bahn
(über den Brenner).

Die k. k. priv. Südbahn-Gesellschaft beehrt sich zur Kenntniß des P. T. Publikums zu bringen, daß die Eröffnung der Tiroler Bahnstrecke **Innsbruck—Bozen** (Uebergang über den Brenner) für den Frachten-Verkehr zwischen **Deutschland** und **Italien** am 17. d. Mts. und für den Personen-Verkehr am 24. desselben Monats stattfinden wird.

Aus einer Serie kolorierter Lithografien, erschienen in Dresden zur Eröffnung der Brennerbahn (Bahnhof Innsbruck, Station Gries und Brennerhöhe).

From a series of coloured lithographs, published in Dresden to commemorate the opening of the Brenner Railway (Innsbruck, Gries and Brennerhöhe railway stations).

Baubetrieb am Bahnhof Toblach der Pustertalbahn (Aufnahme aus einer großformatigen Fotoserie von Emil Lotze, 1870/71).
Construction of Toblach (Dobbiaco) station along the Pustertal Railway line (taken from a large-format photo series by Emil Lotze, 1870/71).

Die neue Entwicklung bekam das Oberinntal zuletzt zu spüren. Denn die Fortsetzung der Bahnverbindung von Innsbruck gegen Westen ließ auf sich warten. Noch einmal Ludwig Steub im zitierten Artikel: »*Wer von der Landeshauptstadt gen Westen trachtet, der geräth wieder in die Region der Stellwagen … In den letzten 30 Jahren hat sich nun viel verändert auf dieser Welt, aber der räthische Stellwagen ist sich gleichgeblieben. Der unzerstörbare Hang zur Unbequemlichkeit, der dem bayerisch-tirolischen Stamm eigen, scheint seinem gegenwärtigen Wesen auch eine ewige Dauer zu verbürgen… Am Ende, da wir doch weiter müssen, schlüpfen wir gleichwohl unter Angst und Noth in den engen Kasten und suchen unter Frictionen aller Art auf den schmalen Sitzen unsere Plätze einzunehmen …*«

Nun, lange ließ die offenbar untirolische Bequemlichkeit doch nicht mehr auf sich warten. Ewig war auch die Dauer der Stellwagen nicht. 1880 begann man mit dem Bau der Arlbergbahn, deren Tunnelabschnitt 1884 eröffnet wurde. Damit war die Einbindung Tirols in das internationale Eisenbahnnetz vollendet.

Erst die bequemen Zugverbindungen nach Tirol ermöglichten einen rasanten Anstieg der Gästezahlen (Werbeplakat der Südbahn-Gesellschaft aus der Zeit um 1900).
After convenient rail connections to Tyrol were created, numbers of guests increased rapidly (Südbahn (Southern) Railway Company advertising poster from the early 1900s).

Bauabschnitt Lamprechtsburg der Pustertalbahn (Foto Emil Lotze).
Lamprechtsburg phase of construction along the Pustertal line (photo by Emil Lotze).

K.K. PRIV. SÜDBAHN-GESELLSCHAFT (ÖSTERREICH)
PUSTERTHALBAHN
Directe Zugsverbindungen
Schluderbach
Franzensfeste
Heiligenblut
Dürrensee

Bahnbau zwischen Wörgl
und Kitzbühel (1875).
Building the railway between
Wörgl and Kitzbühel (1875).

The advent of mass tourism with the steam locomotive

With the meagre types of transport available in the first half of the 19th Century, further developments in the advancement of tourism were unthinkable. It was not until the arrival of the railroad that the number of visitors increased dramatically. Railway pioneers linked Kufstein with Innsbruck in 1858, before connecting with the south in Bolzano in 1859. Construction of the Brenner Railway began in 1864 and was completed a mere three years later.
The Pustertal Railway was built in 1869/70 which had enormous significance for future tourism, providing an inter-Austrian connection between Tyrol and Vienna. Rail links from Wörgl via Kitzbühel and Hochfilzen to Salzburg followed. Construction of the Arlberg Railway finally began in 1880, the tunnel section of which was opened in 1884.

Bau der Trisannabrücke
bei Landeck und Eröffnung
der Arlbergstrecke durch
Kaiser Franz Joseph (1884).
The building of the Trisanna
bridge near Landeck
and the opening of the
Arlberg section by Emperor
Franz Joseph (1884).

Reisejournalisten anno dazumal

Die neuen Verkehrsverbindungen waren sicher die wichtigste Voraussetzung für den rasanten Anstieg der Gästezahlen in den sechziger und siebziger Jahren des 19. Jahrhunderts. Von entscheidender Bedeutung war aber auch, dass einige sehr aktive und den Tirolern wohlgesonnene Schriftsteller aus Deutschland das Land kreuz und quer bereisten und mit ihren Berichten dazu anregten, in den Zug zu steigen und die Bäder, Sommerfrischen und Bergdörfer dieses neu entdeckten Ferienparadieses kennenzulernen.

Die beiden wichtigsten dieser »Reisejournalisten« der ersten Stunde kamen aus Bayern. Der eine ist der in München geborene Bibliothekar, Weltenbummler und Schriftsteller Heinrich August Noë, der sich im Alter ganz in Gries bei Bozen niederließ. Der andere ist Ludwig Steub, der wohl bedeutendste Tirol-Schriftsteller der touristischen Pionierzeit. Bereits in den 1840er Jahren veröffentlichte der im oberbayerischen Aichach geborene Steub, ein gelernter, aber nicht sehr glücklicher Jurist, in verschiedenen Zeitungen neben

Das Almdorf Außergschlöß am Fuße des Großvenedigers, typische Zeitschriften- und Buchillustration des letzten Viertels des 19. Jahrhunderts. Die Ansichten wurden – oftmals koloriert – auch als Einzelbilder verbreitet.
The alpine village of Außergschlöß on the Großvenediger, typical late 19th century magazine and book illustrations. Frequently coloured, the pictures were also distributed as individual images.

Erzählungen auch die ersten Reisebilder aus Oberbayern und Tirol. Drei Sommer hindurch durchwanderte er im Auftrag eines deutschen Verlegers die schönsten Tiroler Täler, womit auch schon ein Buchtitel gefunden war: 1846 erschien das Werk »Drei Sommer in Tirol«, das er später überarbeitete und neu herausbrachte. Die Bücher »Herbsttage in Tirol«, »Lyrische Reisen« und ein letztes mit dem weniger dichterischen Titel »Aus Tirol« sollten folgen und mit ihren liebevollen, wenn auch nicht unkritischen Schilderungen Tirols und seiner Menschen dem Lande viele Freunde gewinnen.

Literarisch sind Steubs Zeitungsartikel und Reisebücher kleine Meisterwerke, farbenprächtige Miniaturen, Reportagen voll gescheiter Hintergrundinformation über Wesensart des Volkes, historische Zusammenhänge und naturkundliche Besonderheiten. Alles zeugt von persönlichem Stil, Gewissenhaftigkeit und vor allem von Witz und Humor. Als Tirol-Propagandist ist Ludwig Steub stets unaufdringlich, auch wenn er sich zu solch eindeutigen Werbesprüchen hinreißen lässt: *»Also auf ins Pusterthal! Die Türen stehen sämmtlich offen, von Mühlbach bis nach Dölsach. Zieht singend in alle Herbergen, brecht munter in alle Thäler ein, besteigt in Heiterkeit die Höhen! Etliche Barschaft, Wohlgezogenheit und Hausschuhe müßt Ihr allerdings auch mitbringen […]«*

Die beiden bayerischen Reiseschriftsteller Ludwig Steub und August Noë.
Bavarian travel writing duo, Ludwig Steub and August Noë.

In den sechziger Jahren erschienen auch die seit Beda Webers Tirol-Handbuch ersten Führer durch das Land in verschiedenen, zum Teil bekannten und großen deutschen Verlagen. Sie alle sparen nicht mit viel Lob – auch im Vergleich zu der bekannteren und in ihrer Erschließung weiter fortgeschrittenen Schweiz. Einmal heißt es da in einem 1868 erschienenen Tirol-Führer: »*Lasse sich daher niemand [...] abhalten, auch das Land Tirol zu bereisen und ihm gleiches Recht mit der bisher leider zuviel bevorzugten Schweiz einzuräumen! Gute Menschen werden ihn empfangen, verhungern wird er auch nicht, denn die Tiroler lieben gewiß und wahrhaftig einen guten Tisch und sind keine ›Heufresser‹, und seine Casse wird sich, unter Erreichung gleichen Zieles, sehr wohl dabei befinden! Nur eine Gefahr wird er laufen: Tirol thut es nämlich dem an, der es mit offenem Auge und vollem Herzen sieht und würdigt, und unauslöschliche Sehnsucht nach erneuertem Genuß seiner Schönheit wird dem so in seinen Zauberkreis Gebannten im Herzen wohnen!*«

Gegen solche Lobpreisungen vermochten auch einzelne kritische Stimmen nichts, die vor allem mangelnde Vorsorge zur Bewältigung des Touristen-Booms beklagten. Hervorgetan hat sich in dieser Hinsicht der deutsche Reiseschriftsteller Gustav Rasch in seinem Buch »Touristenlust und -leid in Tirol«, das 1874 erschien. Besonders das Pustertal kommt darin überaus schlecht weg. In einer Besprechung des Buches im »Pusterthaler Boten« heißt es: »*Nicht nur, daß ihm Wege und Stege, sowie alle Wirtshäuser und Handwerker nicht recht sind, es schmeckt ihm auch kein Essen und Trinken, er kann nicht schlafen, nicht gehen und nicht sitzen, nicht fahren und nicht reiten ...*« Seine »Lobhudeley« gegenüber der Schweiz dränge den Schluss auf, »*daß Rasch sein Werk nicht als ehrlich denkender Mann zu seinem ehrlichem Erwerb und zum Nutzen der Reisenden geschrieben habe, sondern als von den Schweizern bezahlter literarischer Meuchelmörder, um die durch die Eisenbahn eröffneten Gebirgs-Touren gleich anfangs in Mißkredit zu bringen und den bereits belebten Reiseverkehr zu tödten.*«

Das geschriebene Wort wurde immer mehr durch Bilder ergänzt. Allerdings zuerst noch nicht im selben

Zur Illustrierung von Büchern und Zeitschriften verwendete man ab ca. 1870 die Technik der Xylographie (Holzstich). Hier der Bergiseltunnel nach Eröffnung der Brennerbahn im Sommer 1867 und eine Ansicht von Kals (rechts oben).
The xylography (wood engraving) technique was used to illustrate books and magazines from around 1870. Here, the Bergisel Tunnel after the opening of the Brenner railway line in the summer of 1867 and a view of Kals (top right).

Ansicht des Dorfes Kals.

Medium, denn in Zeitungen und preisgünstigen Büchern waren bis in die 1870er Jahre keine Illustrationen möglich. Doch sorgten Tiroler, aber auch auswärtige Künstler und Verleger dafür, dass umfangreiche Serien der schönsten Ortsansichten und Landschaften, von Trachten und Szenen aus dem Volksleben bei den Gästen im Lande und bei Interessenten in Ostösterreich, Deutschland und aller Welt verbreitet wurden. Lithografie und Stahlstich machten größere Auflagen und einen billigeren Preis möglich.
Die Formate wurden kleiner und näherten sich der späteren Ansichtskarte. Die Umwandlung von Zeichnungen, Aquarellen und Ölgemälden in Holzstiche erlaubte ab der Mitte der 1880er Jahre deren Reproduktion in Büchern und Zeitschriften. Kolorierte Holzstiche wurden aber auch als großformatige Einzeldrucke gerne gekauft und sorgten zu Hause als repräsentativer Wandschmuck für die ständige Erinnerung an schöne Tiroler Ferienwochen und besondere Reiseerlebnisse im Herz der Alpen.

Travel journalists of yesteryear

From around 1835 onwards, a number of writers from Germany travelled throughout Tyrol and encouraged their fellow countrymen to get to know this newly discovered holiday paradise for themselves, with glowing reports in newspapers and books. Two of the first and most important of these "Travel Journalists" came from Bavaria: Heinrich August Noë and Ludwig Steub. There were no pictures in their articles and books, as this was not technically possible until well into the 1870's. However, Tyrolean and foreign publishers ensured that lithographs, steel engravings and xylograph wood engravings of villages, landscapes and traditional costumes were circulated amongst visitors to the area and interested parties the world over.

In der ersten Hälfte des 19. Jahrhunderts war die Lithographie die am meisten gebrauchte Technik zur Verbreitung von Landschaftsansichten und Ortsbildern (hier Obernberg am Brenner). Für Buch- und Zeitungsdruck war sie nicht geeignet.
In the first half of the 19th Century lithography was the most commonly used technique for publishing landscape views and townscapes (here Obernberg at Brenner). It was not suitable for book and newspaper printing.

Frühe Fotografie im Dienste des Tourismus

Seit den 1860er Jahren ist auch schon die Fotografie Werbeträger für Tirol. Von Andenkenbildchen im Visitformat bis zu großformatigen Serien konnten die Meister der jungen Zunft der Fotografie bald mit einem reichhaltigen Angebot aufwarten. Der erste Höhepunkt war zu Beginn der achtziger Jahre erreicht. Damals hatten sich einige frühere Verleger von Druckgrafiken bereits ganz auf das moderne Medium umgestellt. Wie bisher die Maler und Zeichner zogen jetzt die Fotografen durch das Land.

Das Aufkommen der Fotografie als neues Medium deckt sich mit dem Einsetzen des modernen Tourismus. Kein Wunder, dass einerseits die Fotografen darin ihre große Chance erkannten und andererseits die Wirtschaft die neue Möglichkeit nützte, die Schönheiten des Landes in aller Welt bekannt zu machen.

Ein Maler und ein Fotograf trafen sich 1868 vor Landeck. Das Ergebnis ist dieses Gemälde.
A painter and a photographer meet near Landeck in 1868, this painting being the result.

Stereobildchen (Fulpmes im Stubaital) aus einer Tyrol-Serie des französischen Verlags Lamy (um 1890).
Stereo image (Fulpmes in the Stubaital Valley) from a Tyrolean series by French publisher, Lamy (c. 1890).

Serien von Landschaftsbildern entstanden und wurden einzeln oder in Mappen auf den Markt gebracht, zum Teil von auswärtigen Verlagen, etwa von Würthle (mit wechselnden Partnern) in Salzburg, von Stengel in Dresden-Berlin oder von Photoglob in Zürich, wo man eine gerade zum Patent angemeldete Technik des farbigen Drucks ursprünglich schwarzweißer Aufnahmen nutzte. Auf Französisch erschien in Paris eine Stereoserie »Tyrol par E. Lamy«, in London entstanden »Scenes of Tyrol by W. England« und »Views in the Tyrol«. In Washington DC hatten »Underwood & Underwood Publishers« einen ihrer über die ganze Welt verteilten Verlagssitze. Sie produzierten 1898 eine Serie Tiroler Ansichten mit fünfsprachiger Beschriftung, darunter niederländisch und russisch. Die Originalfotos für solche internationalen Produktionen stammen oft von Tirolern oder zugezogenen Kollegen. Es gibt überhaupt wenige Fotografen im Land, die in dieser Pionierzeit nicht in irgendeiner Weise auch für den Tourismus arbeiten.

Auch die Herstellung von Trachtenfotos war seit der Pionierzeit der Fotografie eine gute Einnahmequelle für Tiroler Ateliers. Sie wurden als Souvenir stückweise oder in ganzen Serien verkauft. Im Laufe der Zeit wurden die Serien aufwändiger, vielfach koloriert und in Alben gelegt oder als Leporello zusammengebunden.

Drei Beispiele aus den umfangreichen Fotoserien von Tiroler Firmen (Cabinettformat mit Kartonrand ca. 17 x 11,5 cm): Josef Gugler, Bozen um 1870, Colfuschg; Anton Gratl, Innsbruck um 1875, Kronburg bei Landeck; J. B. Johannes, Meran um 1880, Schlern.
Three examples of the extensive series of photos by Tyrolean companies (cabinet card with cardboard edging ca. 17 x 11,5 cm): Josef Gugler, Bolzano c. 1870, Colfuschg; Anton Gratl, Innsbruck c. 1875, Kronburg near Landeck; J. B. Johannes, Merano c. 1880, Schlern.

Weinberghüter,
koloriertes Trachtenbild
des Meraner Fotopioniers
Peter Moosbrugger
(um 1870).
Vineyard keeper, coloured
picture of traditional
costume by photo pioneer
Peter Moosbrugger from
Merano (c. 1870).

Als Leporello gebundene
Trachtenserie von Anton Gratl
(ca. 1870): Einband und ein Teil
der Bildfolge.
Costume series in a booklet
by Anton Gratl (c. 1870):
The book cover also forms
part of the picture sequence.

Trachtenmädchen (handschriftlicher Vermerk von unbekannter Hand: Achenthal) aus einer sehr frühen Serie von handkolorierten Einzelbildchen im Visitformat (ca. 6,5 x 11 cm).
Girls in costume (handwritten note by an unknown hand: Achenthal – Achen Valley) from a very early series of hand-coloured individual images in "carte de visite" format (c. 6,5 x 11 cm).

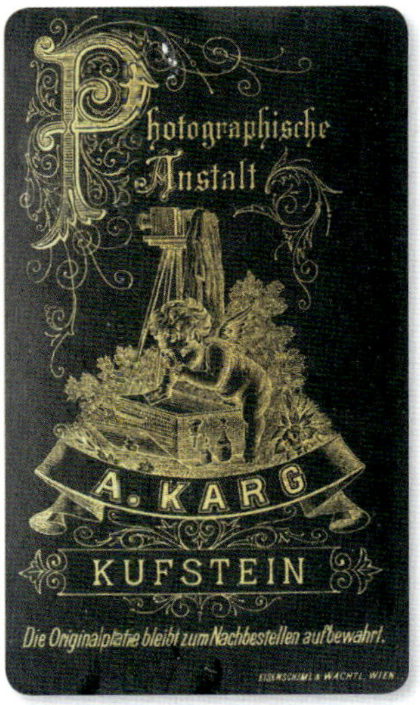

Der Fotograf Anton Karg war ein bedeutender Förderer des Tourismus in Kufstein und Umgebung.
Photographer Anton Karg was a major promoter of tourism in Kufstein and its surroundings.

Giovanni Battista Unterveger mit schwerem Fotogerät auf einer Trentiner Alm (um 1870).
Giovanni Battista Unterveger with heavy photo equipment at an Alm (Alpine farm) in Trentino (c. 1870).

Eines der ersten großen Themen für Tiroler Fotografen waren – wie könnte es anders sein – die Berge. Die Berge als Hintergrund für liebliche oder imposante Landschaften, die Berge aber auch als Naturerscheinungen, geologische Gebilde, Eisriesen oder Kalkformationen, in fast wissenschaftlichem Sinn dokumentiert. Dem Trentiner Fotopionier Giovanni Battista Unterveger kommt auf diesem Sektor eine Vorreiterrolle zu. Nicht zurück steht Johann Unterrainer aus Windisch-Matrei, dem heutigen Matrei in Osttirol. Seine Serien von Besteigungen des Großvenedigers beweisen es und machten seine Arbeiten in ganz Europa bekannt. Man muss die technischen Schwierigkeiten bedenken, wenn man die Leistungen dieser frühen Bergfotografen gebührend würdigen will, vor allem zu einer Zeit, als man noch im nassen Kollodiumverfahren fotografierte. Dabei mussten die Glasplatten vor der Belichtung mit chemischen Substanzen beschichtet und nach der Aufnahme sofort in einem mitgeführten Zelt oder einer provisorischen Dunkelkammer entwickeln werden. Erst als das

Johann Unterrainer, Matrei: Aus seinen um 1880 entstandenen Serien über die Besteigung des Großvenedigers und des Großglockners.
Johann Unterrainer, Matrei: from a series he created c. 1880 documenting ascents of the Großvenediger and Großglockner mountains.

Fotografieren etwas leichter wurde, kommen um die Wende zum 20. Jahrhundert die ersten wagemutigen Kletterer ins Bild, wurden Felswände und Gletscher als sportliche Herausforderung interessant und animierten zu einer neuen Art der Fotografie.

Noch vor 1900 beginnt die Ansichtskarte die bisher auf Karton geklebten Ansichten zu verdrängen, zuerst noch einfarbig und zum Teil von heimischen Kleinbetrieben gedruckt oder gar in den Ateliers der Fotografen Stück für Stück von Hand abgezogen. Ab 1905 wird die Konkurrenz der großen Verlage am Markt übermächtig, die Fotos sind jetzt vielfach koloriert und dank neuer Druckverfahren, vor allem dem Lichtdruck, von guter Qualität und trotzdem für jedermann erschwinglich.

Um 1895 startete die Ansichtskarte, meist im Lichtdruck, oft koloriert, ihren Siegeszug. In den ersten Jahren war die Rückseite der Adresse vorbehalten, beschreiben durfte man nur die Vorderseite (Beispiel links).

Postcards, mostly in collotype print and often coloured, emerged in around 1895. Initially, the back was reserved for the address and you were only allowed to write messages on the front (example on the left).

Das Zusammenspiel von Fremdenverkehr und dem fotografischen Gewerbe erhält in den Zentren des neuen Wirtschaftszweiges eine zusätzliche Komponente durch die Gäste als Kunden der Ateliers, die die freie Zeit und die Qualität des Angebots für die Anfertigung von Porträts nützen oder Erinnerungsfotos in Auftrag geben. Auch einzelne Hotels, Pensionen und sonstige Gastronomiebetriebe nehmen deren Dienste in Anspruch. Ja selbst das gehobene Personal stellt sich gerne in schmucker Dienstkleidung vor die Kamera. Verständlich, dass die Kurstadt Meran fast magnetisch Fotografen anzieht. Um 1900 bieten mehr als ein Dutzend ihre Dienste an. Sie kommen aus Bozen, aber auch aus anderen Kronländern der Monarchie und aus dem Ausland. Der bedeutendste unter ihnen war der aus Partenkirchen gekommene Münchner Bernhard Johannes, der bald schon zu den zentralen Persönlichkeiten der Meraner Gesellschaft gehört.

Vollkommen verdrängt war das gemalte Bild um 1900 noch nicht, da neue Druckverfahren es ermöglichten, Zeichnungen und Gemälde wie Fotografien in Büchern und Illustrierten zu veröffentlichen. Reich bebildert waren etwa die Publikationen des Deutschen und Österreichischen Alpenvereins. Für sie schuf der berühmte englische Gebirgsmaler E. T. Compton zahlreiche Bilder aus den Tiroler Bergen.

Drei Portiere von Meraner Luxushotels im Atelier des Fotografen Bernhard Johannes.
Three porters from the Merano luxury hotel in the studio of photographer, Bernhard Johannes.

Early photography in the service of tourism

The dawn of photography as a new medium coincided with the onset of modern tourism. This new opportunity was grasped by both photographers and business people in Tyrol, who were able to use this invention to make the beauty of their country known throughout the world. Series of landscape pictures were created and marketed either individually or in booklets, sometimes by foreign publishers. Series of photos of people in costume were a good source of income for Tyrolean studios during the pioneering days of photography. And mountain landscapes, of course, were always a strong theme. Even before 1900, postcards superseded the old style of affixing pictures of the landscape on cardboard.

Eine neue Technik zur Herstellung farbiger Abzüge ursprünglich in Schwarzweiß aufgenommener Fotos entwickelte die Schweizer Firma Photoglob. Auch von ihr gibt es eine Serie mit über 200 Tiroler Ansichten, hier Finstermünz (um 1900).
Swiss company, Photoglob, developed a new technique for producing coloured copies of photos from original black and white prints. They also produced a series of over 200 Tyrolean scenes, here Finstermünz (c. 1900).

Pioniere der ersten Stunde

»So hatte … der Hochsommer das Thalbecken von Lienz geschmückt, um die Tausende von Gästen zu empfangen, welche die neue Eisenstraße zum ersten Male von Villach über Nikolsdorf in das Pusterthal führte. Die Natur hatte ihre Schuldigkeit getan. Nur die Menschen hatten sich zum Empfang ihrer Gäste entweder gar nicht oder nur in der nachlässigsten Weise vorbereitet. An manchen Tagen fand kaum die Hälfte der Reisenden, welche die Eisenstraße von Villach herbrachte, in Lienz Aufnahme. Daß der Fremdenverkehr mit Eröffnung der Pusterthaler-Bahn ein zwanzigfacher werden würde, daran scheint niemand in Lienz gedacht zu haben. Im verflossenen Jahre war auch nicht ein einziger neuer Gasthof in Lienz zur Aufnahme der kommenden Gäste gebaut worden.«

Was der Reiseschriftsteller Gustav Rasch in seinem 1874 erschienenen Buch »Touristenlust und -leid in Tirol« schreibt, trifft die Situation der meisten Orte an neuen Eisenbahnlinien. Man war dem Fremdenansturm nicht sofort gewachsen. Und auch Ludwig Steubs 1875 vorgebrachte Klage, dass in Bruneck, der Hauptstadt des Pustertales und Zentrum eines Fremdenverkehrsgebietes, kein Lesezimmer zur Verfügung stehe und man die damals sehr beliebte und bekannte »Allgemeine Zeitung« aus Augsburg nirgends bekommen könne, ist bezeichnend. Es musste etwas geschehen, um zunächst die allerprimitivsten Bedürfnisse der Reisenden, dann aber auch ihre höhergesteckten Erwartungen in Bezug auf Bequemlichkeit und Unterhaltung zu erfüllen und damit ihr Wiederkommen zu sichern.

Was Unterkunft und Verpflegung betrifft, so waren – obwohl auch die Nachfrage nach privaten Ferienwohnungen sogleich anstieg – in erster Linie die Wirte verantwortlich, die auch alsbald ihre traditionellen Häuser vergrößerten, Dependancen errichteten und bei Bedarf sogar neue Hotels eröffneten. Freilich ging dies nicht überall gleich rasch vonstatten.

Dr. Eduard von Grebmer aus Bruneck, Landwirt, Hotelier, Bürgermeister und kurze Zeit Landeshauptmann von Tirol, war einer der ersten und wichtigsten Pioniere des Tourismus im Land.
One of the country's earliest and most outstanding pioneers of tourism, Dr. Eduard von Grebmer of Bruneck, was a farmer, hotelier, mayor and, briefly, Provincial Governor of the Tyrol.

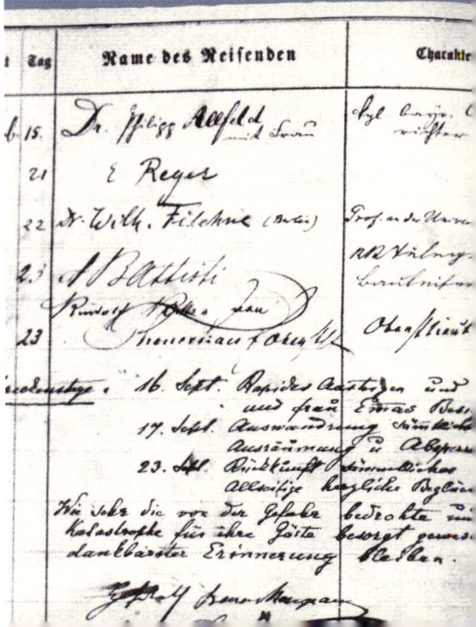

Emma Hellenstainer, Schwarzadler-Wirtin in Niederdorf im Pustertal, die weltberühmte »Frau Emma«.
Emma Hellenstainer, proprietress of the Schwarzadler Inn at Niederdorf in the Pustertal Valley, known far and wide as "Frau Emma".

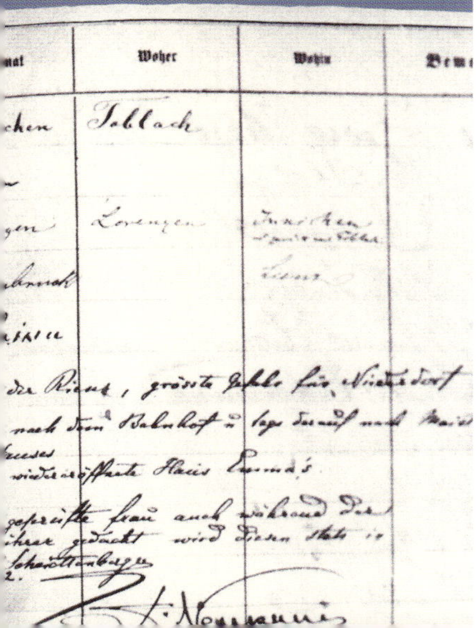

Aus dem Gästebuch der Frau Emma mit Dank der Gäste für die gute Betreuung während des Hochwassers von 1882.
Extract from Frau Emma's visitors' book with her guests' thanks for the good service during the floods of 1882.

Die Last der Verantwortung machte viele Wirte zu regelrechten Fremdenverkehrspionieren ihrer Gebiete, die sich um alles kümmerten, was der Zufriedenheit ihrer Gäste dienen konnte, und die verschiedenste Initiativen anregten. Aber auch andere weitblickende Persönlichkeiten widmeten in diesen Anfangsjahren des Fremdenverkehrs ihre ganze Tatkraft der Entwicklung des neuen Wirtschaftszweiges, der weiten Bevölkerungskreisen, auch bisher benachteiligten, mehr Einkommen und Wohlstand zu bringen versprach. Es sind Wirtschaftstreibende darunter, da ein Fotograf, dort ein Apotheker, oft zugleich Funktionäre des Alpenvereins, aber auch Beamte und Freiberufler. Meist waren sie gleichzeitig auch politisch aktiv.

Es gibt sie überall, diese Fremdenverkehrspioniere der ersten Stunde, denen der touristische Aufstieg ihres jeweiligen Heimatortes oder -tales zu danken ist. Hier alle aufzuzählen, wäre unmöglich. Nur ein paar Beispiele: etwa Dr. Eduard von Grebmer, geboren in Dietenheim bei Bruneck, Jurist, der jedoch 1850 den berühmten Gasthof »Zur Post« in Bruneck mit der angeschlossenen Landwirtschaft von seinem Bruder übernahm und damit auch die Postmeisterei. Damals schon war er Bürgermeister von Dietenheim, 1861 wurde er zum Bürgermeister von Bruneck gewählt. Im gleichen Jahr zog er in den Tiroler Landtag und in den Reichsrat ein. 1869 erreichte der liberale Politiker den Höhepunkt seiner Karriere, als ihn der Kaiser zum Landeshauptmann von Tirol ernannte, ein Amt, das er bis 1871 ausübte.

Oder in Grebmers Nachbarschaft Frau Emma Hellenstainer, die berühmte »Frau Emma« vom Gasthof »Schwarzadler« in Niederdorf, den sie nach dem Tod ihres Mannes von 1858 bis 1887 führte und zu einem Musterbetrieb mit großer Anziehungskraft für

Niederdorf. **Luftkurort.**

Gasthof der Frau Emma

zum „Schwarzen Adler."

Altrenommirtes bekanntes Haus. 30 gut eingerichtete Fremdenzimmer. Hübscher Garten. Table d'hôte um 12 Uhr. Speisen à la carte zu jeder Tageszeit. Reichhaltige Weinkarte. Schwechater Exportbier. Fahrgelegenheit mit eigenen Wagen zu jeder Zeit nach jeder Richtung. Allen bestens empfohlen.

internationales Publikum ausbaute. Frau Emma kaufte aber auch den Pragser Wildsee und die dazugehörigen Wälder und gab damit ihrem Sohn Eduard die Möglichkeit, an diesem idyllischen Platz ein großes Hotel zu errichten, in dem Erzherzöge ein- und ausgingen. Zwei ihrer Kinder pachteten die Pension »Stadtmünchen« in Meran und übernahmen auf Betreiben ihrer Mutter auch das Posthotel »Neuspondinig« im Vinschgau.

Oder in Ötz der Postmeister Johann Tobias Haid, der Inhaber des nach seinem Großvater Kassian Haid benannten Posthotels »Kassl«. Seine Bemühungen und Erfolge erstreckten sich weit über den Heimatort hinaus. Unterstützt wurde der »Vater des Ötztaler Fremdenverkehrs« von Clemens Reichsgraf von Westfalen, der 1867 als »erster Sommerfrischler« nach Ötz gekommen war und sich intensiv um die Förderung des Fremdenverkehrs in diesem Gebiet kümmerte. Ähnliches passierte übrigens auch an anderen Orten.

In Lienz war es auch ein Gasthausbesitzer, der weit über seinen eigene Gaststube hinaus dachte und sich ganz allgemein um die Belange des beginnenden oder erhofften Gästezustroms kümmerte. Es war Josef Anton Rohracher, und es ist kein Zufall, dass dieser tatkräftige Mann später zum Bürgermeister des Städtchens an Isel und Drau aufstieg. Er war im Alpenverein aktiv und gab 1876 den ersten Führer für Lienz und Umgebung heraus, was offenbar keine allgemein angesehene Initiative war, sonst hätte er das Büchlein nicht müssen unter dem Pseudonym Recharchor erscheinen lassen.

Das Achenseegebiet profitierte von den Aktivitäten Ludwig Rainers, dem langjährigen Mitglied der berühmten reisenden Sängergruppe, der hier ein Hotel erbaute. Sonst sind am Achensee die Patres des Stiftes Fiecht als Tourismuspioniere anzusehen. Ihnen gehörten der See und das älteste Hotel, das »Fürstenhaus«.

Auch in Kufstein stand an der Spitze der Fremdenverkehrspioniere ein Geistlicher, Dekan Dr. Matthias Hörfarter, dem die Erschließung des Kaisertales ein Herzensanliegen war. Es ist überhaupt bemerkenswert, wie viele Geistliche sich für den Ausbau des Tourismus engagierten, zumeist Seelsorger in kleinen, abgelegenen Gebirgsdörfern, die im Tourismus eine Chance sahen, der notleidenden Bevölkerung neue Verdienstmöglichkeiten zu sichern. Der Kurat von

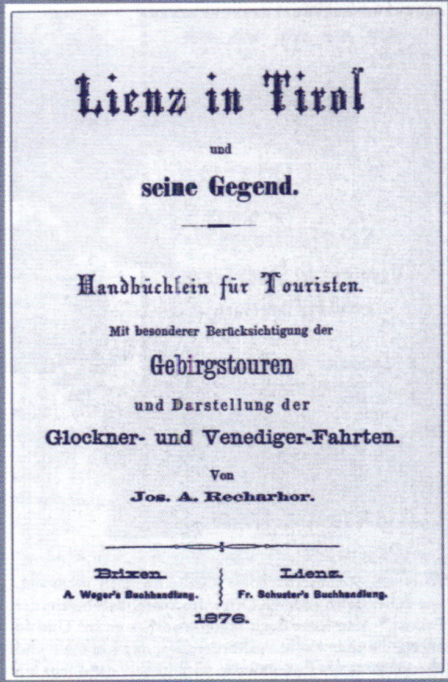

Lienz in Tirol

und

seine Gegend.

Handbüchlein für Touristen.

Mit besonderer Berücksichtigung der

Gebirgstouren

und Darstellung der

Glockner- und Venediger-Fahrten.

Von

Jos. A. Recharhor.

Brixen. | Lienz.

A. Weger's Buchhandlung. | Fr. Schuster's Buchhandlung.

1876.

Unter Pseudonym erschienener Lienz-Führer des rührigen Gasthausbesitzers und späteren Bürgermeisters Josef Anton Rohracher.
Published under a pseudonym, the Lienz guidebook was written by the enterprising guest house proprietor and later mayor, Josef Anton Rohracher.

Tobias Haid, Postmeister, Gastwirt und »Vater des Fremdenverkehrs« in Ötz, ein Gemälde aus späteren Jahren.
A portrait of Tobias Haid, postmaster, innkeeper and father of tourism in Ötz, in later years.

Dekan Dr. Matthias Hörfarter, Seelsorger und Tourismuspionier von Kufstein.
Reverend Dr. Matthias Hörfarter, pastor, tourism pioneer and Dean of Kufstein.

Vent im Ötztal, Franz Senn, der Mitbegründer des Deutschen Alpenvereins, ist unter seinem Beinamen »Gletscherpfarrer« das bekannteste Beispiel für diese aufgeschlossenen geistlichen Herren. Ein anderer war Johann Eller, Kurat in Sulden, der wie Franz Senn die ersten Touristen in seinem Widum beherbergte, Führer verfasste, Wege baute, Bergführer schulte, bis andere diese Aufgabe übernahmen.

Zu den Pionieren des Tourismus – vor allem auf dem Sektor der Werbung – müssen auch die frühen Fotografen gezählt werden. Unermüdlich waren sie tätig, um mit ihren umständlichen Apparaten die besten Ansichten ihres Landesteils festzuhalten und im In- und Ausland zu vertreiben. Als der seit 1864 in Bozen wirkende Fotograf Josef Gugler 1892 starb, wurde im Nachruf des »Bothe für Tirol« seine *»Propaganda für die Berge«* und dass er damit *»in sehr bedeutender Weise«* zur Förderung des Fremdenverkehrs beigetragen habe, besonders gewürdigt. Gugler war auf der Pariser Weltausstellung von 1878 für seine Tiroler Landschaftsfotos mit einer Medaille ausgezeichnet worden und hatte es verstanden, seine Fotoserien sogar in Übersee zu verbreiten. In ähnlicher Weise verdienstvoll wirkte in Innsbruck der Fotograf Anton Gratl.

The first pioneers
The onslaught of visitors from Germany and eastern Austria took the Tyroleans by surprise. Only gradually were the traveller's expectations met in terms of comfort and entertainment. It was not only the proprietors of various establishments that showed pioneering spirit, but other far-sighted individuals that devoted all their energy to developing this new industrial sector, which promised increased income and prosperity to a broad section of the population. These promoters of tourism include a photographer here, or a pharmacist there, often functionaries of the Alpine Association at the same time, as well as civil servants and freelancers. They were almost always politically active too.

Blick auf Bruneck, wo 1870 der erste Verschönerungsverein gegründet wurde. Das Foto vom Emil Lotze aus seiner Serie vom Bau der Pustertalbahn stammt aus diesem Jahr.
A view of Bruneck, where the first "Verschönerungsverein" (Beautification Association) was founded in 1870. The photo of the construction of the Pustertalbahn Railway is from a series made by Emile Lotze in the same year.

Der 1886 neu angelegte Dorfplatz von Wilten bei Innsbruck, ein Beispiel für die angestrebten Verschönerungen.
The village square at Wilten near Innsbruck. Laid out in 1886, it was an example of the desired improvements at that time.

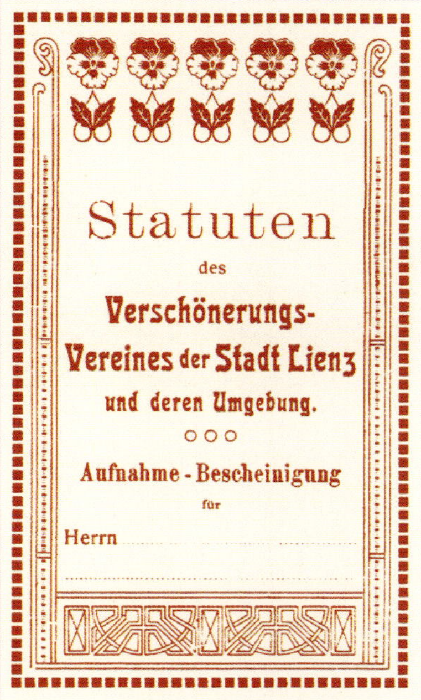

Statuten
des
Verschönerungs-
Vereines der Stadt Lienz
und deren Umgebung.
○○○
Aufnahme-Bescheinigung
für
Herrn ....

Verschönerungsvereine

Da sie alleine auf verlorenem Posten gestanden wären, waren die meisten Tourimuspioniere auch Gründer von Vereinen zur Förderung des Fremdenverkehrs. Die ältesten dieser »Verschönerungsvereine«, wie sie allgemein hießen, gehen in die Jahre um 1870 zurück, doch ist das Jahr ihrer Gründung selten bekannt, weil die formalrechtliche Anmeldung und Genehmigung durch die Stadthalterei in Innsbruck meist erst Jahre später erfolgte. Es scheint jedoch festzustehen, dass der erste »Stadtverschönerungsverein« im April 1870 in Bruneck gegründet wurde. Wie sehr der Zweck dieser Vereine einzig und allein die »Verschönerung« war, zeigt das Beispiel Sterzing, wo als dringlichste Maßnahme des 1876 gegründeten Vereins die Entfernung der Misthaufen aus der Neustadt angesehen wurde. Die Pflege von Spazierwegen, die Errichtung von Ruhebänken und Brunnen, das Setzen von Bäumen und ähnliche Unternehmungen standen auch sonst durchwegs im Vordergrund.

In manchen Orten wurden zur Finanzierung in den Gasthäusern Sammelkästen aufgestellt. Aber auch Jahresbeiträge aller Mitglieder waren durchaus üblich. Häufig halfen wohlhabende Sommergäste mit ansehnlichen Spenden. Einen Beitrag von Seiten der Gemeinde- bzw. Stadtverwaltung gab es in einigen Fällen von Anfang an, so z.B. in Lienz, wo man sich seit 1875 redlich bemühte, bisher Versäumtes nachzuholen. In Josef Anton Rohracher hatten die Lienzer einen ideenreichen Anreger und Organisator touristischer Unternehmungen. Die 1886 von Rohracher gegründete und geleitete »Lienzer Zeitung« nannte denn auch die Förderung des Fremdenverkehrs als einen der wichtigsten Programmpunkte.

Rohracher trat für einen Zusammenschluss der örtlichen Verschönerungsvereine zu einer regionalen und gar landesweiten Organisation ein. Nicht überall sah man die Notwendigkeit derartiger Bestrebungen ein, wie auch die Förderung des Fremdenverkehrs durch öffentliche Mittel noch längere Zeit umstritten war. Diesbezüglich setzte der Innsbrucker Gemeinderat einen Markstein, als er auf Antrag des Gemeinde-

Kufstein um 1880, wo einer der ersten und aktivsten Verschönerungsvereine Tirols wirkte.
Kufstein in c. 1880, home to one of the first and most active "Beautification Associations" in Tyrol.

rates, Kammersekretärs und Fremdenverkehrspioniers Dr. Anton Kofler einen eigenen Ausschuss, eine so genannte »gemeinderäthliche Commission«, zur Hebung des Fremdenverkehrs in Innsbruck einsetzte, dem neben Politikern auch Fachleute der Fremdenverkehrswirtschaft angehörten. Wesentlich war, dass die Arbeit dieser Kommission durch eine jährliche Subvention von 500 Gulden unterstützt wurde, ein Beschluss, der erst nach harten Diskussionen und mit knappest möglicher Mehrheit zustande kam. Wichtigste Aufgabe der Innsbrucker Kommission war es, den Besuchern der Landeshauptstadt genügend Unterkünfte zur Verfügung zu stellen, was durch die Propagierung von Privatzimmer-Vermietung und Einrichtung eines Wohnungsauskunftsdienstes am Bahnhof gelang. Als zweiter Punkt wurde die Werbetätigkeit im In- und Ausland hervorgehoben.

Beautification Associations

As they would have struggled to achieve such advancements alone, most tourism pioneers got together with similarly minded people and founded local "Beautification Associations". The oldest go back to around 1870. Their main tasks included maintaining hiking trails and parks, constructing benches, installing wells and similar undertakings. In some villages collection boxes were set up in guest houses to help finance the project. Wealthy summer visitors often helped with handsome contributions. Sometimes the respective municipality made a donation; however, use of public funds to promote tourism was controversial. In this regard, Innsbruck council led the way by appointing a commission in 1884 to improve tourism in the state capital.

Lienz Tirol, 676 *m* über dem Meere, Station der Pusterthaler Linie, waldreiche Sommerfrische, mildes Klima, durch die Gletscherlüfte der Hohen Tauern angenehm erfrischt.

Prospecte und Auskünfte durch den Fremdenverkehrsausschuss.

184

Lermoos im Außerfern um 1880. Ähnlich »ungepflegt« dürften vor den Zeiten des organisierten Tourismus die meisten Tiroler Orte ausgesehen haben.

Lermoos in the Außerfern around 1880. Prior to organized tourism, most Tyrolean villages probably had this "unkempt" appearance.

Die berühmten Kurorte

Die alten Bauernbadln blieben auch im letzten Viertel des 19. Jahrhunderts wichtige Anziehungspunkte für den Fremdenverkehr und erhöhten mit ihrem Angebot die Attraktivität eines aufstrebenden Ferienortes. Allerdings konnten viele mit der Entwicklung nicht Schritt halten, versäumten den notwendigen Ausbau nach modernen Gesichtspunkten und gerieten in Vergessenheit. Nur wenigen gelang es, sich als Kurzentren zu etablieren.

Ansichtskarte von ca. 1910 mit der Meraner Kurpromenade und dem Kurhaus.
Postcard dated c. 1910 picturing the Meran Kurpromenade and the Kurhaus.

In Meran konnte man nach der offiziellen Installierung einer Kurverwaltung im Jahr 1855 nahtlos an die Aufbauleistung der Pioniergeneration mit Bürgermeister Josef Valentin Haller und dem Arzt Dr. Bernhard Mazegger anknüpfen. Jetzt waren es Bürgermeister Dr. Gottlieb Putz und die Ärzte Dr. Josef Pircher und Dr. Franz Tappeiner, die für die Weiterentwicklung hauptsächlich verantwortlich zeichneten. Ab 1884 war Wilhelm von Pernwerth Kurvorsteher. Inzwischen war 1872 der alte, provisorisch im ersten Stock des Schießstandes eingerichtete Kursaal durch ein richtiges Kurhaus ersetzt worden, wo es Konzerte und Theateraufführungen zur Unterhaltung der Gäste gab, deren Zahl ständig anstieg: von 1245 im Jahr 1862 über 9200

Der Rollwagenführer, der auch gesunde Damen auf der Kurpromenade spazieren führte, steht für den Lebensstil der durch Monate in Meran weilenden Nobelgesellschaft.
The lifestyle of the sojourning high society in Merano is symbolised by the carriage drivers, who accompany healthy ladies for strolls along the promenade.

B. JOHANNES
MERAN Obermais
& PARTENKIRCHEN

im Jahr 1885 und 16.200 in der Saison 1904/05 auf 40.000 knapp vor dem Ersten Weltkrieg. Was diese Zahlen bedeuten, kann man erst ermessen, wenn man bedenkt, dass damals viele Kurgäste den ganzen Winter über blieben. Die durchschnittliche Aufenthaltsdauer betrug 30 Tage.

Meran profitierte von neuen medizinischen Erkenntnissen und Praktiken. Aber auch die Kurvorstehung trug das Ihre zur Aufwärtsentwicklung bei und gab sich mit dem Erreichten nie zufrieden. So wurden die Promenaden ausgebaut und 1892 der Tappeiner-Weg angelegt. Die Gründung der Meraner Volksschauspiele, der Bau des Stadttheaters, des Kurmittelhauses und des Kursaales, ein Trabrennverein, andere Sportclubs, Lesezirkel, Sanatorien – alle diese und andere Initiativen machten Meran zu einem Luxus- und Nobelkurort, wo sich Könige und Prinzessinnen, erfolgreiche Künstler, Generäle, Spitzenpolitiker und Angehörige des Geldadels trafen. Sie alle waren komfortabel untergebracht, nicht nur in den zwölf Hotels erster Klasse, die 1908 in Betrieb waren, sondern auch in über hundert weiteren Hotels, Pensionen und Gasthöfen.

Nur wenig später als in Meran hatten in Gries bei Bozen die Bemühungen begonnen, das milde Winterklima zu nützen und den Ort für Kuraufenthalte zu propagieren. Wenn man auch nie den Bekanntheitsgrad und die Gästezahlen von Meran erreichte, so gab es doch bereits Mitte der achtziger Jahre ein Kurhaus, eine Promenade, eine Kurmusik und die notwendigen Einrichtungen zur medizinischen Betreuung. Das Angebot ausgesprochener Luxushotels sorgte auch in Gries für zahlungskräftiges und prominentes Publikum.

Zwei der führenden Kurorte lagen im Trentino, dem ehemaligen Welschtirol. Großen Erfolg hatte man in Levico in der Valsugana, wo die Zuleitung einer hoch gelegenen Heilquelle das Einsetzen eines intensiven Kurbetriebes möglich machte. Im Frühjahr und Herbst wurde Levico nach der Jahrhundertwende vornehmlich von Deutschen, Russen und Engländern besucht, im Sommer kam die italienische Prominenz, die hier Kühlung suchte. Während der Badeort Levico im Winter keinen Betrieb hatte, herrschte zu dieser Jahreszeit im Klima-Kurort Arco Hochsaison. Das günstig

BRAUMÜLLER'S BADE-BIBLIOTHEK No. 2.

MERAN

ALS

KLIMATISCHER CURORT

MIT RÜCKSICHT AUF DESSEN CURMITTEL

VON

DR. J. PIRCHER

PRAKTISCHER ARZT UND CURVORSTEHER IN MERAN, RITTER DES FRANZ-JOSEPH-ORDENS.

DRITTE VERMEHRTE AUFLAGE.

WIEN 1875.

WILHELM BRAUMÜLLER

K. K. HOF- UND UNIVERSITÄTSBUCHHÄNDLER.

Auch der Tappeinerweg war ein Treffpunkt der Gästeprominenz.
The Tappeinerweg was a popular meeting place for prominent guests.

Ansichtskarten aus dem Kurort Greis bei Bozen.
Postcards from the spa town of Greis near Bolzano.

gelegene Welschtiroler Städtchen war als angenehmer Winteraufenthalt in den höchsten Gesellschaftskreisen der Monarchie beliebt. Erzherzog Albrecht, Arcos großer Förderer, erbaute sich hier ein Winterpalais.

Die Nobelkurorte Meran, Gries und Arco bzw. ihre Kurvorstehungen gehörten zu den wichtigsten Mitbegründern der Landesorganisation für den Tiroler Fremdenverkehr in den Jahren 1889/90. Die lange Erfahrung mit anspruchsvollen Gästen und die Fachkenntnis der Verantwortlichen kam in den folgenden Jahren dem ganzen Lande zugute.

Titelseite eines Prospekts des Heilbades Levico in der Valsugana bei Trient.
Title page of a prospectus for Levico Spa in Valsugana near Trento.

The famous spa resorts

As for importance and appeal to noble clientele, four Tyrolean spa resorts soon outclassed all others. Two of them were in the Italian speaking part of Tyrol, in Trentino: Levico in the Valsugana and Arco. After an official spa administration was appointed in Merano in 1855, the resort was able profit from the tremendous efforts made by a pioneering generation. The number of guests rose from 1,245 in 1862 to 40,000 just after the First World War. Many stayed all winter, so that the average length of stay was 30 days. The spa authorities continually improved the range of medical services, as well as the recreational and entertainment opportunities offered. Not only Merano, but Gries near Bolzano also made the most of the mild winter climates and attracted well heeled visitors with its luxury hotels and a comprehensive range of spas and entertainment.

Eines der vornehmsten Hotels im Nobelkurort Arco im Trentino.
One of the most exclusive hotels in the noble spa resort of Arco in Trentino.

Mit Meran am ehesten vergleichbar war Arco nördlich des Gardasees (Lichtdruck aus einem Prospekt von Arco, um 1912).
Most comparable to Merano, Arco was north of Lake Garda (collotype print from an Arco prospectus, c. 1912).

Organisierung auf Landesebene

Als der Sekretär der Bozner Handels- und Gewerbekammer, der aus Wattens gebürtige Jurist Dr. Johann Angerer, in seinem Bericht für das Jahr 1880 nachwies, dass der Fremdenverkehr im Kammerbezirk, der etwa das heutige Südtirol und Osttirol umfasste, mehr als zwei Millionen Gulden eingebracht hatte, erregte dies gewaltiges Aufsehen. Es zeigte nämlich ganz klar, dass diejenigen Recht hatten, die den Fremdenverkehr als einen wichtigen und zukunftsträchtigen wirtschaftlichen Faktor betrachteten, der die volle Unterstützung aller Verantwortlichen auf Gemeinde-, Landes- und Staatsebene verdiente. Um die wichtigsten Forderungen durchzusetzen, schien die Zusammenarbeit der verschiedenen um den Tourismus bemühten Vereine und Institutionen erstrebenswert.

Aktenstücke zur Gründung der Vorgängerorganisation der Tirol Werbung.
Documents concerning the establishment of Tirol Werbung's (Tyrol Promotion) predecessor.

Unterschrift von Dr. Johann Angerer auf einem Schriftstück vom 25. Oktober 1889.
Dr. Johann Angerer's signature on a document dated 25th October 1889.

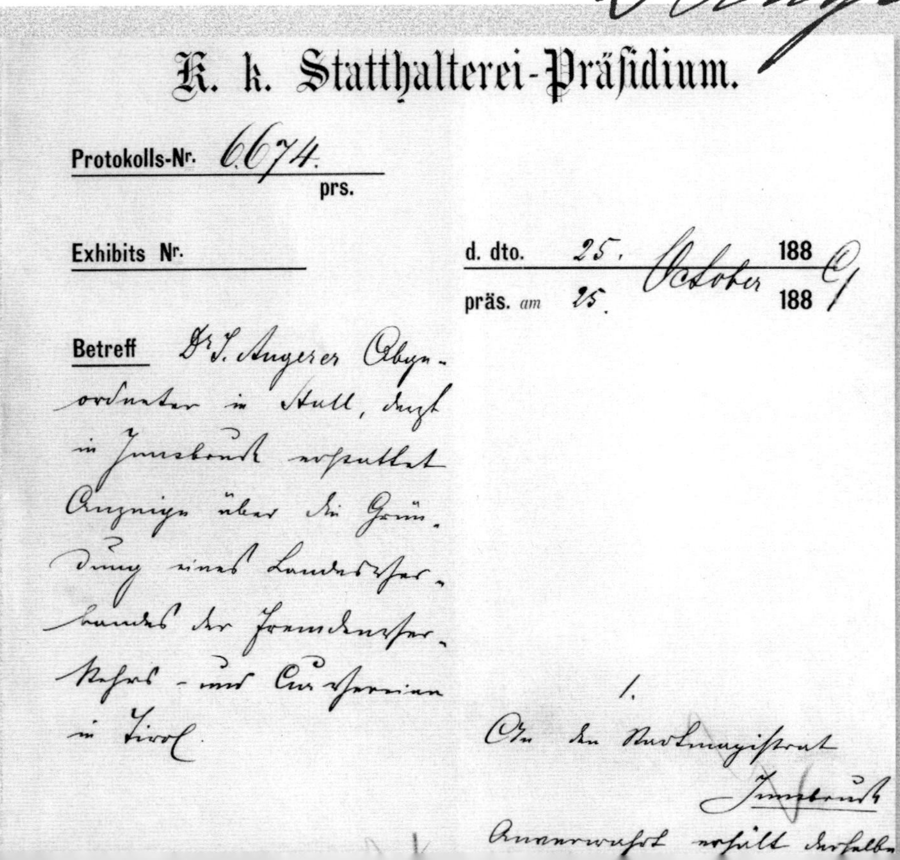

K. k. Statthalterei-Präsidium.

Protokolls-Nr. 6674 prs.

Exhibits Nr.

d. dto. 25. October 1889

präs. am 25. 1889

Betreff Dr J. Angerer Abgeordneter in Hall, derzeit in Innsbruck erstattet Anzeige über die Gründung eines Landesverbandes der Fremdenverkehrs- und Curvereine in Tirol.

1.

An den Stadtmagistrat

Innsbruck

Die Mitbegründer der Landesorganisation und deren führende Persönlichkeiten in den ersten beiden Jahrzehnten: Dr. Johann Angerer, Wattens/Bozen, Dr. Anton Kofler, Innsbruck, und Wilhelm von Pernwerth, Meran.
Co-founders of the State Tourism Organisation and its most important personalities for the first two decades: Dr. Johann Angerer, Wattens/Bolzano, Dr. Anton Kofler, Innsbruck, and Wilhelm from Pernwerth, Merano.

Hohe k.k. Statthalterei!

Die Fremdenverkehrsvereine von Deutsch-
Süd- u. Osttirol, von Nordtirol, die gemein-
städtische Fremdenkommission in Innsbruck
die Società degli albergatori del Trentino
und die Kurvereine von Meran, Gries
und Arco haben beschlossen einen gemein-
samen Verband zur Vertretung der gemein-
samen Zwecke in der Förderung des Fremdenver-
kehres in Tirol zu gründen und eine geschäfts-
[illegible]

Ein Zusammengehen im regionalen Bereich und auf Landesebene war aber auch deshalb ein Gebot der Stunde, weil nun auch andere Länder den Tourismus entdeckten und als neue Konkurrenten auftraten, vor allem die Steiermark, die mit einer intensiven Werbung in Wien und im übrigen Ostösterreich begann. Da etwa die Hälfte aller Urlaubsgäste in Tirol aus diesem Raum kamen, musste in dieser Situation etwas unternommen werden. Dass man von den Konkurrenten am Tourismusmarkt auch viel lernen konnte, erfuhren die Tiroler Teilnehmer am ersten »Delegiertentag zur Förderung des Fremdenverkehrs in den österreichischen Alpenländern« am 13. April 1884 in Graz.

Drei Gründe waren es also, die in den folgenden Jahren zum schrittweisen Zusammenschluss der Kurkommissionen und Verschönerungsvereine zu einer Landesorganisation des Tiroler Fremdenverkehrs führten: Erfahrungsaustausch und Hilfen bei der Verbesserung des Angebotes an den Gast; stärkeres Gewicht bei der Vertretung der eigenen Interessen im Rahmen der wirtschaftlichen und politischen Gremien mit dem Ziel einer Förderung des Fremdenverkehrs aus öffentlichen Mitteln; Intensivierung und Erleichterung der Werbung um den Gast.

Eine erste konkrete Initiative ging von Redakteur Dr. Franz Pitra aus, einem führenden Vertreter des Innsbrucker Verschönerungsvereins, der in der Hauptversammlung seiner Organisation im April 1884, kurz nach dem Grazer Delegiertentag und sichtlich unter dessen Eindruck, den Antrag stellte, in Tirol eine »Centraldelegation« aller Touristenclubs, Kurvereine, Alpenvereinssektionen und Verschönerungsvereine zu bilden, um die Aktivitäten zu koordinieren. Der Antrag wurde zwar unter großem Applaus angenommen, doch geschah noch einige Jahre nichts.

1889 war es endlich so weit. Zunächst wurde am 20. Jänner in Brixen der »Deutsch-Süd- und Osttiroler Fremdenverkehrsverein« gegründet, am 23. Februar fand im Innsbrucker »Grauen Bären« eine Interessentenversammlung zwecks Gründung eines »Vereines zu Hebung des Fremdenverkehrs in Nordtirol« statt, die dann am 16. April erfolgte. Treibende Kraft dabei war Dr. Anton Kofler, der Sekretär der Handelskammer Innsbruck, dem wie seinem Kollegen Angerer in Bozen der Tourismus und seine Förderung ein besonderes

Titelseite einer Publikation des Landesverbandes, gestaltet vom damals noch wenig bekannten Schwazer Maler Hans Weber, der nach 1900 in den Kreis der bedeutenden Tiroler Künstler aufstieg, nach München übersiedelte und sich Hans Weber-Tyrol nannte.
Title page of an important publication by the State Tourism Organisation, designed by the then little known painter, Hans Weber from Schwaz, who rose to become one of Tyrol's most famed artists in around 1900, before moving to Munich and changing his name to Hans Weber-Tyrol.

TIROLER
VERKEHRS UND
HOTELBUCH
HERAUSGEGEBEN VOM
LANDESVERBAND FÜR FREMDEN
VERKEHR IN TIROL IN INNSBRUCK

Anliegen war. Dr. Angerer war inzwischen in den Reichsrat gewählt worden und konnte somit auch in Wien die Interessen des aufstrebenden Wirtschaftszweiges vertreten.

Schon bei der Gründungsfeier des Nordtiroler Vereins war eine starke Südtiroler Delegation anwesend. Beiderseits sprach man sich für eine möglichst gute Zusammenarbeit aus. Und schon wenig später, am 4. August 1889, wurde auf einer gemeinsamen Konferenz in Gossensaß der Zusammenschluss aller Fremdenverkehrs- und Kurvereine des Landes mit einer Zentralstelle beschlossen. Die Ausarbeitung der Statuten und deren Genehmigung durch die k.k. Statthalterei dauerte einige Monate, dann konnte am 7. Jänner 1890 die Gründungsversammlung dieser ersten gesamttirolischen Fremdenverkehrsorganisation stattfinden. Zum Präsidenten wurde Dr. Johann Angerer und zu dessen Stellvertreter der ebenfalls in der ganzen Angelegenheit überaus aktive und weitblickende Meraner Kurvorsteher Wilhelm von Pernwerth gewählt.

Mehrmalige Statutenänderungen in den nächsten Jahren, die Umbenennung von »Landesverband der vereinigten Kur- und Fremdenverkehrsvereine in Tirol« in »Landesverband für Fremdenverkehr in Tirol« (im Mai 1892) und Umstellungen der Organisationsform, die die praktische Erfahrung ergab, änderten nichts am Vereinszweck, der sich auf Werbetätigkeit und infrastrukturelle Maßnahmen einschließlich der Gästebetreuung sowie auf die wichtige Aufgabe erstreckte, bei der Bevölkerung mehr Verständnis für den Fremdenverkehr zu wecken.

Dass dieses Verständnis auch bei den Politikern zunächst noch fehlte, wussten die Verantwortlichen. In dieser Hinsicht musste noch viel argumentiert und mancher Trick angewendet werden. Zum Beispiel konnte Präsident Angerer den Ministerpräsidenten Graf Taaffe, den früheren Statthalter von Tirol, nur schwer davon überzeugen, dass es Aufgabe des Staates sei, derartig wichtige wirtschaftliche Initiativen in einem Land zu unterstützen.

Nach Auffassung des höchsten Politikers im Staate war der Fremdenverkehr ausschließlich Sache der Wirte. Schließlich konnte Angerer erreichen, dass für »statistische Arbeiten« des neuen Verbandes ein Staatsbeitrag von 1000 Gulden bewilligt wurde.

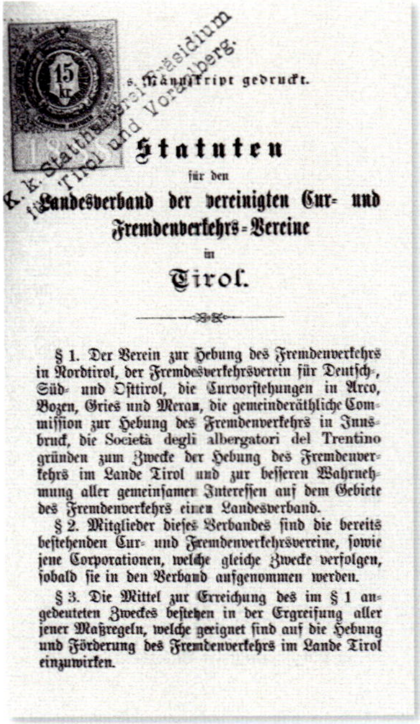

Manuskript gedruckt.

Statuten

für den

Landesverband der vereinigten Cur- und Fremdenverkehrs-Vereine

in

Tirol.

§ 1. Der Verein zur Hebung des Fremdenverkehrs in Nordtirol, der Fremdesverkehrsverein für Deutsch-, Süd- und Osttirol, die Curvorstehungen in Arco, Bozen, Gries und Meran, die gemeinderäthliche Commission zur Hebung des Fremdenverkehrs in Innsbruck, die Società degli albergatori del Trentino gründen zum Zwecke der Hebung des Fremdenverkehrs im Lande Tirol und zur besseren Wahrnehmung aller gemeinsamer Interessen auf dem Gebiete des Fremdenverkehrs einen Landesverband.

§ 2. Mitglieder dieses Verbandes sind die bereits bestehenden Cur- und Fremdenverkehrsvereine, sowie jene Corporationen, welche gleiche Zwecke verfolgen, sobald sie in den Verband aufgenommen werden.

§ 3. Die Mittel zur Erreichung des im § 1 angedeuteten Zweckes bestehen in der Ergreifung aller jener Maßregeln, welche geeignet sind auf die Hebung und Förderung des Fremdenverkehrs im Lande Tirol einzuwirken.

Die Erarbeitung der Statuten des Landesverbandes verzögerte dessen offizielle Gründung.
Drafting the statues of the State Tourism Organisation delayed its official inauguration.

Dr. Kofler war mit seinen Bemühungen bei den Landesstellen nach und nach auch erfolgreich, so dass die ersten dringendsten Arbeiten des Verbandes durch Landessubventionen finanziert werden konnten. Ein Büro stellte der Bürgermeister von Innsbruck zur Verfügung. Ein erster Sekretär wurde angestellt.

Dr. Johann Angerer legte wegen seiner Arbeitsüberlastung als Reichstagsabgeordneter die Präsidentenstelle des Verbandes im Jahr 1891 nieder, ihm folgte Wilhelm von Pernwerth, der 1898 in noch jungen Jahren starb. Daraufhin übernahm Dr. Anton Kofler die Präsidentschaft des Landesverbandes. In seinen Händen lagen die Geschicke der Tiroler Fremdenverkehrsorganisation bis in die Jahre nach dem Ersten Weltkrieg.

Organisation at national level

In his report for the year 1880, the Secretary of Bolzano Trade and Commerce Chamber demonstrated that tourism was an important economic factor and deserved full political support. In order to meet the most important demands, it made sense for all tourism associated institutions to work in cooperation with each other. This did not happen, however, until 1889. First of all, the "German-South and East Tyrol Tourist Association" was founded on 16th April, followed by the establishment of an "Association for the Improvement of Tourism in North Tyrol". A little later it was decided at a joint conference in Gossensass that all tourism and spa organisations in the country would work in co-ordination with a central bureau. The inaugural meeting of this first all-encompassing Tyrolean tourism organisation took place in January 1890.

Eigeninserat des Landesverbandes im Verkehrs- und Hotelbuch.
An advertisement by the State Tourism Organisation in the travel and hotel book.

Bürgerliches Brauhaus

Wirtshäuser und Nobelhotels

Im Innsbrucker »Breinößl«, um 1910.
The "Breinößl" in Innsbruck, c. 1910.

Die Gründung des Landesverbandes für Fremdenverkehr änderte nichts daran, dass es auf die Initiative Einzelner ankam, wenn es mit dem Fremdenverkehr, der 1892 mit 213.000 ankommenden Gästen und Einnahmen aus diesem Wirtschaftszweig von über 9 Millionen Gulden eine beachtliche Größe erreicht hatte, weiter aufwärtsgehen sollte. Und es gab sie vor allem im Gastgewerbe, wo sie am notwendigsten gebraucht wurden. 1890 zählte man in Tirol 1100 Gasthöfe und Hotels mit zusammen 20.900 Betten. Sowohl die Zahl der Betriebe als auch die der Betten erhöhte sich in den folgenden Jahren entsprechend dem steigenden Bedarf.
Der gute alte Ludwig Steub hätte gestaunt, was da alles aus dem Boden gestampft wurde, seit er in den siebziger Jahren seine letzten Reiseberichte aus Tirol geschrieben hatte. Er hatte den Wirten zwar immer empfohlen, mehr auf die Gäste Rücksicht zu nehmen, ihren Wünschen nachzukommen und mehr Bequemlichkeit zu bieten, gleichzeitig hatte er jedoch davor gewarnt, die typische Tiroler Eigenart aufzugeben und modische Neuheiten à la Schweiz einzuführen. Als er 1880 in seinem Buch »Aus Tirol« rückblickend das Lob der Tiroler Kellnerinnen sang, deren Anmut, Lieblichkeit, heitere Laune und Aufmerksamkeit rühmte, die die *»Tirolischen Wirtshäuser so angenehm erscheinen ließen«*, da setzte er resignierend hinzu: *»In diesem Stücke scheinen uns Fortschritt und Freiheit wirklich nichts Besseres gebracht, sondern das gute Alte untergraben zu haben. In den größeren Gasthöfen an der Eisenbahn kommen jetzt schon mitunter Kellner und Oberkellner vor, eine Gattung, der ich möglichst auszuweichen versuche; die Mädchen aber, die immer noch häufiger, sind selten mehr von der alten Art. Sie scheinen sich jetzt mehrenteils nach Münchner Muster zu bilden, die in diesem Fache kaum zu empfehlen sind; sie werden vornehm und verlieren dabei die Tirolische Einfachheit und den alpinen Zauber.«*

Der Einbruch der »großen Welt«, oder was man dafür hielt, verleidete auch anderen Reisenden, nicht

Wirt, Kellnerin und Gast in der Veranda des Gasthauses Taferner in Huben im Iseltal, um 1910. Rechte Seite unten: Beginn eines Briefes des Malers Albin Egger-Lienz, den er in diesem Gasthaus und mit dessen Briefpapier schrieb.
Innkeeper, waitress and guest on the veranda of Gasthaus Taferner in Huben in the Iseltal Valley, c. 1910. Below right, the start of a letter written by Albin Egger-Lienz, written in this guest house on their stationery.

zuletzt vielen Alpinisten, die ehemals so gelobten Tiroler Wirtshäuser. Über den traditionsreichen Gasthof »Rauter« in Windisch-Matrei (heute Matrei in Osttirol) berichtete ein gewisser Wilhelm Kleinecke 1883 in der »Österreichischen Touristenzeitung«: *»Kaum eingetreten ins Gasthaus berührte uns schon der Bilderschmuck der Speiselocalitäten sehr unangenehm. An den Wänden prangen lauter Porträts großer Herren und Staatsmänner, und um jedem gerecht zu werden, aus aller Herren Länder. Die Politik bereitet uns ja das ganze Jahr genug bittere Stunden, warum auch noch die kurze Frist, die man in den Bergen verbringt, wo ja bekanntlich die Freiheit wohnt, an sie erinnert werden! Die Gesellschaft, die sich alsbald zur ›Table d'hôte‹, die wir ahnungsvoll vermieden, versammelte, war höchst elegant und betrachtete uns Neuangekommene, mit unserer nicht ganz tadellosen Toilette, etwas scheelen Blickes. Manch' Näslein ward da gerümpft, und so mancher Kopf, der sonst steif auf den Schultern saß, ward da bedenklich geschüttelt. Ein ungeheurer Wohlgeruch von allen möglichen Parfüms dieser Welt drang in unsere Nasen, und unser*

Kellnerinnen im Pitztal.
Waitresses in the Pitztal Valley.

Auge entdeckte auf dem Gesichte so mancher Schönen oder sich schön Dünkenden Farben, die nicht Mutter Natur darauf gezaubert hatte.« Nicht minder unangenehm berührt von allzu großer »Überkultur« war der zitierte Wanderer bei seinem Besuch im Matreier Schloss Weißenstein, das kurz vorher in ein Nobelhotel umgewandelt worden war: *»Dieselbe Gesellschaft, der wir kaum entflohen waren, fanden wir hier wieder, fast noch erschrecklicher. Dazu noch Kellner in Fracks und weißer Cravatte, die sich geschäftig nach unseren Wünschen erkundigten …«*

Was den einen missfiel, wurde jedoch von anderen verlangt. Gerade der Mangel an Hotels der ersten Kategorie für die oberste Gesellschaftsschicht wurde von vielen in- und ausländischen Fremdenverkehrsfachleuten der Pionierzeit bedauert. Wie wollte man ohne entsprechende Nobelhotels der Schweiz, die darin als Vorbild galt, Konkurrenz machen? In Innsbruck bestanden immerhin seit 1869 das erstklassige »Hotel d'Europe« am Bahnhofsplatz und ebenfalls dort das 1879 errichtete Hotel »Tirolerhof«, die lange Zeit in Bezug auf Komfort konkurrenzlos waren. Natürlich

GASTHOF ZUR TRAUBE
u. PENSION, LANS B. INNSBRUCK
Ganzjährig geöffnet. Besitzer: J. RAITMAYR.

Zwei Plakate, die für ländliche Gasthöfe warben (um 1905).
Two posters advertising rural guest houses (c. 1905).

gab es eine größere Zahl von Nobelhotels in Meran, im Kurort Gries bei Bozen und im Welschtirolischen Arco. Und zur touristischen Erschließung des Hochpustertales errichtete die Südbahngesellschaft in Toblach ein Musterhotel, zu dem sich weitere gesellten, so dass – erstmals in Tirol – geradezu ein Hoteldorf entstand, das Neutoblach genannt wurde. Von hier aus führte eine neue Straße nach Cortina d'Ampezzo, wohin Pferdeomnibusse verkehrten.

Die Luftkurorte des ca. 1000 Meter hoch gelegenen Hochpustertals von Weisberg bis Sillian galten wegen ihres alpinen Reizklimas als besonders geeignet für

Rechnungskopf eines renommierten alten Gasthofes in Imst.
Invoice header from a distinguished old guest house in Imst.

nervöse und herzleidende Erholungssuchende. Ihre Beliebtheit hängt aber auch damit zusammen, dass man von hier aus bequeme Tagestouren in die Dolomiten machen konnte.

Noch näher an die Gebirgsriesen heran rückte Dr. Theodor Christomannos die von ihm gegründeten Nobelhotels. Der nach Meran zugewanderte Fremdenverkehrspionier gründete um 1890 nach Schweizer Vorbild eine Alpenhotel-Gesellschaft, die nach Plänen des bekannten Architekten Otto Schmid Hotels in Sulden (1893) und Trafoi (1896) erbaute und am Rande der Gletscher des Ortlergebietes allen Komfort moderner Grandhotels bot. Das dritte Hotel seiner Gesellschaft erbaute Christomannos 1896 am Karersee zu Füßen des Rosengartens. Nordtirol hatte lange Zeit derartig Vornehmes nicht zu bieten. Erst nach 1900 wurden auch in den aufstrebenden Nobelzentren Igls und Kitzbühel Spitzenhotels errichtet. Zu dieser Zeit gab es im ganzen Land ein breites Angebot an wirklich guten – alten und neuen – Häusern der mittleren bis oberen Kategorie. In der Statistik von 1909 stellt man fest, dass sich die Zahl der Gasthöfe und Hotels seit 1890 weit mehr als verdoppelt hat. In 2504 Betrieben standen zu dieser Zeit 54.252 Betten zur Verfügung.

Kufstein.

Gasthof „zum Auracher“

Altrenommirtes Haus. 3 Min. von der Bahn.

Eigene Brauerei. Elektrische Beleuchtung. 50 Fremdenzimmer.

Bekannt durch gute Küche und Keller.

Geschlossene und offene Veranda mit schöner Aussicht. Großer Garten am Inn.

Geldwechsel Vor- und Nachsaison billigere Preise. Geldwechsel

Um ihr Publikum anzusprechen, schalteten manche Gasthöfe Inserate in den lokalen Zeitungen, aber auch im weiter entfernten Einzugsgebiet.
Some guest houses placed advertisements not only in local newspapers, but also further afield to gain greater publicity.

Kofferaufkleber von Hotels in Ötz.
Luggage label from a hotel in Ötz.

Aus dem Gästebuch des Gasthofs »Post« in Hippach/Zillertal.
Excerpt from the "Post" inn visitors' book in Hippach/Zillertal Valley.

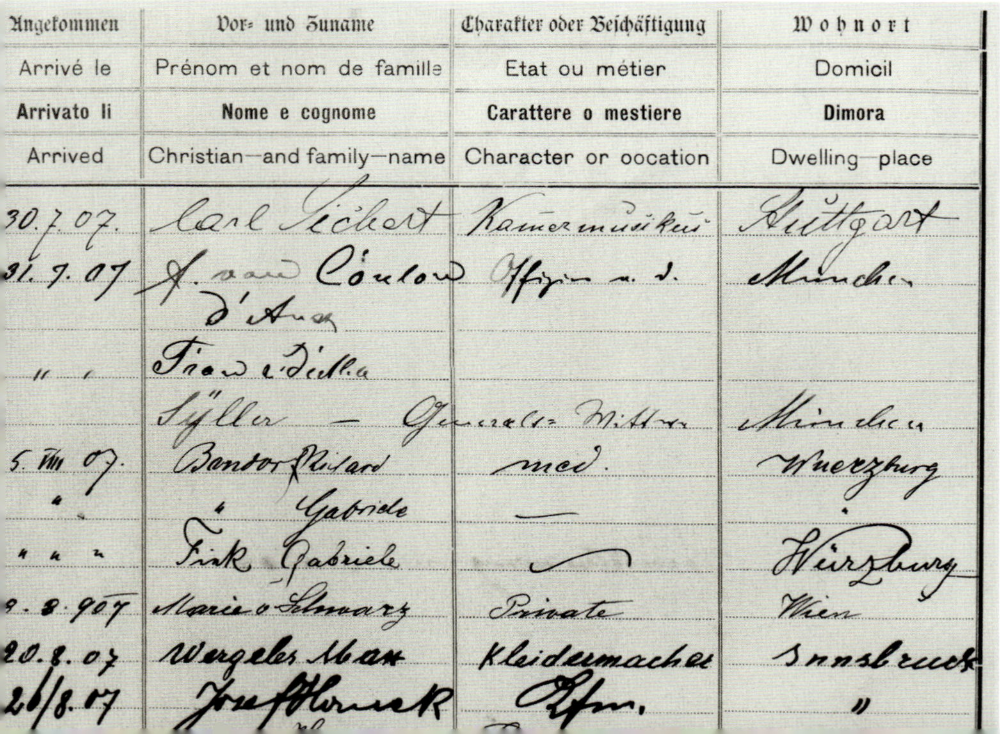

Angekommen	Vor- und Zuname	Charakter oder Beschäftigung	Wohnort
Arrivé le	Prénom et nom de famille	Etat ou métier	Domicil
Arrivato li	**Nome e cognome**	**Carattere o mestiere**	**Dimora**
Arrived	Christian—and family—name	Character or oocation	Dwelling—place
30.7.07.	Carl Sickert	Kammermusiker	Stuttgart
31.7.07	A. von Cöulon d'Aus	Offizier a. D.	München
" "	Frau v. Dietka		
	Syller —	Generals-Wittwe	München
5. VIII 07.	Bandor Richard	med.	Wuerzburg
"	" Gabriele	—	"
" " "	Fink Gabriele	—	Würzburg
?.8.907	Marie v. Schwarz	Private	Wien
20.8.07	Wergeles Max	Kleidermacher	Innsbruck
26/8.07	Josef Horack		"

Inns and luxury hotels

The tourism industry had grown to a considerable size by 1892, with 213,000 incoming guests. In order to continue this upward trend, investments were needed – especially in the hospitality trade. In 1890 there were 1,100 guest houses and hotels in Tyrol with a combined total of 20,900 beds. If you take Merano out of the equation – there was a real shortage of higher category accommodation. This shortfall was resolved by, amongst others, Dr. Theodor Christomannos, a solicitor who relocated to Merano and opened three incredibly luxurious hotels in the Ortler region and Lake Karersee with his Alpine Hotel Corporation. It was not until after 1900 that comparable facilities were established in North Tyrol in the upcoming and swanky resorts of Igls and Kitzbühel. By 1904, the number of businesses had increased to 2,504, with 54,252 available beds.

Nicht nur Hotels und Gasthöfe warben um die Gäste.
Hotels and inns were not the only establishments to woo visitors.

So erfasste das Stadtmagistrat Kufstein die angebotenen Unterkünfte und die darin eingemieteten Gäste.
This is how Kufstein City Magistrates recorded the accommodation offered and the guests staying there.

Kufstein, 16. Juli. № 1. II. Jahrgang 1896.

Fremden- & Wohnungs-Liste

für Kufstein und das Kaiserthal.

Enthaltend die vom 1. bis 14. Juli beim hiesigen Stadtmagistrate angemeldeten Fremden und Wohnungen.

Periodisch herausgegeben vom Verein für Hebung des Fremdenverkehres in Kufstein.

Kufstein
von der Sparchen aus gesehen
mit Teufelskanzel.

In Innsbruck wie in den kleineren Städten entstanden zwischen 1890 und 1910 zahlreiche neue Hotels für anspruchsvolle Gäste.
Between 1890 and 1910, many new hotels for the discerning guest emerged in Innsbruck as well as in the smaller towns.

Einen besonders guten Ruf bei Reisenden genoss die Küche des Innsbrucker Bahnhofrestaurants.
The food served at Innsbruck train station restaurant enjoyed a particularly good reputation with travellers.

Im vornehmen Hotel Gröber in Gossensass wurden den Gästen verschiedene Kuranwendungen angeboten.
Various spa treatments were offered to guests staying at the upmarket Hotel Gröber in Gossensass.

Menükarte des als Musterhotel gegründeten Südbahn-Hotels in Toblach.
Menu from the Südbahn-Hotel in Toblach, which was built as a prototype.

Werbung des führenden Hotels in Kitzbühel.
Advertisement for Kitzbühel's leading hotel.

Im Ortlergebiet, am Fuße der Gletscherwelt, gründete Dr. Theodor Christomannos die hoch eleganten und komfortablen Hotels Sulden (Außenansicht) und Trafoi.
Dr. Theodor Christomannos founded the highly elegant and comfortable Sulden (exterior view) and Trafoi hotels in the Ortler region, at the foot of the glacier world.

Wahlmeraner und Hotelgründer: der Tourismuspionier Dr. Theodor Christomannos.
Merano resident by choice, hotel founder and tourism pioneer Dr. Theodor Christomannos.

Der Speisesaal des Hotels Trafoi während der »Table d'hôte«.
Dining hall at Hotel Trafoi during the "table d'hôte".

Gäste auf Schloss Weißenstein bei Matrei in Osttirol um 1900, das als kleines privates Hotel geführt wurde.
Guests at Weißenstein Castle near Matrei in East Tyrol, which was managed as a small, private hotel, c. 1900.

Wenn man von Leistungen der Wirte und Hoteliers im frühen Tourismus spricht, darf man auf das Personal nicht vergessen, das nur auf wenigen Fotos verewigt ist. Links die Belegschaft des Hotels Gröbner in Gossensaß, oben die Angestellten des Badegasthauses Grünmoos im Defereggental, fotografiert mit den Insignien ihrer jeweiligen Tätigkeit vom einheimischen Tischler und Dorffotografen Josef Ladstätter. Der Bub vorne ist der »Schalderer«, der auf der Kegelbahn die Kegel aufstellt.

When we talk about the innkeepers and hoteliers from tourism's early days, we should not forget to mention their personnel, who feature in only a few photos. To the left are the staff from Hotel Gröbner in Gossensaß, above the employees from Grünmoos bathing house in the Defereggental Valley, photographed with the insignia of their respective activities by local carpenter and village photographer, Josef Ladstätter. The boy in the front is a "Schalderer", who stands fallen skittles back up in the local bowling alley.

COMITATO D
UFFICIO INFORMAZIONI AU
VINO
BIRRA

Über alte und neue Straßen

Vor dem Büro des Kurkomitees von Levico in der Valsugana begegnen sich zwei verkehrstechnische Welten.
Two different worlds of transport meet outside the spa office at Levico in the Valsugana.

Für eine Entwicklung des Fremdenverkehrs in Tirol war nicht nur die Steigerung der Bettenzahl und der Qualität von Gastronomie und Beherbergungsbetrieben wichtig, sondern nicht zuletzt eine weitere verkehrstechnische Erschließung des Landes. Die Fahrgelegenheiten von den Bahnhöfen der Eisenbahnlinien hinein in die Seitentäler mussten noch wesentlich verbessert werden, sollte der Touristenstrom auch dorthin gelangen. Zwar richteten rührige Unternehmer regelmäßige Verbindungen mit so genannten Pferde-Omnibussen ein, auch stellten sich private Lohnkutscher, die in den Haupttälern arbeitslos geworden waren, auf die neue Situation ein, und es gab ja noch die Post mit ihren Normalfahrten und Separat-Eilwägen. Aber das war alles relativ teuer und unbequem, solange die Straßen nicht verbessert wurden. Manche Täler hatten bis in das letzte Jahrhundertdrittel nicht einmal einen brauchbaren Fahrweg. Da war es höchste Zeit, dass seit 1870 ein umfangreiches Straßenbauprogramm verwirklicht wurde.

Als um die Mitte der neunziger Jahre die ersten Automobile nach Tirol kamen, gab man ihnen im gebirgigen Land keine Chance. Da bewiesen die Redaktion der »Fremden-Zeitung« und der Österreichische Touringclub mit einer gemeinsam veranstalteten dreitägigen Wettfahrt über mehrere Tiroler Pässe das Gegenteil. Und wie eine gigantische Propagandaveranstaltung für das neue Verkehrsmittel wirkte im Juni 1902 die internationale Automobil-Wettfahrt Paris–Wien, deren zentrale Etappe von Bregenz über den Arlberg nach Innsbruck und weiter nach Salzburg führte. Die Zeitungen des In- und Auslandes waren voll von diesem motorsportlichen Großereignis, das auch für Tirols Tourismus von Bedeutung war.

Schon zu Jahresbeginn 1899 hatte sich in Innsbruck eine Automobil-Gesellschaft konstituiert, die Ausflüge in die nähere Umgebung der Landeshauptstadt unternahm. Und bereits 1903 war der Verkehr auf Tirols Straßen so stark geworden, dass die k.k. Statthalterei eine Fahrordnung für Automobile und Motor-

Ein Postwagen der
k. k. Poststation Neumarkt
unterwegs (1890).
A mail coach from the
imperial postal station
at Neumarkt (1890).

räder erlassen musste. 1907 wurde die erste Postautobuslinie zwischen Neumarkt und Predazzo im südlichen Tirol eröffnet.

Das Automobil war von den Straßen Tirols nicht mehr wegzudenken. Nur in manchen Seitentälern konnte es noch nicht eingesetzt werden, entweder weil die Zufahrt noch nicht ausgebaut war oder weil die Gemeinden, was nicht selten vorkam, ein Fahrverbot erließen. Viele hatten noch Angst vor dem lärmenden und stinkenden Ungetüm.

Das Straßenbauprogramm enthielt auch Projekte mit rein touristischem Charakter, unter anderem die 1908 eröffnete »Dolomitenstraße« zwischen Bozen und Cortina d'Ampezzo mit prachtvollen Ausblicken von den dabei überwundenen Passhöhen.

Die zwischen 1840 und 1855 erbaute Reschenstraße und der Bau der neuen Kufsteiner Brücke im Jahr 1886.
The Reschen Road, built between 1840 and 1855, and construction of the new bridge at Kufstein in 1886.

Pferdeomnibus des Hotels Post in Imst (gegen 1900) und (rechte Seite oben) Gästetransport mittels Automobil, aufgenommen nur wenige Jahre später vor dem Gasthof Steinbock in Zirl.

Horse drawn carriage from the Hotel Post in Imst (around 1900) and (top right) guest transport per automobile only a few years later in front of the Gasthof Steinbock in Zirl.

Old and new roads

Improved transport connections were an indispensable prerequisite for the further development of tourism in Tyrol. Substantial improvements were necessary to transport guests from the respective railway stations into the various tributary valleys. Private stage coaches, the standard post carriage service and expresses coaches were both expensive and uncomfortable. It was high time in 1870 for a major road building project to be realised. This was also to the benefit of first automobiles that arrived in Tyrol around the mid 1890's. The first post bus line between Neumarkt and Predazzo in South Tyrol opened in 1907. The road building programme also included projects of purely tourism interest, such as the "Dolomite Road" between Bolzano and Cortina d'Ampezzo, which opened in 1908.

Private Benzinkutschen wie diese am Zirler Berg spielten im Tourismus vor dem Ersten Weltkrieg so gut wie keine Rolle.
Private motor vehicles such as this at Mount Zirler Berg played more or less no role in tourism before the First World War.

Erst nach 1908 wurden in den hinteren Tälern die Pferde allmählich vom Benzinmotor abgelöst (Foto oben in Huben im Iseltal, Foto links im Passeiertal).
Not until after 1908 were horses replaced by petrol engines in the remote valleys (top photo in Huben in the Iseltal Valley, photo left in the Passeiertal Valley).

Schon 1912 gab es eine Autoverbindung von Lienz nach Heiligenblut, um den Gästen den Anblick des Großglockners von der Kärntner Seite aus zu ermöglichen.
As early as 1912 there was a road connection from Lienz to Heiligenblu, which allowed guests to catch a glimpse of the Großglockner Mountain from the Carinthian side.

Ein Autobus der Post an der Haltestelle in Jochbergwald am Pass Thurn (um 1912).
A motorised post bus at the bus stop in Jochbergwald at Pass Thurn (c. 1912).

Das erste Postauto in Landeck (1911).
The first motor bus in Landeck, 1911.

Rechte Seite: Warten auf die Abfahrt in Kufstein und die Mannschaft der Postgarage in der Landeck (beide Fotos um 1912).
Right: waiting to depart in Kufstein and the post garage team in Landeck (both photos from around 1912).

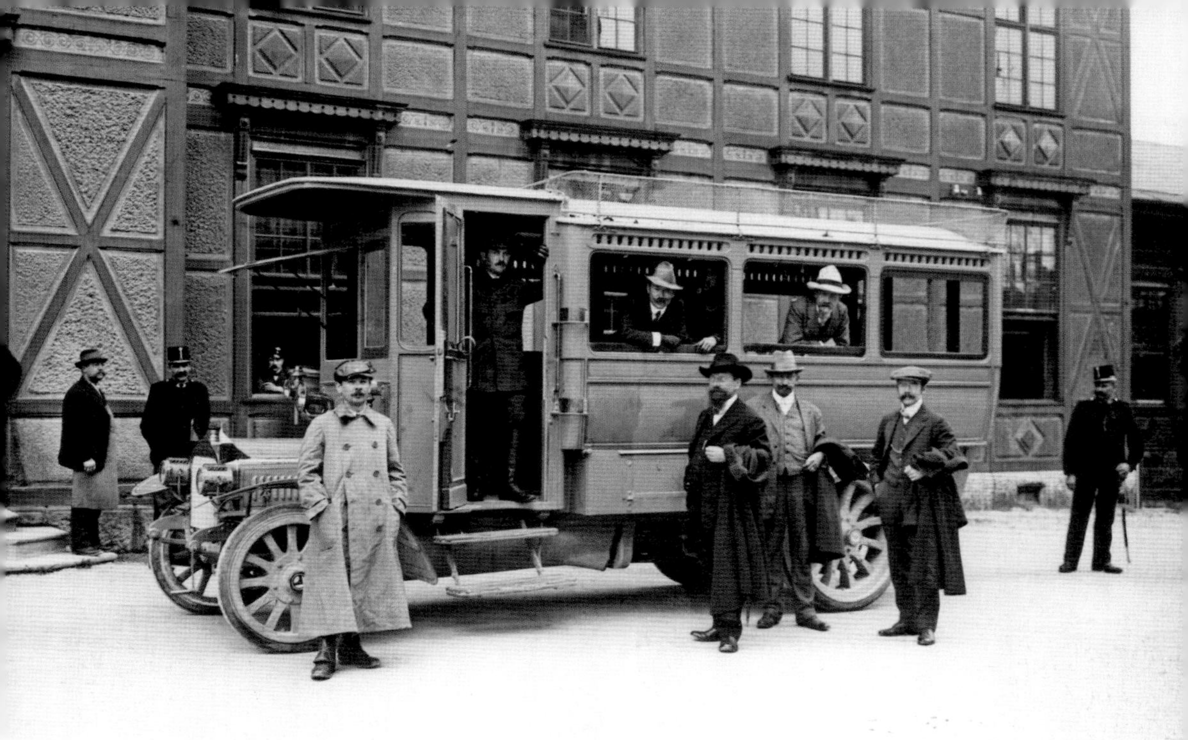

Das Autorennen Paris – Wien von 1902, das durch Tirol führte, bewies die Eignung des neuen Verkehrsmittels Automobil auch für Gebirgsstraßen (Foto von der »rasenden« Fahrt der Teilnehmer durch Innsbruck).

The 1902 Paris – Vienna car race, which led through Tyrol, proved the automobile's suitability as a form of transport for mountain roads (photo of the "frenzied" drive through Innsbruck by the participants).

Ansichtskarten von der 1908 eröffneten Touristenstraße über die Dolomitenpässe (1908/09).
Postcards dated 1908 from the tourist road over the Dolomite Pass (1908/09).

Bahnen und Schiffe

Neben dem Ausbau des Straßennetzes ging auch die Projektierung und Errichtung neuer Bahnlinien weiter. Als erste Lokalbahn in Tirol wurde die Strecke zwischen Bozen und Meran in Angriff genommen und 1881 eröffnet. Die Achenseebahn (1889) war die erste Zahnrad- und Schmalspurbahn und erschloss von Jenbach aus ein überaus beliebtes Feriengebiet, das durch den Einsatz des ersten Dampfschiffes für den Passagierdienst am Achensee eine besondere Attraktion erhielt. Weitere Schaufelraddampfer folgten. Ausflugsmöglichkeiten zu Schiff gab es in Tirol auch woanders, nämlich ganz im Süden auf jenem Stück Gardasee, das damals noch österreichisch war.

Jenbach war übrigens nicht nur Ausgangspunkt der Achenseebahn, sondern nach 1900 auch der Schmalspurbahn ins Zillertal. In den Jahrzehnten vor dem Ersten Weltkrieg wurde in ganz Tirol eine Vielzahl von Lokalbahnen errichtet, wobei die Städte Innsbruck, Bozen und Trient besonders günstige Ausgangspunkte waren. Noch vor Vollendung der Arlbergbahn

Zur Eröffnung der Achenseebahn 1889 erstmals gedrucktes Plakat mit angehängtem Fahrplan von 1907.
On the opening of the Achenseebahn Railway in 1889, the first printed poster with the train schedule from 1907.

Mit der Bahn und den Schaufelraddampfern begann am Achensee ein neues Zeitalter.
A new era begins at Lake Achensee with the railway and paddle steamers.

Achen-See
·TIROL·
Jenbach (Tirol)
„Toleranz"
„Toleranz"
„Alpenhof"
„Stefanie"
„Scholastica"
1907.
Fahrplan der Achenseebahn.
1907.
Betriebsdauer: 5. Mai bis 6. Oktober
8 8 11 1 2 4 5 7 Jenbach 7 10 12 3 5 6 7 8
8 9 12 2 3 5 6 8 Achensee 6 10 11 2 4 6 6 7
Salzburg.
Zahnschienenbahn auf den Gaisberg
Hôtel Gaisbergspitze
Schönster Aussichtspunkt bei Salzburg
Die Direktion.
Graph. Kunstanstalt ED. STRACHE, Warnsdorf

war von Bozen aus eine Abzweigung zum Weltkurort Meran (1881) eröffnet worden. Bis nach Mals im Vinschgau verlängert wurde diese Normalspurstrecke erst 1906. Verschiedene Pläne, sie über den Reschen zur Arlbergbahn heranzuführen oder ins Engadin zu verlängern, wurden nie ausgeführt. Auch die Valsuganabahn von Trient Richtung Osten (eröffnet 1906) schaffte zwar den Anschluss an das italienische Eisenbahnnetz (1910), erlangte aber nie die erhoffte Bedeutung. Ähnlich erging es der 1911/12 erbauten Mittenwaldbahn.

Die weiteren Lokal- und Touristenbahnen: Achensee (1889), Mori–Arco–Riva (1891), Innsbruck–Hall (1891), Überetscher Bahn Bozen–Kaltern (1898), Igler Bahn (1900), Zillertalbahn (1902), Innsbruck–Stubaital (1904), die erste elektrisch betriebene Bahn Europas, die Verbindung Trient ins Nonstal und ins Sulztal (1906), Taufererbahn ab Bruneck (1908).

Mannschaft des ersten Dampfers, der am Achensee für den Ausflugsverkehr eingesetzt wurde.
The crew of the first steamboat used for excursions at Lake Achensee.

Lichtdruck-Ansichtskarte vom Bau der Zillertalbahn (1900).
Collotype postcard picturing construction of the Zillertalbahn Railway (1900).

All die Bahnen hatten natürlich nicht nur Bedeutung für den Fremdenverkehr, sondern waren auch für die Naherschließung der größeren und damals rasch anwachsenden Städte Tirols überaus wichtig. Ausschließlich dem Fremdenverkehr dienten dagegen in Innsbruck die Standseilbahn auf die Hungerburg (1906) und in bzw. bei Bozen die Bahnen auf die Mendel (1903), auf den Ritten (1907) und auf den Virglberg (1907). In Bozen wurde auch die erste bedeutende Personenseilbahn Europas errichtet, die 1,6 Kilometer lange Strecke nach Kohlern, die einen Höhenunterschied von 800 Meter überwindet. Sie ging im Juli 1908 in Betrieb und beförderte bis zum Oktober 1910 ca. 105.000 Personen. Dieser Erfolg ermunterte zu vielen weiteren Projekten, von denen aber vor dem Ersten Weltkrieg nur die Seilschwebebahn auf das Virgiljoch bei Meran (1912) zur Ausführung kam.

Eine letzte Eisenbahnverbindung wurde 1912 eröffnet. Es war die Linie von Innsbruck über das bayerische Mittenwald nach Deutschland. Sie war für die touristische Erschließung des Seefelder Plateaus und durch die Anschlussverbindung nach Ehrwald–Reutte von großer Bedeutung.

Die Dampflock der 1891 eröffneten Lokalbahn Innsbruck-Hall fährt durch die Triumphpforte. Rechts: ein Schaffner bei der Rast an der Kettenbrücke.
The steam engine for the local railway route between Innsbruck and Hall that opened in 1891 drives through the "Triumphpforte". Right; a conductor having a break at the Kettenbrücke Bridge.

Die Linie Mori – Arco – Riva (hier am Loppio-See) war die erste Lokalbahn im Trentino.
The Mori – Arco – Rivaline (here at Lake Loppio) was the first regional railway in Trentino.

Trains and ships

In addition to expanding the road network, planning and construction of new railway lines continued to gain momentum. It began with a line between Bolzano and Merano, which opened in 1881, followed by the Achenseebahn Railway in 1889. This first rack and pinion railway connected Jenbach with the popular holiday resort of Lake Achensee, which was made even more attractive by the addition of the first passenger steam ship. Jenbach was also the starting point for a narrow gauge railway service into the Zillertal Valley, built after 1900. While other local railway services were created for the benefit of all, the funicular railway from Innsbruck to the Hungerburg was a pure tourist attraction. This is also true for the railway systems at the Mendel, Ritten and Virglberg mountains in the south of the province. The first major passenger ropeway from Bolzano to Köhlern was established in 1908 and an aerial cableway to Virgiljoch near Merano opened in 1912. The last railway connection to be realised was the service from Innsbruck to Germany via the Seefeld Plateau, which also opened in 1912.

Die Plakate der Stubaitalbahn (eröffnet 1904) und der Tauferer Bahn (1908) sind von sehr unterschiedlicher werbetechnischer und künstlerischer Qualität. Während man in Bruneck den zwar im Tourismusbereich viel beschäftigten, jedoch als Künstler wenig bedeutenden Maler Carl Maria Reisch aus Meran engagierte, verpflichtete die Direktion der Stubaitalbahn-Aktiengesellschaft den in München lebenden Hans Josef Weber aus Schwaz, der damals bereits zur ersten Riege der Tiroler Künstlerschaft zählte und sich später Hans Weber-Tyrol nannte.

Posters from the Stubaitalbahn (Stubai Valley Railway) and Tauferer Railway differ incredibly in their advertising style and artistic quality. Bruneck makes use of the services of Carl Maria Reisch from Merano, who was heavily engaged in the tourism sector, but was a lesser known artist. The Stubai Railway Company Directorate employed one of Tyrol's most eminent artists, Hans Josef Weber from Schwaz, who later moved to Munich and changed his name to Hans Weber-Tyrol.

FULPMES
STUBAITAL-BAHN
TYROL

Kurz nach 1906
entstandenes Plakat.
A poster created
shortly after 1906.

Für den aufstrebenden Wintersportort Igls war die Lokalbahn von Innsbruck ins östliche Mittelgebirge von großer Bedeutung.
The regional railway service from Innsbruck to the eastern highlands was of great importance to Igls, as an up and coming winter sport resort.

Fotodokument Innsbrucker Lokalbahngeschichte: Links und rechts der Kettenbrücke nach Mühlau überqueren die steile Rampe der 1906 eröffneten Standseilbahn auf die Hungerburg und die seit 1891 bestehende Brücke der Haller Bahn den Inn.
Photographic document of Innsbruck's regional railway history: to the left and right of the Kettenbrücke Bridge to Mühlau, the steep ramps of the funicular railway to Hungerburg (opened 1906) and the Haller Railway bridge spanning the River Inn, which dates back to 1891.

Die erste und die 1914 erneuerte Seilbahn nach Kohlern.
The first cable car to Kohlern was renewed in 1914.

Auch die zweite Seilschwebebahn Tirols wurde 1911/12 in Südtirol gebaut. Ihr Plakat schuf Hans Weber-Tyrol.
Tyrol's second cableway was also built in South Tyrol in 1911/12: The advertising poster was created by Hans Weber-Tyrol.

Für die Mittenwaldbahn mit ihren Tunnels und Kunstbauten war – wie für viele rein touristische Straßen- und Bahnbauten – der in Bozen geborene Ingenieur Josef Riehl mit seiner Innsbrucker Baufirma verantwortlich. Max von Esterle nennt seine Karikatur »Der Landes-Bohrwurm«.

As for many other tourist roads and railway buildings, Bolzano born engineer, Josef Riehl, and his Innsbruck-based construction company were responsible for creating the Mittenwaldbahn Railway and engineering structures. Max von Esterle calls his caricature "The state drill worm".

Bilder von der Mittenwaldbahn, aufgenommen während des Baus (1911/12).

Pictures of the Mittenwaldbahn Railway during construction (1911/12).

Hütten, Wege, Führer

Straßen und Bahnen brachten die Touristen noch näher an die Berge heran, so dass hochalpine Wanderungen immer populärer wurden. Der mühevolle Anmarschweg durch ganze Täler fiel weg.

In höheren Regionen waren seit dem Zusammenschluss des Österreichischen und des Deutschen Alpenvereins im Jahr 1873 die Anlage von Wanderwegen und Gipfelsteigen und der Bau von Schutzhäusern zügig vorangeschritten. Die ersten Alpenvereinshütten, die nicht viel mehr waren als ein gemauerter Unterschlupf, wurden bald schon zu klein oder genügten sonst den Anforderungen nicht mehr, so dass bereits vor der Jahrhundertwende die ersten Erweiterungs- und Neubauten notwendig wurden. Insgesamt errichteten die verschiedenen Sektionen des DuÖAV bis zum Ersten Weltkrieg auf Tiroler Boden 103 Schutzhäuser.

Beim Weg- und Hüttenbau engagierten sich nicht nur Tiroler. Auch die Gäste selbst wurden aktiv. So wurde z.B. Anton Spiehler, ein Lehrer aus Memmingen, als langjähriger Feriengast von Elbigenalp zum »Erschließer der Lechtaler Alpen«. Neben den Alpenvereinssektionen, die in Tirol selbst gegründet wurden, entwickelten vor allem Sektionen mit dem Sitz in deutschen und ostösterreichischen Städten eine umfangreiche Tätigkeit in den ihnen zugewiesenen Alpengebieten, woran Dutzende Hüttennamen erinnern.

Führende Persönlichkeiten solcher auswärtiger Sektionen gehören zu den Alpenpionieren Tirols, etwa der berühmte Johann Stüdl aus Prag, von dem schon in einem früheren Kapitel berichtet wurde. Mit Unterstützung seiner Prager Sektion des Alpenvereins wurde er zum wichtigsten Förderer des Hochtourismus im Glockner- und Venedigergebiet. Seine Bemühungen um das Führerwesen wurden für das ganze Land vorbildhaft.

In der Anfangszeit des Alpinismus war über die Tiroler Bergführer viel geklagt worden. Brotneid und Eifersüchteleien sowie die Habsucht mancher Wirte, die ihre Knechte gegen gutes Entgelt ohne Rücksicht

Die von Tauferer Bergsteigern 1877 erbaute AV-Hütte am Weg aus dem Reintal zum Hochgall. Sie wurde 1887 von der neu gegründeten Sektion Kassel des Deutschen und Österreichischen Alpenvereins übernommen. Aus dieser Zeit stammt wohl auch dieses Foto. 1895 erbauten die Kasseler die zu klein gewordene Hütte neu. Heute wird sie meist Hochgall-Hütte genannt.

The Alpine Assoc. hut on the trail from the Reintal Valley to Hochgall was built in 1877 by mountaineers from Taufer. It was acquired in 1887 by the newly established Kassel Section of the German and Austrian Alpine Association. The photo probably dates back to then. The mountain hut proved to be too small and was rebuilt by the Kassel Section in 1895. Nowadays, it is generally known as the Hochgall Hut.

Die 1879 erbaute Berliner Hütte in den Zillertaler Alpen im ursprünglichen Zustand und nach drei Erweiterungen auf einer Ansichtskarte aus dem Jahr 1900.
Built in 1879, the Berliner Hut in the Zillertal Alps is pictured in its original condition, and after three extensions, it features on a postcard dated 1900.

auf deren Qualifikation als Führer sozusagen auslie-hen, verärgerten viele Gäste. Erst die Bemühungen des Alpenvereins brachten die Wende. Seine Aufsicht über das gesamte Bergführerwesen, Organisierung der Ausbildung, Verbesserung der Ausrüstung, die Autorisierung der einzelnen Führer durch die Bezirksverwaltungsbehörde, Bergführerabzeichen und Tourenbüchlein ergaben bald einen ausgezeichneten Ruf der Tiroler Bergführer.

Die Bergführervereine ihrerseits waren Standesvertretungen und sorgten für die Einhaltung der Tarife. Das Einkommen der Bergführer war nicht übermäßig groß, weil die Saison kurz war und ein Teil des Lohnes dem Hüttenwirt abgegeben werden musste. Interne Streitigkeiten wurden in den meisten Bergsteigerzentren durch die Einführung der so genannten »Kehrordnung« vermieden, die einen gleichmäßigen und gerechten Einsatz aller Bergführer ermöglichte. Der Hochtourismus bedeutete für die vielfach notleiden-

den Bergbauern trotz bescheidener Entlohnung für Einzelleistungen eine wichtige Nebenerwerbsquelle. Es gab ja nicht nur die Möglichkeit, als Bergführer Gäste auf Gipfel und über Jöcher zu führen – wobei man damals auch für sehr einfache Wanderungen vielfach einen Führer mietete –, man konnte sich auch beim Wegbau engagieren, Trägerdienste zu Hütten bzw. ins Tal leisten, Pferde und Maultiere für gewisse Wegstrecken vermieten. Weiters ergab sich eine zusätzliche Absatzmöglichkeit für Almprodukte und andere selbsterzeugte Lebensmittel. Und der eine oder andere Bauernsohn avancierte zum Hüttenwirt. Freilich hatte die Sache auch eine Kehrseite, denn die vermehrten und besseren Verdienstmöglichkeiten veranlassten so manchen Knecht, den Hof zu verlassen oder höhere Lohnforderungen zu stellen, was den ohnehin schwierig zu deckenden Bargeldbedarf des bäuerlichen Betriebes vergrößerte bzw. zur Aufgabe manch arbeitsintensiven Wirtschaftszweiges zwang.

Die 1882 errichtete Jamtalhütte mitten in der Silvretta ganz im Westen Tirols, vor ihrer ersten Erweiterung im Jahre 1897.

The Jamtal Hut built in 1882 in the middle of the Silvretta, in Tyrol's westernmost outskirts, before its first expansion in 1897.

Einweihung des Wildloderhauses oberhalb von Fieberbrunn im August 1892. Die am Wildalpsee liegende Hütte wurde von der AV-Sektion Fieberbrunn gemeinsam mit dem örtlichen Verschönerungsverein errichtet.
Inauguration of Wildloderhaus above Fieberbrunn in 1892. This mountain hut at Lake Wildalpsee was built by the Fieberbrunn Section of the Alpine Assoc. together with the local "Beautification Association".

Neben dem Deutschen und Österreichischen Alpenverein und seinen Sektionen waren von Anfang an auch andere alpine Vereine und Verbände tätig. So gründete der schon 1869 in Wien ins Leben gerufene »Österreichische Touristenclub« 1883 seine erste Sektion in Innsbruck-Wilten, es folgten verschiedene akademische Vereinigungen, Bergsteigergesellschaften und Ortsgruppen der »Naturfreunde«, die ihren Hauptsitz ebenfalls in Wien hatten. In Trient wurde 1872 die »Società alpina del Trentino« gegründet, deren Name später in »Società alpinisti trentini« umgeändert wurde. Alle diese Vereine und Verbände erbauten eigene Hütten und erreichten mit ihren zum Teil hervorragenden Publikationen Tausende von Menschen, die auf diese Weise zu einem Besuch Tirols und seiner Bergwelt angeregt wurden.

Hüttenplakat von ca. 1910,
gestaltet vom bekannten
Imster Maler Thomas Walch.

Mountain hut poster
dated c. 1910, designed by
the famous painter, Thomas
Walch, from Imst.

Matreier Bergführer unterwegs mit Sommergästen, um 1875. Zur typischen Ausrüstung gehörte in dieser frühen Zeit der Buckelkorb.

Matrei mountain guides with summer visitors, c. 1875. The basket worn on their back was a typical part of the equipment in those early days.

Das 1894 entstandene Gruppenfoto (ebenfalls aus Windisch-Matrei, wie Matrei in Osttirol damals geheißen hat) lässt nicht wirklich erkennen, dass die Ausrüstung der Bergführer inzwischen wesentlich besser geworden ist.
A group photo taken in 1894 (from Windisch-Matrei, as Matrei in East Tyrol was called in those days), does not really demonstrate how much mountain guide equipment has since improved.

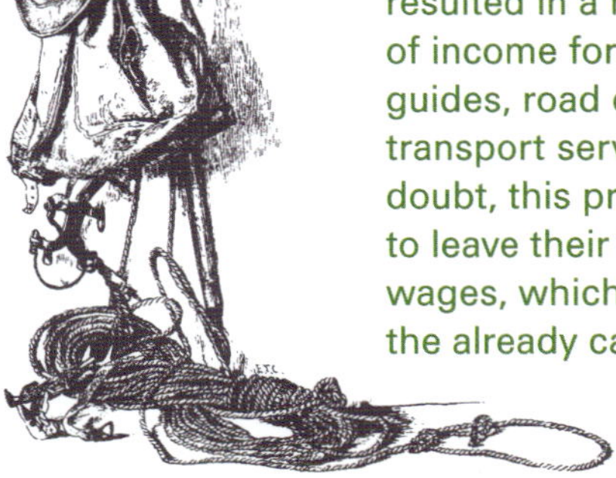

Trails, huts, guides

After the Austrian and German Alpine Associations merged in 1873, rapid progress was made with the construction of hiking trails and mountain huts. By the outbreak of the First World War, various sections of the club managed to build 103 mountain refuge huts on Tyrolean soil. From the very beginning, it was not only the German and Austrian Alpine Association that were active in Tyrol, but various other Alpine clubs and associations. Increasing interest in alpinism resulted in a new and welcome source of income for the locals; as mountain guides, road constructors, hauliers and transport service providers. Without doubt, this prompted many a farmhand to leave their farms or demand higher wages, which made life even harder for the already cash-strapped rural farms.

Die Bergführer von Tiers am Fuße des Rosengartens, ca. 1905. Manche Verlage boten gestaltete Vorlagen für Ansichtskarten an, in deren Rahmen ein Foto platziert werden konnte.

Mountain guides from Tiers at the foot of the Rosengarten c. 1905. Some publishers offered specially designed templates for postcards, where photos could be inserted in the frame.

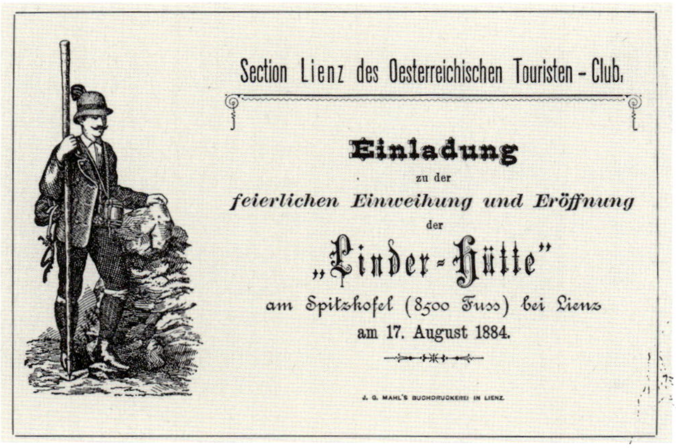

Section Lienz des Oesterreichischen Touristen-Club.

Einladung

zu der

feierlichen Einweihung und Eröffnung

der

„Linder-Hütte"

am Spitzkofel (8500 Fuss) bei Lienz

am 17. August 1884.

J. G. Mahl's Buchdruckerei in Lienz.

Beispiel für die Hütten anderer alpinen Vereinigungen.

An example of the huts from other Alpine associations.

Mutige Dame auf Gletscherwanderung in den Ötztaler Alpen (um 1885).
An intrepid lady on a glacier hike in the Ötztal Alps (c. 1885).

Winkler-Turm

Als um 1900 das Klettern als Sport entdeckt wurde, wagte sich auch eine neue Generation von Fotografen auf die schwierigsten Routen:
Josef March jun.: Winklerturm, und Emil Terschak: Am Felsband der Großen Zinne.
When climbing was discovered as a sport in around 1900, a whole new generation of photographers also ventured out on the most challenging routes:
Josef March jun.: Winklerturm, and Emil Terschak: on a narrow ledge at the Großen Zinne (Grand Peak).

K·K·ÖSTERREICHISCHE STAATSBAHNEN
ARLBERG
ARLBERGPASS
GUST·JAHN
WINTERSPORT
IN DEN ÖSTERR·ALPEN
Bekannte Wintersportplätze auf der Route Buchs (Bregenz)—Arlberg—Wien: St. Anton am Arlberg, Bregenz, Innsbruck, Kitzbühel. Wintersport jeder Art: Skilauf, Rodel- und Schlittenfahrten, Eislauf, Eisschießen etc. vom Dezember bis März. Festspiele im Jänner und Februar. Direkte Schnellzugsverbindungen mit allen Hauptstädten Europas.
St ANTON
KITZBÜHEL
K·K·HOF-UND STAATSDRUCKEREI IN WIEN

Der Schnee wird zur Attraktion

Die Österreichischen Staatsbahnen waren an Wintersportlern interessiert und warben deshalb für Fahrten ins Arlberggebiet (um 1910).
The Austrian State Railways were interested in providing transport for winter sports enthusiasts and advertised their services for the Arlberg region (c. 1910).

Die Berge waren früher nur im Sommer interessant. Vor dem Aufkommen des Skisports machte sie der Schnee unzugänglich. Außerdem sah sich niemand veranlasst, Ferien in klirrender Kälte zu verbringen. Eine Wintersaison gab es deshalb nur in den klimatisch begünstigten Kurorten des Südens. Nach Meran, Gries oder Arco fuhr man, um dem kalten Winter zu entfliehen. Auch Innsbruck versuchte, sich zeitweise als »milde Winterstation« zu empfehlen. Dass vereinzelte Gäste ihren Ferienort auch im Winter kennenlernen wollten und sich wie die Einheimischen beim Rodeln vergnügten, war am Anfang eher selten und kam erst gegen Ende des Jahrhunderts in Mode.
Und die ersten Orte, die sich auf einen Winterbetrieb einrichteten, vergaßen nicht, neben den Reizen der winterlichen Natur und den noch spärlichen sportlichen Möglichkeiten auf das günstige Klima hinzuweisen, das ausgedehnte Spaziergänge erlaube. Der Kurgedanke war wichtiger als der Sport. Im Tiroler Kurorte-Führer von 1896 heißt es über Gossensaß: *»Während der drei strengsten Wintermonate beträgt die Sonnenwärme an windgeschützten Orten stets mehr wie 3–5° Celsius, daher sind die Wintergäste im Stande, den größten Theil des Tages im Freien zu verbringen.«* Um 1900 lud etwa ein Dutzend Orte zu Rodelpartien, Eislauf und Eisschießen, zu Fahrten im Pferdeschlitten, Bobrennen und Skilauf ein.

Die vom Fremdenverkehrspionier Franz Reisch 1892/93 nach Kitzbühel gebrachten norwegischen »Schneeschuhe« erlangten bald die größte Bedeutung für den Tourismus. War der Ski zunächst hauptsächlich als Hilfsmittel für Alpinisten gedacht, um die geliebten Gipfel auch im Winter ersteigen zu können, so wurde das Rutschen über die Hänge bald zum Selbstzweck und stilistisch verfeinert. Seit Mitte der neunziger Jahre wurden in Kitzbühel jeden Winter Skirennen veranstaltet, im Dezember 1902 kam es zur Gründung der »Wintersportvereinigung Kitzbühel«. Zu dieser Zeit hatte Kitzbühel bereits einen treuen Kreis internationaler Skigäste, darunter besonders Engländer, aber auch viele Ostösterreicher. Zusammen mit anderen Wintervergnügen machte der Skisport Kitzbühel in wenigen Jahren zu einem renommierten Fremdenverkehrszentrum mit internationalem Publikum.

Die »zweite Saison« zu einem bedeutenden Faktor auszubauen, gelang vor dem Ersten Weltkrieg nur wenigen Orten. Einer von ihnen, neben Kitzbühel der wichtigste, wurde überhaupt erst durch den Wintersport entdeckt, nämlich St. Anton am Arlberg, wo 1901 der erste Skiclub Tirols gegründet worden war.

Wie rasch der Skisport populär und deshalb für den Fremdenverkehr wichtig wurde, geht schon daraus hervor, dass ihn noch um 1900 herum kaum jemand kannte, aber bereits 1906 der erste Skiführer für Tirol herausgegeben wurde.

Da ursprünglich das Skispringen gleichbedeutend mit dem Skilaufen war, entstanden im ganzen Land viele Sprungschanzen. Daneben wurden aber auch traditionelle Wintersportarten, wie das Rodeln, das Eislaufen, das »Gasslfahren« mit Pferdeschlitten und das Eisstockschießen bzw. die englische Variante, das »Curling«, in den Dienst des Tourismus gestellt. Auch neue Modesportarten wurden eingeführt, wie das Eishockey oder das Bobfahren, wofür in Kufstein, das ebenfalls als frühes Wintersportzentrum gelten kann, und Kitzbühel jeden Winter eigene Bahnen erbaut wurden. Sonst sperrte man ganz einfach geeignete Straßen.

Franz Reisch, Kitzbüheler Hotelier und Pionier des Skisports.
Franz Reisch, hotelier and skiing pioneer from Kitzbühel.

Der Brixner Fotograf Josef March schuf diese Aufnahme eines Pioniers des Skilaufs mit den Geislerspitzen im Hintergrund (um 1900).
Brixen photographer Josef March took this photo of a skiing pioneer with the peaks of Mount Geisler in the background in around 1900.

Snow turns into an attraction

For many years, there were only winter tourism seasons in the climatically favourable spa resorts in the south. Those who wanted to escape the long, cold winters travelled to Merano, Gries or Arco. Only towards the end of the century did it become fashionable for visiting guests to actually get to know the resort they were staying at more intimately and join the locals for a spot of tobogganing or curling entertainment. Very few resorts were able to develop the "second season" into a success factor before the outbreak of the First World War. The most important of these were Kitzbühel and St. Anton am Arlberg. In addition to the "recently discovered" sport of skiing, other traditional winter activities such as sledding, ice skating and curling were tailored more overtly to the service of tourism. New sports were also introduced, such as ice hockey and bob sledding.

So begann man im Innsbrucker Raum (oben: auf dem Patscherkofel) und in Kitzbühel (links) mit dem Skilauf.
The early days of skiing in the Innsbruck area (top: Patscherkofel) and Kitzbühel (left).

rt vom Patscherkofel.

Teilnehmer und Teilnehmerinnen am ersten Skirennen in St. Anton am Arlberg, 6. Jänner 1904.
Competitors in the first ski race at St. Anton am Arlberg on 6th January, 1904.

Hans Handl.
I. Ski-Rennen in St. Anton am Arlberg.
6.1 1904

Die Militärskikurse unter Oberstleutnant Bilgeri verbreiteten das Skifahren in ganz Österreich und machten Kitzbühel als Wintersportort bekannt (Foto von 1902).

Military ski courses under Lieutenant Colonel Bilgeri ensure that skiing becomes widespread all over Austria and establishes Kitzbühel as a winter sport resort (photo from 1902).

Eine Ansichtskarte demonstriert die sportlichen Möglichkeiten Kitzbühels.
A postcard showing Kitzbühel's sporting opportunities

Eishockey hinter dem Kitzbüheler Grand Hotel, um 1910.
Ice hockey behind the Grand Hotel in Kitzbühel, circa 1910.

Erfolgreicher Kitzbüheler Rennläufer im Fotostudio.
Successful Kitzbühel racing skiers in the photographer's studio.

Gemütliches Skivergnügen in der Umgebung von Innsbruck. Ein Skikurs war dazu nicht notwendig.
Pleasant skiing fun around Innsbruck, for which ski courses were not necessary.

Zwei Plakate des Innsbrucker Künstlers Max von Esterle (um 1910).
Two posters by Innsbruck artist, Max von Esterle (c.1910).

M. Esterle.
WÖRGL TIROL
Schnellzugsstation der
Süd-und Staatsbahn
Jdeales Skiturengebiet in der Wildschönau (Skihütte)
Sprungschanzen, Rodel-Eis-und Schlittenbahnen
Vorzügliche Gasthöfe
Auskünfte durch die
Wintersportvereinigung Wörgl
MAX SCHAMMLER
GRAPHISCHE KUNSTANSTALT JNNSBRUCK

Skispringen auf der Innsbrucker Husselhofschanze um 1908 und Plakat von Max von Esterle.
Ski jumping at the Husselhof Jump in Innsbruck c. 1908 and a poster by Max von Esterle.

Eine Ansichtskarte mit der Skispringerin Gräfin Lamberg beim Sprung von der Kitzbüheler Schanze.
A postcard depicting ski jumper, Countess Lamberg, jumping from the Kitzbühel ski jump.

Außer Kitzbühel und St. Anton bemühte sich auch Igls bei Innsbruck vermehrt um Wintergäste.
Besides Kitzbühel and St. Anton, Igls near Innsbruck also made increasing efforts to attract winter visitors.

Rodeln hat in Tirol lange Tradition, hier eine Illustration aus einer amerikanischen Zeitung.
Tobogganing has a long tradition in Tyrol; here an illustration from an American newspaper.

Mit den selbst gebastelten Bobs fuhr man wie mit der Rodel auf ganz normalen Wegen, hier in Gossensass.
Homemade bobsleds could be ridden just like a toboggan on normal trails; here in Gossensass.

Einige Orte bauten um 1900 Naturbahnen für den damals in Mode gekommenen Bobsport. Hier eine Fünfermannschaft am Start der Bobbahn von Kufstein.
In around 1900, several villages built natural runs for the then fashionable bobsled sport. Here a team of five at the start of Kufstein's bobsled run.

Möglichkeiten zum Eislaufen gab es überall (Gratl-Foto vom Platz des Innsbrucker Turnvereins bei der Messehalle, um 1905).

Opportunities for ice-skating could be found everywhere. (Gratl photo of the Innsbruck Gymnastic Club grounds at the Exhibition Hall, c. 1905).

FRITZ
PHOTOGRAPHIE &
INNSBRUCK

Wintersportplätze in Tirol und Vorarlberg.

Ort	Höhe ü. d. Meere	Eislauf	Eiskockey (Bandy)	Eisschiessen (Cuding)	Ski	Bobsleigh	Rodel	Ski Jöring Gasselfahren	Eissegeln	Bahnstation, Post, Telegraph, Telephon
Bödele b. Dornbirn	1140 m				×		×			BPT Dornbirn Telephon selbst
Cortina d'Ampezzo	1224 „				×		×			Bahn Toblach PT selbst
Glurns	907 „	×		×	×		×			BPT selbst
Gossensass	1100 „	×		×	×		×			BPTT „
Hall i. Tirol	560 „				×		×			BPTT „
Innsbruck	574 „	×	×	×	×		×	×		BPTT „
Kitzbühel	1149 „	×	×	×	×	×	×	×	×	BPTT „
Kufstein	483 „	×		×	×	×	×			BPTT „
Mals	1045 „	×		×	×		×		×	BPT „
Schwaz	538 „				×		×			BPTT „
St. Anton a Arlberg	1300 „	×		×	×	×	×			BPTT „
St. Ulrich i. Gröden	1236 „				×		×			B. Waidbruck PTT selbst
St. Valentin auf der Haide	1452 „				×		×			B. Mals oder Landeck PT selbst
Sterzing	950 „	×		×	×		×			BPTT selbst

Ski-Ausflüge und Ski-Hochtouren in Tirol siehe Skiführer durch Tirol von Sherig. — Rodelpartien in Tirol siehe Tiroler Verkehrs- u. Hotelbuch, herausgegeben vom Landesverband für Fremdenverkehr in Tirol. Gratis erhältlich.

Aus dem »Fremdenverkehrs- und Sports-Anzeiger in Tirol, Vorarlberg und Liechtenstein« Nr. 1 von 1909.

From the 1st edition of the "Tourism and Sports Advertiser in Tyrol, Vorarlberg and Liechtenstein" in 1909.

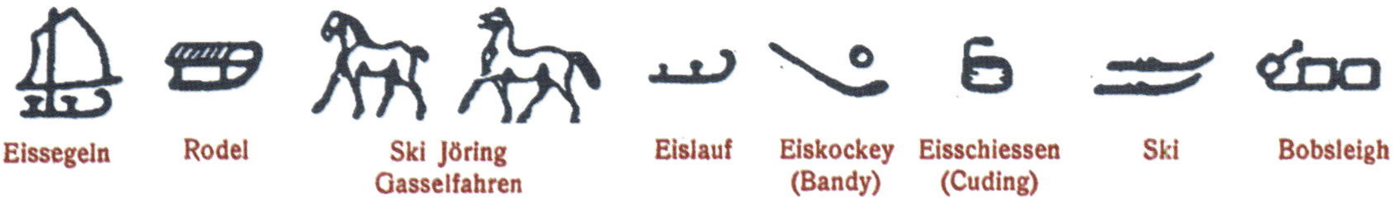

»Gasslfahren« oder »Gasslrennen« nannte man die sehr beliebten Trabrennen auf Schnee, die ursprünglich mit Bauernschlitten, zu der Zeit aber bereits mit eigenen leichten Rennschlitten gefahren wurden (Gemälde von Alfons Walde, 1913, und Zeitschriftenfoto aus Kufstein, um 1910).

Farmer's sleds were originally used for very popular form of trotting races on snow called "Gassl" riding, or "Gassl" races. At this time, however, participants were already using an especially lightweight racing sled. (Painting by Alfons Walde, 1913, and newspaper photo from Kufstein, c. 1910).

Sport, Theater und Gesang

Nicht nur im Winter gab's seit ca. 1890 neue Entwicklungen. Auch die Sommerfrischen vermehrten ihr Angebot durch Einrichtungen, die im Übrigen zumeist auch der einheimischen Bevölkerung zugutekamen, was die gesamtwirtschaftliche und gesellschaftliche Bedeutung des Tourismus unterstreicht. So wurden die meisten der um die Jahrhundertwende errichteten Schwimmbäder von den jeweiligen Gemeinderäten nur mit dem Hinweis auf das Bedürfnis der Gäste bewilligt.

Selten als kommunale Einrichtungen betrieben wurden dagegen die Plätze zur Ausübung der jungen Sportart Tennis, damals allgemein Lawn-Tennis genannt. Sie gehörten meist Hotels oder Clubs, wurden jedoch Einheimischen und Gästen zur Verfügung gestellt. Wie im Winter veranstalteten rührige Touristenmanager auch im Sommer sportliche Wettkämpfe verschiedenster Art als Magnet für Aktive und Zuschauer.

Zum festen Bestandteil des sommerlichen Angebots an den Gast gehörte bis zum Ersten Weltkrieg in vielen Fremdenverkehrsorten ein Heilbad in der näheren und weiteren Umgebung. Ohne den paar noblen Kurhotels, die sich aus traditionsreichen Bauernbadln

Noch vor 1900 begann das Zeitalter der ersten »Schwimmbäder« mit streng getrennten Badezeiten für Männer und Frauen. Links unten Innsbruck, rechts unten Meran und rechte Seite oben das Kufsteiner Bad während eines Sprungwettbewerbs.

The age of the swimming pool era began before 1900, with strictly separate bathing times for men and women. Below left, Innsbruck, below right Merano and on the right, upper page, Kufstein Pool during a diving competition.

MERAN
H.v PERCKHAMMER
HOF PHOTOGRAPH

entwickelt hatten, nacheifern zu wollen, richteten sich auch viele der kleineren lokalen Badehäuser neu ein und boten angenehme und gesunde Abwechslung. Die Tiroler Seen lockten noch weniger zum Badevergnügen als vielmehr wegen der gesunden Luft, der Möglichkeit abwechslungsreicher Spaziergänge am Wasser und natürlich lustiger Bootspartien.

Wenn man bedenkt, dass Sommergäste meist zwei oder drei Wochen am selben Ort blieben, oft auch länger, dann versteht man die Bedeutung des Unterhaltungsangebotes, das eine immer größere Rolle für die Zufriedenheit der Gäste spielte. Ein Kurorchester spielte ja nur in Meran und Gries auf, sonst musste man sich mit der örtlichen Blasmusik zufriedengeben. Theateraufführungen gab es in den Städten und am Lande, in Innsbruck spielte seit 1902 die aus Berufsschauspielern bestehende, höchsten Ansprüchen entsprechende Exl-Bühne. Da und dort gab es Freilichtspiele, die berühmtesten in Meran, wo der Dichter Carl Wolf 1892 die Meraner Volksschauspiele ins Leben rief, die vor allem mit Laienschauspielern und 300 Statisten bis 1914 sein Andreas-Hofer-Stück

Tennisplatz am Bergisel um 1900 und Plakat für eine internationale Turnierserie im August 1910.
Tennis court at Bergisel, c. 1900, and a poster advertising an international tournament in August 1910.

Obwohl das Fahrrad bereits um 1890 ein beliebtes Fortbewegungsmittel war und Radrennen viel Publikum anlockten, waren Radtouren noch kein Thema bei der Werbung um den Gast.
Even though the bicycle was a common form of transport by 1890 and very popular with the general public, attracting visitors with organised cycle tours was still a thing of the future.

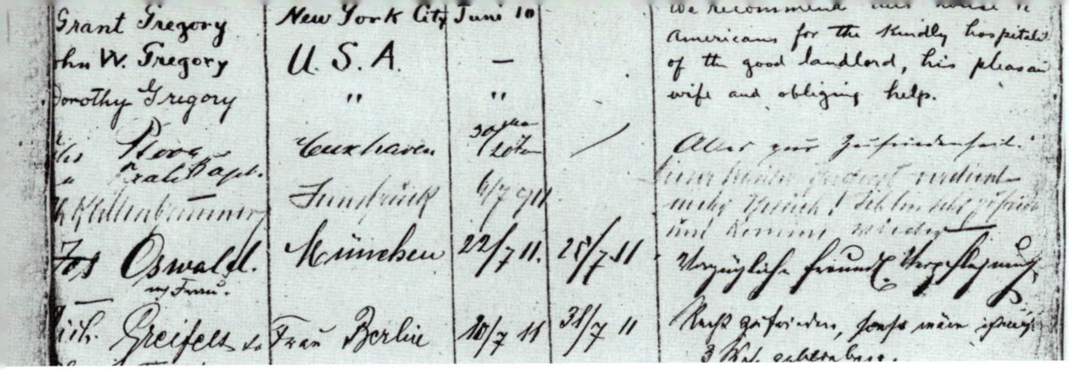

Grant Gregory	New York City	June 10		
John W. Gregory	U.S.A.	–		Americans for the kindly hospitality of the good landlord, his pleasant wife and obliging help.
Dorothy Gregory	"	"		
Oswald	München	22/7 11.	25/7 11	
Greifelt	Berlin	10/7 11	31/7 11	

Die alten Bäder hatten immer noch ein treues und oft vornehmes Publikum: Aus dem Gästebuch der »Maria-Louise Badeanstalt« im Brixental vom Juni 1911.
The old baths always had a loyal and often distinguished clientele. An excerpt from the visitor's book at "Maria-Louise Bathhouse" in the Brixental Valley, dated June 1911.

aufführten, zuerst alljährlich, dann abwechselnd mit anderen historischen Schauspielen. Der Zulauf war enorm, vor allem Feriengäste aus der näheren und weiten Umgebung kamen in Scharen, um sich dieses mit originalen Requisiten und Trachten ausgestattete Spektakel anzuschauen.

Diverse Feste mit traditioneller Tanzmusik gehörten ebenso zum Angebot wie »Konzerte« der zahlreichen »Nationalsängergruppen«, die im »Nationalkostüm« auftraten, was in Inseraten und Plakaten eigens erwähnt wird. Alte Fotos lassen uns freilich staunen, was man damals – vor allem bei den Frauen – als echte Tiroler Tracht ausgab. Ähnlich authentisch war meist

Sommervergnügen:
Bootsfahrt auf dem Achensee.
Summer fun: boating on
Lake Achensee.

auch das Programm dieser Sängergesellschaften. Es bestand aus Schuhplattlern und Volkstänzen, damals »Nationaltänze« genannt, und natürlich aus Liedern und Volksmusik oder dem, was man darunter verstand oder was man für zugkräftig hielt. Der Schuhplattler wurde unverzichtbar, der »Tiroler Abend« war geboren! Dass es daneben aber auch damals Volksmusikanten gab, die mit unverfälschtem alten Musikgut zu unterhalten versuchten, soll nicht verschwiegen werden.

Das Ensemble der 1902 gegründeten Innsbrucker Exl-Bühne.
An ensemble from the Innsbruck Exl-Bühne Theatre, which was founded in 1902.

Volksszene der Meraner Volksschauspiele, die seit 1896 im Freien ein personenreiches Andreas-Hofer-Stück und andere patriotische Stücke aufführten.

A crowd scene from Merano Folk Theatre, who have staged large scale open-air performances of a play about Andreas Hofer and other patriotic pieces since 1896.

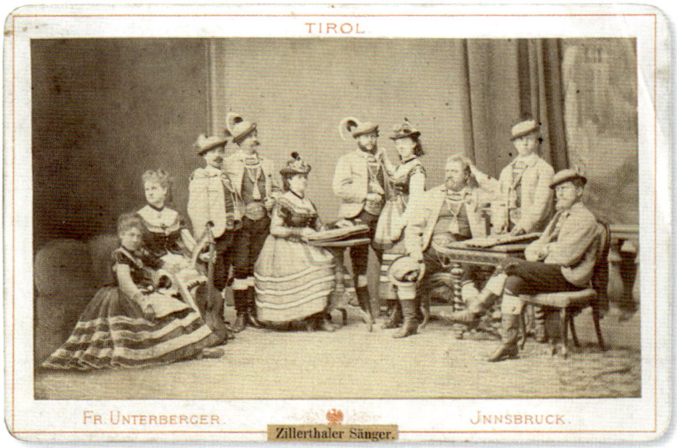

Sehr frühes Foto (um 1870) einer reisenden Zillertaler Sängergruppe, verlegt von Unterberger in Innsbruck.
Very early photo (c. 1870) of a travelling choir from the Zillertal Valley, published by Unterberger in Innsbruck.

Die Nationalsängergruppe Ringler aus Sillian um 1905.
The Ringler Vocal Ensemble from Sillian, c. 1905.

Sport, theatre and song

Since around 1890, new developments were not only isolated to winter tourism. Summer visitors were also offered an increasingly wide range of opportunities, with the trend veering towards sporting activities. This gave rise to the construction of swimming pools and places where the young sport of lawn tennis could be practised in facilities which were mostly attached to hotels or clubs, but were available for the use of all visitors. Entertainment was provided in the form of theatre performances, various festivals and folk music entertainment, which encompassed a number of national vocal ensembles who performed both folk music and dance. The "Schuhplattler" (lederhosen wearing, thigh slapping dancers) were an indispensable part of the entertainment – and so the Tyrolean evening came into being.

Inserat und Plakat zweier bekannter Nationalsänger-gruppen, die vor allem in Innsbruck auftraten.

Advertisement and poster depicting two well known national choirs who performed predominantly in Innsbruck.

Bediente Klischees

Seit man in Tirol bemüht ist, auf Tirol neugierig zu machen und potenzielle Gäste anzusprechen, bedient man sich dazu jeder Menge von Klischees, die sich vom »Tyroler« seit der Mitte des 18. Jahrhunderts im europäischen Bewusstsein herausgebildet hatten und deren Fortbestand und Wirkung man jetzt im Lande selbst nach Kräften förderte. Natürlich trugen der Tiroler und die Tirolerin stets die »Nationaltracht«, auch wenn sie als Alltagskleidung seit der Mitte des 19. Jahrhunderts fast überall im Verschwinden war und selbst in den abgelegenen Gegenden und auch sonntags das städtische Gewand längst Einzug gehalten hatte. Entsprechend erfinderisch gingen die Schneider mit den Traditionen um, wenn es galt, die Sängergruppen neu und für ihre Auftritte wirkungsvoll einzukleiden. Andererseits kann man sagen, dass die zunehmende Einführung der alten oder einer verständnisvoll nachempfundenen Talschaftstracht bei den Schützen nicht unwesentlich zur Rettung der Tracht beigetragen hat. Also eine durchaus positive Wirkung des Schielens auf die »Fremden«.

Handkolorierte Ansichtskarte aus dem Atelier Fritz Gratl (um 1900): Schützenkompanie samt Musikkapelle.
Hand-coloured postcard from the Fritz Gratl Studio (c. 1900): Company of Schützen (riflemen) with the town band.

Foto vom großen Festumzug anlässlich der Jahrhundertfeier 1809 – 1909, aufgenommen vor der Innsbrucker Hofburg. Rechts das Plakat dazu mit dem berühmt gewordenen Fahnenschwinger, geschaffen vom Imster Künstler Thomas Walch.

Photo of the traditional procession as part of the 1809 – 1909 centenary celebrations, taken in front of Innsbruck's Hofburg. Right, the associated poster depicting the famous flag bearer, created by Imst artist, Thomas Walch.

Ja, die Schützen. Sie verkaufte die Werbemanager als Vertreter des wehrhaften Tirol, von dem man in deutschen Landen, aber auch in Frankreich, in England, in Wien gehört und gelesen hatte, sie symbolisieren Freiheitswollen und sympathischen Willen zur Eigenständigkeit und Erhaltung der Traditionen in einer sich umbruchartig verändernden Welt.

Das kam an, machte Eindruck, blieb im Gedächtnis. Und wurde dementsprechend zelebriert, beim Empfang hoher Persönlichkeiten, bei Prozessionen und Festen. Gerade die Jahre um die Jahrhundertwende boten mit den vielen 100-Jahr-Jubiläen der einzelnen Hauptereignisse der Freiheitskämpfe gegen Franzosen und Bayern samt Denkmalenthüllungen und Festumzügen jede Menge Gelegenheiten dazu. Die Schützen in ihren schmucken Trachten wurden zum unverzichtbaren Bestandteil und Aushängeschild Tirols, auch als Ferienland. Sie wollte man sehen, ihre Paraden und Salven erleben.

Dass Tiroler tanzen, vornehmlich schuhplatteln, dass sie singen und jodeln, insgesamt ganz einfach lustig sind, wurde genauso zum Stereotyp wie ihr Bergsteigen, das Wildern, das Fensterln bei feschen Sennerinnen und dass es *»auf der Alm koa Sünd«* gibt. Auch typische Berufe hat er, der Tiroler, hat sie, die Tirolerin, und da spielen der geschäftstüchtige und dennoch gemütliche Wirt, die resche Wirtin eine Hauptrolle.

Das »Fensterln« als Liebesbrauch der Tiroler ist eines der vielen Klischees. (Holzstich, um 1890)
“Fensterln”, the Tyrolean tradition of climbing up a ladder to the window of a girl’s room with the intention to start or continue a clandestine love affair, is one of many clichés (wood engraving, c. 1890).

Links: Prozession mit Trachtenkapelle, beides für sich typische Tiroler Motive (handkolorierte Ansichtskarte von Fritz Gratl, um 1900).
Left: Procession with a group in traditional costume, both classic Tyrolean motifs (hand-coloured postcard by Fritz Gratl, c. 1900).

Wie gesagt, es sind die Tiroler selber, die solche Klischees pflegen und verbreiten, die sich und ihr Land in diesem Sinne inszenieren. Das reicht ins Brauchtum hinein und berührt auch die Politik. Denn es konnte gegenüber der Regierung in Wien helfen, wenn die Tiroler als eigensinnig und wehrhaft galten und sie auf ihre alten Freiheitsrechte pochten, auch wenn diese längst nur mehr auf dem Papier standen.

Eine grandiose Selbstinszenierung Tirols als einerseits wirtschaftlich prosperierendes, andererseits eng mit seinen Traditionen verbundenes Land war 1909 der Festumzug im Gedenken an die Bergiselschlachten und die kurze Regentschaft des Passeirer Sandwirts Andreas Hofer im Jahr 1809. Der Aufmarsch von über 10.000 Schützen begeisterte das einheimische Publikum gleichermaßen wie die zum Teil von weit her zu diesem Schauspiel angereisten Gäste. Auch die Presse war eingeladen, die internationale, versteht sich. Und sie überschlug sich in ihren Berichten vor Begeisterung, ein voller Erfolg für die Werbestrategen des Landesverbandes für Fremdenverkehr. Die Bedienung des Klischees hatte wieder einmal ihre Wirkung nicht verfehlt. Unter den Journalisten war auch der berühmte bayerische Autor Ludwig Thoma, der für die »Münchner Neuesten Nachrichten« über den Anno-

Den »National-Schuhplattl-Tanz« gab es als Bilderserie im Kuvert zu kaufen.
The national "Schuhplattl" traditional dance could be purchased as a series of pictures in an envelope.

Gleich zwei Tiroler Klischee-Figuren auf einem 1876 entstandenen Gemälde von Franz Defregger: Wilderer und Sennerin.
Two classic-cliché Tyrolean figures feature on an 1876 painting by Franz Defregger: poacher and milkmaid.

Neun-Festumzug berichtete. Es entsprach dem damals weit verbreiteten nationalen Gedankengut und dem Traum vom alten Germanentum, wenn er die These von gotischen Stammesteilen bestätigt findet, die sich in die Gebirgstäler zurückgezogen haben sollen. Privat schrieb Thoma an einen Freund in Stuttgart:

»Da war ich jetzt in Innsbruck und habe 30.000 Bauern defilieren gesehen. 30.000 deutsche Bauern, und jeder einzelne war mehr Germane als sämtliche deutsche Oberlehrer zusammen. Es war unerhört schön. [...] In weiser Selbsterkenntnis will ich Dir verraten, daß wir Bayuwaren uns vor den Goten verstecken können. Breitschultrig, zum Fettansatz geneigt, etwas nichtssagend im Gesicht, stehen wir recht plebejisch neben den adeligen Gestalten der Goten, die um Meran herum sitzen und ganz gewiß die schönsten Männer sind. Bauernknechte vom Sarntal sehen vornehmer aus wie englische Lords und sind auch vornehmer. [...] Mein alter Glaube, daß nur der Bauer die Rasse hält, hat seine glänzende Bestätigung gefunden, und ich bin drei Stunden lang glücklich und stolz gewesen, als Deutscher zu sehen, wie unser Volk einstmals war, bevor es Bäckerbäuche und Gelehrtenbrillen verschandelt haben. Herrgott, war das schön! Mit eigenen Augen sehen zu dürfen, was einen Dürer und Riemenschneider schon entzückt hat! 30.000 kriegerische Germanenbauern; in Gletschereis konservierte Goten.«

Machte das Klischee des lustigen, trotzigen, aber letztlich gefühlvollen Tiroler Naturburschen in der Operette »Der Vogelhändler« weltberühmt: Alexander Girardi. Er spielte die Titelrolle bei der Wiener Uraufführung 1891.
"Der Vogelhändler – The Bird Seller" operetta made the cliché of the amusing and defiant yet sensitive nature-loving Tyrolean boy world famous: Alexander Girardi, who played the title role in the Viennese premiere in 1891.

Classic clichés

Ever since efforts have been made in Tyrol to incite wider interest in the province and attract potential guests, the Tyroleans have used all kinds of clichés since the middle of the 18th Century to develop European awareness. Of course the Tyroleans "always" wore their national costume, are able to defend themselves and are advocates of freedom. The "Schutzen" riflemen represent all of that and more. And of course they like to sing, dance and yodel. Especially during the many processions and festivals surrounding the 100th anniversary of their struggle for freedom between 1792 and 1813, the Tyroleans present themselves and their country as an economically thriving but tradition-bound province that is well worth getting to know.

Der Tiroler als Rebell, ein typisches Klischee, das neben dem Naturburschen vor allem Luis Trenker gerne verkörperte und sogar einen seiner Filme danach benannte.
The rebellious Tyrolean: a typical cliché, as well as the nature-loving type was often embodied by Luis Trenker, who even had a film named after him.

Filme prolongieren die Verbreitung des Klischees: Titelseite des damals üblichen Filmprospekts (1952).
Films added to the cliché's increased prevalence: title page of a conventional film brochure of the time (1952).

Wie man damals geworben hat

Der erste Ansturm von Feriengästen auf das Land Tirol war fast von selbst gekommen. Die Tiroler hatten sich – wenn man von Meran absieht – am wenigsten darum gekümmert. Reiseschriftsteller von auswärts, der Alpenverein und andere alpine Organisationen, die Südbahngesellschaft sowie die Gäste selbst rührten die Werbetrommel.

Es waren die Kurbäder, die zuerst mit Prospekten um neue Besucherschichten warben. Bald wurden aber auch einzelne Sommerfrischorte aktiv, wobei es natürlich die tüchtigsten Pioniere des Fremdenverkehrs waren, die in dieser Hinsicht beispielhaft vorangingen.

Ein entscheidender Schritt in Richtung einer modernen Werbetätigkeit war die Gründung des Landesverbandes für Fremdenverkehr, da nur eine Zentralstelle das »Produkt« Tirol im In- und Ausland zugkräftig anpreisen und wirksam »verkaufen« konnte. Illustrierte Werbebroschüren, Bücher, Almanache, Einzelprospekte und ähnliche Werbemittel kamen nun in laufender Folge heraus. Gleichzeitig wurden aber auch einzelne Betriebe und Verschönerungsvereine in ihren Werbeaktivitäten unterstützt, indem z.B. eine »Belehrungsschrift über zweckmäßige Annoncierung« und eine

Gasthäuser warben meist nur mit Inseraten.
Guest houses generally used advertisements to solicit custom.

Frühjahrs-Übergangsstation, angenehmer Herbst- und Winteraufenthalt.

Sommerfrische Sterzing

um Südabhange des Brenners

Sterzing ist Eilzugstation der Brennerbahn und die höchstgelegene Stadt Europas. Die Stadt hat subalpines Höhenklima, geeignet für längeren Sommer- und auch Winteraufenthalt. Nadelholzwälder umgeben sie; Schlösser und Burgen bilden einen hervorragenden Schmuck der nächsten Umgebung. Sterzing ist Ausgangspunkt für fünf Hochtäler mit Übergängen sowie für Hochgebirgstouren in die Gletscherwelt (Stubaier, Ötztaler, Zillertaler Ferner. Zahlreiche Unterkunftshäuser). Es ist ein historischer Punkt, hat vollkommen erhaltene altertümliche Bauart und viele Kunstschätze

950 Meter über dem Meere. 1700 Einwohner.

Nicht wenige Orte und Gegenden produzierten um 1900 eigene Prospekte und Broschüren.

Many villages and regions produced their own brochures and prospectus in around 1900.

Diese beiden Plakate von 1895 und ca. 1910 machen den Wandel im Werbeverständnis deutlich.
These two posters from 1895 and c. 1910 clearly demonstrate the change in advertising concepts.

Frühling im Hochtal.
Kurort Gossensass · Tirol · 1100 m.
Gross-Hotel-Gröbner.

Tiroler Fremdenblatt

Organ zur Hebung des Fremdenverkehrs in Tirol und Vorarlberg
und dem bayerischen Hochland.

Zeitschrift für Land- und Völkerkunde, Literatur, Kunst, Handel und Gewerbe.

Herausgegeben und redigirt von B. H. Malten.

Das Tiroler Fremdenblatt erscheint wöchentlich einmal (Donnerstags). Dasselbe liegt in allen Hotels und renommirten Restaurants Deutschlands und Oesterreich-Ungarns auf und wird an den größeren Bahnstationen colportirt. Das Abonnement beträgt pro Jahr für Oesterreich-Ungarn 5 fl. für Deutschland 8 Mk. Inserate werden die vierspaltige Zeile mit 15 kr. [25 Pf.] berechnet.

№ 1. | München, 1. Januar 1886. | II. Jahrgang.

Die Zusammenarbeit mit den Redaktionen in- und ausländischer Tourismuszeitungen wurde stets gepflegt.

Co-operation between Austrian and foreign tourism newspapers was always encouraged.

Flugschrift »Belehrung über Hotelprospekte« herausgegeben und verteilt wurden. Auch eine Mustersammlung von Plakaten, Führern, Prospekten wurde angelegt und allen einschlägig Interessierten zur Verfügung gestellt.

Tatsächlich gibt es seit den neunziger Jahren eine Fülle hervorragend gestalteter Plakate einzelner Tiroler Orte und touristischer Einrichtungen. Die Aufträge dazu wurden an in- und ausländische Künstler und Druckanstalten vergeben, der stilistische Wandel folgt den Moden und den werbegrafischen Erkenntnissen. Enorme Werbewirkung dürften auch die Ansichtskarten gehabt haben, die nach gezeichneten, gemalten oder fotografischen Vorlagen in neuen drucktechnischen Verfahren hergestellt und in großer Zahl verbreitet wurden.

Die Einladung von Journalisten aus Wien, aus Deutschland, aus England und aus anderen Ländern gehörte ebenso schon damals zu den Werbestrategien des Landesverbandes wie die Lancierung von Artikeln und die Einschaltung von Inseraten in ausländischen Zeitungen. Ein eigenes Annoncen- und Reklamebüro sorgte hier für Koordinierung und zweckmäßige Verwendung der Mittel.

Pressekonferenzen und »Reklamationen« in den wichtigsten Großstädten, wie London, Brüssel, Paris, und die Beteiligung bei internationalen Ausstellungen sind ein weiterer Schwerpunkt der damaligen

November 30, 1901] THE TRAVELLER SUPPLEMENT

WHY NOT WINTER IN AUSTRIA?

By C. N. and A. M. WILLIAMSON.

TO be a true lover of England, faithful to her beyond all other beauties, one should turn one's back while she puts on her winter dress. One may look again when the dress is well on, if one thinks it becoming; but, at all events, there are November and De-

the capital of the Austrian province of Vora
—"the gateway of Tyrol"—is a picturesqu
few days may well be spent in exploring the i
and the museum (with its Roman antiquities)
ing the heights that lie round the town a
panoramas of the lake and the tumbled Alps
On the Arlberg line between Feldkirch and
are only two places for winter guests, St. Ant
But east and south from Innsbruck (when the
sures of that beautiful town are at last exha
winter resorts in plenty, where sunshine an
few other parts of E
ilway over the mag
turesque Botzen, v
ve of Italy) and its p
r winter temperat
n. Facing the so
ight, while the hi
shrieking northern

TYROL SUPPLEMENT.

THE NEW YORK HERALD.

EUROPEAN EDITION—PARIS. THURSDAY, NOVEMBER 14, 1907.

WINTER SPORTS AND WINTER RESORTS IN TYROL

Beispiele für Artikel, die in amerikanischen Zeitungen lanciert wurden.
Examples of articles published in American newspapers.

Werbetätigkeit, die rückblickend überaus modern anmutet. Ein riesiges Pitztaler Gletscherpanorama des Münchner Malers Zeno Diemer wurde zum Beispiel bei den Weltausstellungen in Chicago und Antwerpen (1892 und 1894) gezeigt. In Antwerpen gab es erstmals ein eigenes »Tirol-Haus« in Form einer »Alpenblockhütte«. Was man sich alles einfallen ließ, zeigen auch die erfolgreichen Aktionen in den berühmten böhmischen Bädern, wo man dafür warb, die Genesenden zu Nachkuren in die gesunde Tiroler Gebirgsluft zu schicken. Zur Unterstützung der Aktion lud man die bedeutendsten Kurärzte nach Tirol ein. All diese Aktivitäten wurden von den Spitzenfunktionären des Landesverbandes meist selbst geleitet und vom jeweiligen Sekretär ausgeführt.

Künstler-Entwurf für eine Ansichtskarte aus der Zeit zwischen 1895 und 1900. Vorne musste damals noch Platz für den Gruß frei bleiben, weil die Rückseite für die Adresse reserviert war.
An artist's design for a postcard from the period between 1895 and 1900. At that time, space had to be left on the front of the card to write a personal greeting, as the back was reserved for the address.

Gratis-Werbung durch die Post: Um 1895 begann die große Zeit der Ansichtskarte.
Free advertising by post: the great era of the picture postcard dawned around 1895.

Advertising back then

Spa resorts were the first to use brochures to advertise for new visitors. Their lead, however, was quickly followed by individual summer resorts. After the foundation of the National Association for Tourism, the "product" Tyrol was attractively packaged and publicized at home and abroad and "sold" efficiently. Illustrated advertising brochures, books, almanacs and individual prospectus were published in quick succession. At the same time, individual businesses and beautification associations were supported in their promotional activities. Since the nineties, in fact, a huge amount of excellently designed posters advertising individual Tyrolean resorts and tourism facilities came into circulation. At that time, inviting foreign journalists to stay was just as much part of the National Tourism Association marketing strategy, as hosting press conferences in major cities and participating in international exhibitions.

Könige und Künstler

Eine nicht zu unterschätzende Werbewirkung für ein Ferienland hatten – und haben – berühmte Gäste. In Tirol war daran von Anfang an kein Mangel. Am meisten Prominenz traf man natürlich in Meran, wo sich der europäische Hochadel wie zu Hause fühlte, wo aber auch Industrielle und Politiker aus aller Herren Länder gerne Erholung suchten. So gehörte der Wiener Bürgermeister Dr. Karl Lueger zu den Kurgästen der renommierten Passerstadt. Dass auch Kaiserin Elisabeth, die exzentrische Gemahlin Kaiser Franz Josephs, viele Jahre hindurch in Meran zur Kur weilte, ist einer persönlichen Initiative des Landesverbands-Präsidenten Dr. Anton Kofler zu danken. Er konnte die Herrscherin, als sie in Karlsbad zur Kur weilte, im Laufe einer Audienz überreden, zur Nachkur nicht in die Schweiz, sondern nach Tirol zu fahren, wo es ihr offenbar dann auch gefiel. Madonna di Campiglio in Welschtirol wurde von Kaiserin Elisabeth ebenfalls oft besucht.

Auch andere, weniger berühmte Tiroler Orte beherbergten zeitweise gekrönte Häupter und ihre Angehörigen. Elbigenalp im Lechtal wurde schon in den sechziger und siebziger Jahren als Sommerresidenz von Prinzessin Marie von Preußen, Königin bzw. Königin-

Bayerns Königin bzw. Königin-Mutter Marie-Luise im selbstentworfenen Nobel-Dirndl, Dauergast im Lechtal.
Bavaria's Queen and Queen Mother, Marie-Luise, wearing a stylish, self-designed dirndl, was a permanent guest in the Lechtal Valley.

Der König von Sachsen und seine drei Prinzen vor Schloss Weißenstein in Matrei/Osttirol.
The King of Saxony and his three princes in front of Weissenstein Castle in Matrei/East Tyrol.

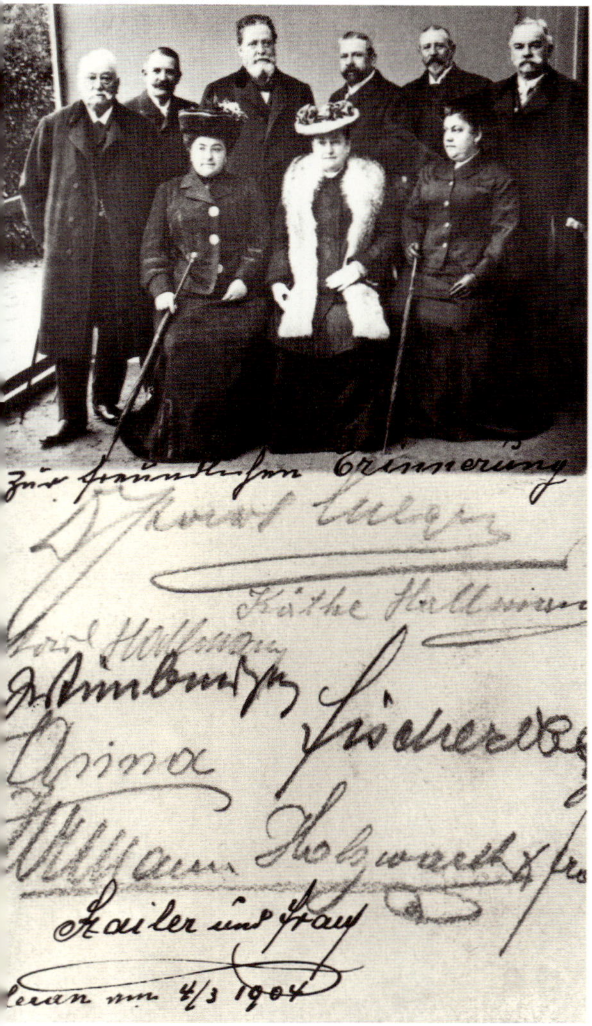

Der Wiener Bürgermeister Karl Lueger mit Bild (oben Mitte) und Unterschrift im Gästebuch des Hotels Emma in Meran.

Karl Lueger, Vienna's mayor, with picture (top centre) and signature in the visitors' book of Hotel Emma in Merano.

Nach dem Tod der Kaiserin Elisabeth wurde ihr als treuem Meraner Kurgast ein Denkmal errichtet.

After the death of Empress Elisabeth, a loyal Merano guest, a monument was erected in her honour.

Mutter von Bayern bekannt; nach Igls kam regelmäßig die holländische Königin, nachdem sie 1894 bei der Weltausstellung in Antwerpen das Tirol-Haus besucht hatte; der belgische König Albert machte von Cortina d'Ampezzo aus viele Bergtouren; der König von Sachsen und drei seiner Söhne beehrten im Sommer 1910 Windisch-Matrei im Iseltal mit ihrer Anwesenheit.

Natürlich verbrachten auch viele prominente Künstler ihre Ferien in Tirol, allerdings war man sich an ihren Urlaubsorten der Bedeutung dieser Männer nicht immer bewusst, zum Teil erlangten sie auch erst später Berühmtheit. Ganz bewusst herausgestellt wurde nur vom Fremdenverkehrspionier Leopold Gröbner in Gossensaß der oftmalige Aufenthalt des norwegischen Dichters Henrik Ibsen, nach dem noch zu dessen Lebzeiten ein Platz benannt wurde. Ob man die Bedeutung von Ibsens Landsmann Bjørnstjerne Bjørnson in seinem Urlaubsort Schwaz kannte, ist eher fraglich, obwohl von diesem Dichter immerhin der Text zur norwegischen Nationalhymne stammt. Die Brixlegger dürften mit dem jungen Komponisten Hugo Wolf ebenfalls nicht viel anzufangen gewusst haben, der 1895 in Schloss Neu-Matzen oder Lipperheide an einer Oper arbeitete und auch in den Jahren davor und danach Gast der Familie Lipperheide war. Häufiger Sommergast in Toblach war ebenfalls ein Komponist der Jahrhundertwende, nämlich Gustav Mahler.

Gustav Mahler während eines seiner Sommeraufenthalte in Toblach.
Gustav Mahler during his summer visits to Toblach.

Man könnte mit der Aufzählung noch lange fortfahren, etwa Ludwig Ganghofer erwähnen, der sich im Gaistal zwischen Leutasch und Ehrwald ein Jagdhaus erbaute, oder Christian Morgenstern, der mehrere Jahre hindurch zu längeren Kuraufenthalten nach Meran, Bad Dreikirchen, Bad Dürrenstein, Gries und nach Meran-Untermais kam, wo er 1914 starb. Doch diese Beispiele müssen genügen.

Mehrmals nach Tirol kam auch Arthur Schnitzler, ohne sich allerdings für längere Zeit irgendwo niederzulassen. Dafür setzte er dem frühen Tiroler Fremdenverkehr in einem seiner Werke ein bleibendes Denkmal. Ein ganzer Akt der Tragikomödie »Das weite Land« spielt in und bei einem Hotel am Völser Weiher zu Füßen des Schlern.

Das Jagdhaus Ludwig Ganghofers, das sich der bayerische Dichter im Tiroler Gaistal erbauen ließ und das zu einem wahren Literaten- und Künstlertreff wurde.
Ludwig Ganghofer's hunting lodge, which the Bavarian writer had built in the Tyrolean Gaistal Valley, became a real meeting-point for artists and the literati.

Schloss Lipperheide oder Neu-Matzen in Brixlegg, wo Hugo Wolf eine Oper komponierte.
Lipperheide Castle or Neu-Matzen in Brixlegg, where Hugo Wolf composed an opera.

Kings and artists

Another not to be underestimated form of effective advertising for a tourist region was – and still is – to receive famous guests. And there was no shortage of these in Tyrol, right from the outset. The most prominent guests met of course in Merano, where the European aristocracy felt at home and industrialists and politicians from all over the world sought rest and relaxation. Other, less famous Tyrolean resorts also occasionally played host to crowned heads of state and their entourages. Not surprisingly, many famous artists spent their holidays in Tyrol. These resorts, however, were not always aware of the importance of these men, who partly achieved fame and fortune at a later point in time.

Befürchtungen und Erfolge

»Sie werden zugeben, dass hier noch drei Hotels stehen könnten«, lässt Arthur Schnitzler seinen Hoteldirektor Aigner im »Weiten Land« sagen, als dieser mit einem Gast, dem Industriellen Hofreiter, am Völser Weiher plaudert. Die Natur gilt diesem Manager nur so viel wie ihre ökonomische Verwertungsmöglichkeit. Damit streift der Dichter eine Problematik, die von kritischen Beobachtern der Entwicklung schon in der Anfangszeit des Fremdenverkehrs erkannt wurde. Um 1900 tauchen die ersten Klagen über die Zerstörung der Natur durch zügellose Spekulationen auf, über Rücksichtslosigkeit gegenüber der Landschaft, über Ausbeutung des Waldes, aber auch über den Verlust an wahrer Gastfreundschaft, da nur mehr auf das Geld geachtet werde, über die Kommerzialisierung des Brauchtums usw.

Aus Angst vor dem Sittenverfall entschiedener Gegner des Fremdenverkehrs: Simon Aichner, Bischof von Brixen.
The Bishop of Brixen, Simon Aichner, was a staunch opponent of tourism for fear of moral decline.

Wie man heute weiß, hatte solche Kritik geradezu prophetischen Charakter. Leider verhallte sie ungehört, auch wenn sie von Fachleuten kam, die den Fremdenverkehr an sich nicht ablehnten und seine positiven Seiten für Wirtschaft und Wohlstand durchaus anerkannten.

Es gab ja auch Befürchtungen ganz anderer Art, die von konservativer kirchlicher Seite kamen. Dort glaubte man zu wissen, dass Sitte, Moral und Religion durch den Fremdenverkehr in Gefahr seien. Man ging sogar so weit, den Befürwortern dieser neuen wirtschaftlichen Entwicklung die positiven Absichten abzusprechen. In einem Hirtenbrief des Bischofs Simon Aichner von Brixen hieß es im Februar 1896, es sei *»erwiesene Tatsache, dass nicht wenige unter denjenigen, die das Fremdenwesen befördern, es auf nichts Geringeres, als auf das sittliche und religiöse Verderben des Landes abgesehen haben«*.

Dass dies nicht allgemeine kirchliche Ansicht war, zeigen die vielen Geistlichen, die sich aus Sorge um ihre Pfarrkinder und deren wirtschaftliches Wohlergehen selbst aktiv um die Förderung des Fremdenverkehrs bemühten. An vorderster Front sah man die Probleme eben anders. Aber auch der Brixner Theologieprofessor und Abgeordnete Prälat Dr. Aemilian

Aus Sorge um das leibliche Wohl der ärmeren Volksschichten ein Befürworter des Fremdenverkehrs: Aemilian Schöpfer, Theologe und Politiker.
An advocate for tourism borne out of concern for the physical well-being of the poorest section of society: Aemilian Schöpfer, theologian and politician.

Selbst Kinder konnten den Touristen etwas verkaufen und damit etwas zum Familieneinkommen beitragen, hier bieten sie den Kurgästen von Obladis selbstgepflückte Waldbeeren an (Fotografie von Ignaz Falch, um 1910).
Even children could sell things to tourists and thereby contribute towards the family income. Here they offer hand-picked forest berries to spa guests at Obladis (photograph by Ignaz Falch, c. 1910).

Schöpfer war nicht der Meinung seines Bischofs. Er hatte beim Zustandekommen des Südtiroler Fremdenverkehrsvereins aktiv mitgewirkt und hielt 1910 während einer Fremdenverkehrsdebatte im Tiroler Landtag eine programmatische Rede, in der er unter anderem erklärte: *»Die einfache Sitte, die in den tiefen Tälern Tirols einheimisch ist, steht in einem gewissen Kontrast mit dem, was der Strom der Fremden in unser Land bringt. Allein die Sitte ist nicht mehr durch Mauern und hohe Berge zu schützen. Die gute Volkssitte muss heute durch andere Mittel beschützt werden.«*

Was von der Firma Witting 1886 noch im Detail inseriert wird, fasst 20 Jahre später ein modernes Plakat in einer Figur, einer modernen Firmenbezeichnung und in wenigen Zeilen Text zusammen.
What the Witting Company advertised in detail in 1886, is summarised 20 years later in a modern poster with a figure, contemporary business logo and just a few lines of text.

Erstes tirolisches
Touristen- u. Jäger-Ausrüstungs- und Bekleidungs-Geschäft.
Für hervorragende Leistungen prämiirt mit der großen goldenen Medaille (Cöln 1881), großen silbernen Medaille (Teplitz 1884), Anerkennungs- und Ehren-Diplome.
Wien 1878. Prag 1879. Cöln 1881. Teplitz 1884.

Alle Artikel
für Touristen u. Jäger,
als: Rucksäcke, (Schnerfer), Steigeisen, (4 und 6zackige), Bergstöcke, Schneereife, Eispickel, Schneestrümpfe, Wadenstutzen (nämlich Kniehösl, glatt und grün gemodelt), Wollhemden, Naturwollsocken, Feldflaschen, Trinkbecher, Touristen-Bestecke, Tiroler Gürtel, Schneebrillen, Holztabakpfeifen, Reise-, Hand- und Umhängtaschen, Koffer, Plaidriemen, Tournister, naturwasserdichte Loden-Gamaschen 2c. 2c. vorzüglicher Qualität.

Tiroler Wettermäntel, wasserdicht, aus feinem weichen Loden. Touristen- und Jagdhüte aus Stroh und Loden, wasserdicht. Tiroler Loden-Joppen, wetterfest, aus echtem Gebirgsloden. Tiroler Gebirgs- oder Bauern-Loden, nach Meter, naturwasserdicht. Wildlederne Kniehosen (glatt oder mit grünem Zierrath ausgenäht, aus Gems-, Reh- oder Hirschleder (für Erwachsene und Kinder.) Tiroler Handschuhe aus Gems-, Reh- oder Hirschleder. Wildfedern, Alpenblumen, Gämskrükeln und Rehgewichtlen auf natürlicher Hirnschale.

Spezialitäten aus Tirol!

Originelle Gegenstände, zusammengesetzt aus Adlerkrallen, Schneehuhn-, Birk- und Auerhahnfüßen, aus Gems-, Reh- und Hirschhorn, glatt oder bemalt mit Alpenblumen, und hunderterlei derartige Artikel per Stück von 50 kr. bis fl. 20 geeignet zu Geschenke als Erinnerung an Tirol. Naturgetreu ausgestopfte Wildthiere aus den Bergen Tirols, als: Steinadler und Uhus, Auer- und Birkhähne balzend, Stein- und Schneehühner, Murmelthiere, Füchse, verschiedenartige Raubvögel, Gems- und Rehköpfe 2c. 2c.

A. Witting,
Innsbruck, M.-Theresienstraße Nr. 5,
erstes tirolisches Touristen- und Jäger-Ausrüstungs-Geschäft.

Dokument der Wechselbeziehung Tourismus und Gewerbeproduktion.
Document showing the inter-dependence between the tourism and manufacturing industries.

Dr. Aemilian Schöpfer gehörte jener politischen Richtung an, die sich um die Jahrhundertwende von der konservativen Partei trennte, die sich christlichsozial nannte und eine konsequent sozialreformerische bis sozialrevolutionäre Linie verfolgte. Ihr ging es in erster Linie um die praktischen Bedürfnisse der Bevölkerung und nicht um ideologische Standpunkte wie den Konservativen. Diese hatten 1894 im Landtag nach vierjähriger Subventionierung eine weitere finanzielle Unterstützung des Landesverbandes für Fremdenverkehr verhindert. Die nötigen Mittel mussten in den folgenden Jahren von den Handelskammern und von den Bahngesellschaften aufgebracht werden. Der politische Streit ums Geld für den Fremdenverkehr hängt auch damit zusammen, dass nahezu alle führenden Männer dieses Wirtschaftszweiges und seiner Interessenvertretung der liberalen bzw. deutsch-freiheitlichen Richtung angehörten.

Die Gegner des Fremdenverkehrs taten sich jedoch immer schwerer. Einerseits verfehlte die Aufklärungsarbeit ihre Wirkung nicht, andererseits war einfach nicht zu übersehen, welch enorme Einnahmen aus dieser Wirtschaftssparte erzielt wurden, wie viele Menschen davon lebten oder zumindest einen Teil ihres Lebensunterhaltes daraus bestritten und wie sehr der Tourismus bereits zu einem Eckpfeiler der gesamten Volkswirtschaft Tirols geworden war. Und viele Einrichtungen, die für die Gäste geschaffen wurden, kamen auch den Einheimischen zugute.

Der seit 1905 tätige Sekretär des Landesverbandes, Dr. Heinrich Rohn, errechnete, dass das Volkseinkommen in Tirol im gleichen Prozentsatz anstieg wie die

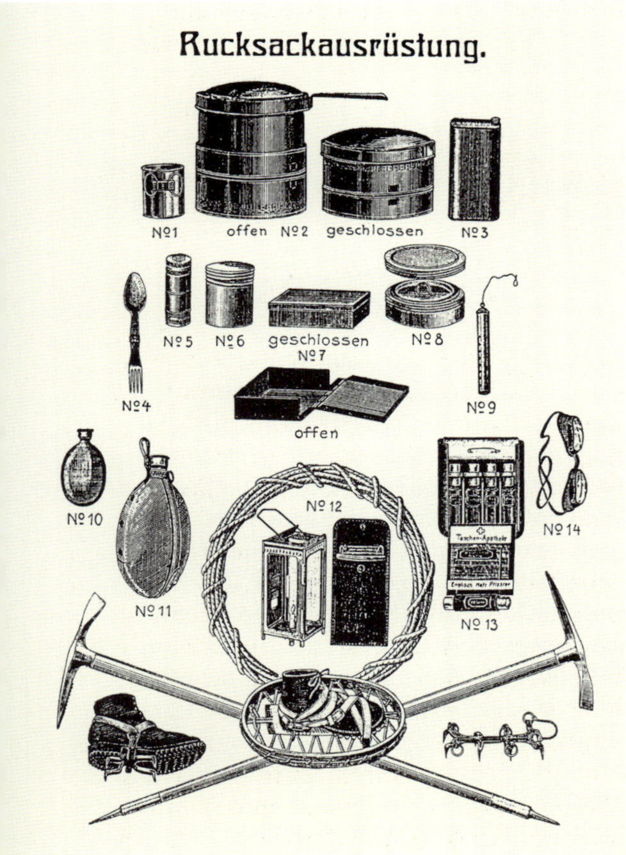

Anton Innerebner Innsbruck, Burggraben 11

Von Alpinisten empfohlene

Rucksackausrüstung

Nr. 1	**Aluminiumbecher** ovale Form, mit Ausgußtülle, zwei Henkel, ein viertel Liter	K —.90
Nr. 2	**Aluminium-Kocher** „Patent", ein Liter Größe Schale, Deckel, Windschützer, Spiritusvergasungsbrenner auch für Hartspiritus verwendbar, Gewicht 350 Gramm	K 6.50
Nr. 3	**Spiritusbehälter** flach	K —.90
Nr. 4	**Touristen-Besteck** aus Aluminium, Gabel und Löffel zusammenklappbar	K 1.20
Nr. 5	**Gewürzdose** aus Aluminium, zweiteilig . . .	K —.70
Nr. 6	**Teedose** aus Aluminium mit Schraubenverschluß	K —.60
Nr. 7	**Proviant-Kassette** 12 : 18 : 7 cm, aus Aluminium	K 2.60
Nr. 8	**Butterdose** aus Aluminium, dreiteilig, hermetisch verschließbar	K 1.80
Nr. 9	**Teepatrone** zur Herstellung von Tee auf kalten Wege, indem diese mit Tee gefüllt in die Flasche eingehängt wird	K 1.50
Nr. 10	**Likörflasche** aus Aluminium ein achtel Liter Größe, mit Schraubenverschluß	K 1.80
Nr. 11	**Armeefeldflasche** aus Aluminium mit Schraubenverschluß, Filzüberzug mit Riemen und Karabinerhacken, drei viertel Liter Größe . .	K 6.50
Nr. 12	**Touristen-Laterne** „Excelsior", 18 cm hoch, 9 cm im Quadrat, flach zusammenlegbar, mit Futteral aus Weißblech, sehr leicht mit Reflektor	K 5.50
Nr. 13	**Touristen-Apotheke**	K 1.30
Nr. 14	**Schneebrille** mit Sammteinfassung	K —.90
	Schuhbinden zum Schutz gegen Eindringen von Sand und Schnee, aus imprägn. Loden .	K 1.—
	Proviantbeutel	K —.80

Komplett geliefert K 32.—

Doppelseite aus einem Firmenkatalog (1910).
Double page from a commercial catalogue (1910).

Gästezahlen. Diese nahmen zwischen 1896 und 1909 um 147,8 Prozent zu! 1896 waren 345.000 Gäste nach Tirol gekommen, 1909 waren es bereits 820.000. Erstmals hatte in diesem Jahr die Zahl der Gäste aus Deutschland jene der Österreicher überflügelt (340.000 und 330.000). Aus Italien kamen 38.000 und aus England 25.000 Gäste. Nächtigungsziffern wurden damals noch nicht aus allen Orten gemeldet, doch nahmen die Statistiker einen Durchschnittsaufenthalt von fünf bis sechs Tagen an. Dies würde für 1909 rund 4,5 Millionen Nächtigungen bedeuten. Die Frequenzziffern stiegen weiter. 1913 wurde fast eine Million Ankünfte gezählt.

Entscheidend für das politische Gewicht der Interessenvertretung war der Nachweis, wie sehr nicht nur die Fremdenverkehrsbetriebe aufblühten, sondern dass auch die meisten anderen Wirtschaftszweige aus dem Tourismus Nutzen ziehen konnten. Ob es nun die Versorgungsbetriebe, die Souvenirindustrie, Dienstleistungsberufe – zwischen 1890 und 1910 versechsfachte sich zum Beispiel die Zahl der Friseure in Tirol –, das Transportwesen oder jene Unternehmen betraf, die Ausrüstungsgegenstände für Bergsteiger herstellten, sie alle konnten bei entsprechendem Einfallsreichtum und dem nötigen Engagement etwas verdienen oder gar expandieren. Kein Wunder, dass nach 1900 »die Fremdenverkehrssache plötzlich in Mode gekommen war«, wie es in einem Bericht zum zwanzigjährigen Jubiläum des Verbandes für Fremdenverkehr hieß.

Der Umschwung in der öffentlichen Meinung bewirkte, dass die Funktionäre des Landesverbandes für ihre Anliegen mehr Verständnis fanden, und führte 1910 sogar zu einem eigenen Landesfremdenverkehrsgesetz, womit Tirol den übrigen Ländern der Monarchie vorauseilte. In diesem Gesetz, das vom Sekretär des Landesverbandes ausgearbeitet worden war, wurden die verschiedensten Fragen des Fremdenverkehrs und seiner Förderung geregelt und der bisher als Verein konstituierte »Landesverband für Fremdenverkehr in Tirol« zu einer halbamtlichen Körperschaft mit dem Namen »Landesverkehrsrat« umgewandelt. Die zu leistende Arbeit blieb im Wesentlichen dieselbe.

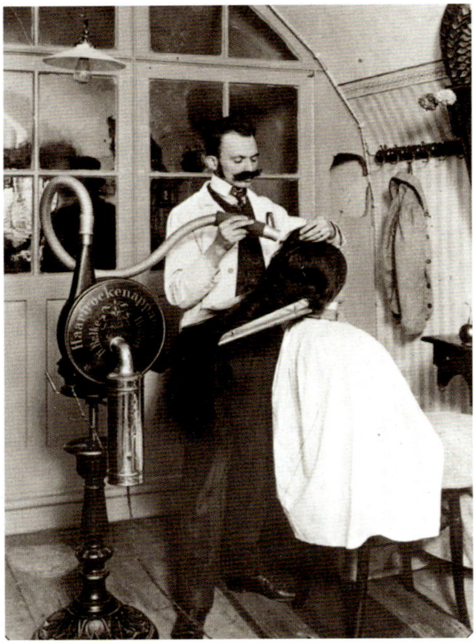

Auch Friseure profitierten vom Tourismus: hier der Friseur Türk in Kufstein, knapp vor 1914.
Even hairdressers benefitted from tourism: here, Türk Hair Stylists just before 1914.

Viele Firmen hatten mit der Ausstattung neuer oder renovierter Hotels zu tun.
Many companies were involved with refurnishing or renovating new or existing hotels.

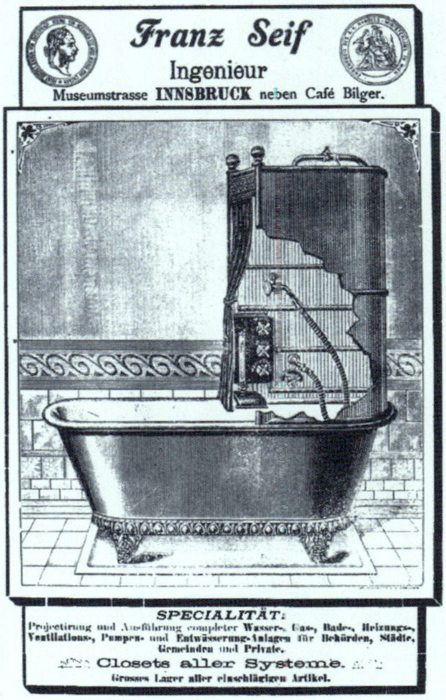

Concerns and accomplishments

The development of tourism was also on the receiving end of critical comments right from the outset. The first complaints about the destruction of nature and the loss of true hospitality emerged in around 1900. Conservative church circles even believed that tourism endangered tradition, morality and religion. This view was contrary to the belief of many clergymen, who were keen to promote tourism out of concern for their parishioner's physical well-being. Tourism established itself as a cornerstone of Tyrol's economy. 345,000 visitors came to Tyrol in 1896; increasing to 820,000 by 1909. The number of overnight stays was estimated to be around 4.5 million in 1909. A National Tourist Law was passed in 1910, which regulated various tourism issues and its promotion, and converted the previously constituted "National Association for Tourism in Tyrol" to a semi-official body called the "National Tourism Council".

Die Banken als Barometer der Wirtschaftsblüte: Schalterhalle der Creditanstalt in Innsbruck, um 1910.
The banks as a barometer of prosperity: the banking hall of the Creditanstalt in Innsbruck, c. 1910.

Erste & Älteste Nordtiroler Weingrosshandlung
Brantwein-Brennerei
Weingüter-Besitzer zu Tramin in Südtirol
Gegründet 1858
Anton Mayr
Brennerei
Innsbruck-Wilten Leopoldstrasse № 34
Telephon-Ruf № 378.
Postsparcasse-Conto № 830.420.
Innsbruck, den 9. Juli 1907
Folio 334

Herrn Joh. Aschet Kaufmann Brandenberg

zufolge Ihres werten Auftrages vom 5./7. erlaube ich mir über heute gesandte Ware Factura zu unterbreiten und ersuche Sie um gefl. Gutschrift des entfallenden Betrages von K 124·02

Überzeugt, daß diese Sendung Sie in jeder Richtung befriedigt, erbitte mir Ihre fernere

Hochachtungsvoll
Anton Mayr

Zahlbar und klagbar in Innsbruck.

AM		Preis	K	h
	Ihre u/ Ordre Rechnung und Gefahr:			
1661	159 l Branntwein	78	K 124·02	

So gut wie jeder Wirtschaftssektor hatte dank Tourismus Zuwächse zu verzeichnen: Rechnungskopf einer Innsbrucker Firma.
Thanks to tourism, growth was recorded in virtually every sector of the economy: invoice header from an Innsbruck company.

Der Erste Weltkrieg und die Folgen

»Den Tiroler Fremdenverkehr hat mitten in der Hochsaison ein Schlag getroffen, dessen Folgewirkung jetzt noch nicht abzusehen sind. Es ist leider zu befürchten, daß sie verheerend sein werden ...«

Dies schrieb der Sekretär des Landesverkehrsrates, Dr. Heinrich Rohn, am 1. August 1914 in der »Tiroler Rundschau«, dem 1912 gegründeten Organ der Landesorganisation des Fremdenverkehrs. Der »Schlag« war der Ausbruch des Ersten Weltkriegs, seine Folgewirkungen waren tatsächlich verheerend. Nicht nur für dieses Jahr, als die Gäste binnen weniger Tage die vollbesetzten Hotels, Pensionen und Privatzimmer verließen, nicht nur für die Jahre des Krieges, als alles zusammenbrach, was aufgebaut worden war, sondern auch für die Jahre danach. Es sollte über ein Jahrzehnt dauern, bis die Frequenzziffern der Vorkriegszeit wieder erreicht wurden.

Dem Kriegsende folgten Jahre größter Not und politischer Unsicherheit. Die Österreichisch-Ungarische Monarchie zerbrach, die kleine Republik Österreich hatte ärgste Geburtswehen zu überstehen. Für Tirol besonders fatal war die Abtrennung des südlichen Landesteiles. Wohl oder übel musste die Fremdenverkehrsorganisation aus der neuen Grenzsituation die Konsequenzen ziehen und sich auf den kleineren Wirkungsbereich des bei Österreich verbliebenen Bundeslandes beschränken. Der Landtag beschloss Ende 1920 ein neues Fremdenverkehrsgesetz, demzufolge ein der Landesregierung unterstelltes Landesverkehrsamt errichtet und mit der »Wahrnehmung, Förderung und Vertretung der Interessen des Fremdenverkehrs in Tirol« betraut wurde. Zum Leiter des Landesverkehrsamtes wurde Dr. Heinrich Rohn bestellt. Der Landesverkehrsrat existierte weiter, hatte jedoch nur mehr beratende Funktion.

Es war in den frühen zwanziger Jahren noch äußerst schwierig, den Fremdenverkehr in Tirol wieder in Gang zu bringen. Die Reiselust war den meisten Menschen in den Kriegsjahren vergangen. Oder es fehlte das Geld. Dann bremsten Inflation und Wechselkursschwierigkeiten einen Neubeginn.

Lebensmittelknappheit in Innsbruck: Keine Chance für den Tourismus.
Food shortages in Innsbruck – no chance for tourism.

Andererseits konnten Gäste aus Staaten, die von derartigen Katastrophen (noch) verschont geblieben waren, mit ihrer Währung damals in Österreich überaus günstig einkaufen und billig leben, was für die einheimischen Käufer eine Diskriminierung bedeutete und die Not vergrößerte. Auch die Geschäftsleute und die Wirte hatten von diesen Gästen nichts, da die Waren nicht oder nur zu wesentlich teureren Preisen nachgekauft werden konnten. Unter diesen Umständen richtete sich die Stimmung gegen die Fremden. »Warenverschlepper« nannte man sie und wollte von so einem Fremdenverkehr nichts mehr wissen. In einem Leserbrief an die Zeitschrift »Tirol« heißt es Ende 1922: *»Wie ein Heuschreckenschwarm hat sich heuer ein Fremdenstrom über das arme Österreich ergossen, um dem unglücklichen Land den letzten Rest zu geben. Aus aller Herren Länder kamen sie, weniger, um den schönen Erdenfleck zu sehen, als dort gut und fast umsonst zu leben.«* Ein vierzigjähriger Schweizer habe sich in Innsbruck vierzig Paar Schuhe auf Vorrat gekauft!

Max Ernst (links) mit Gala und Paul Éluard bei Skiversuchen in Tarrenz bei Imst (Frühjahr 1922).
Max Ernst (left) with Gala and Paul Éluard attempting to ski in Tarrenz near Imst (spring 1922).

Es gab aber auch andere Gäste, solche, die sehr wohl wegen des »schönen Erdenflecks« kamen, auch wenn sie natürlich das billige Leben nicht störte. Einer dieser Gäste war der deutsche Maler Max Ernst, der sich ab Mai 1921 mit Familie in Tirol aufhielt. Hier kam er auf die Idee, jene geistesverwandten Künstlerfreunde – u.a. Tristan Tzara, Hans Arp, Paul Éluard, André Breton – aus Deutschland, Frankreich und der Schweiz, die zusammen die Bewegung des Dadaismus gegründet hatten, zu einem Gipfeltreffen nach Tirol einzuladen.

Aus Tarrenz schrieb er an Tzara: *»Lieber Tristan Tzara, als Termin für die sehr wichtige Konferenz schlug ich Arp den 15. August und Imst vor (Innsbruck, Salzburg und so sind überfüllt!). Also bitte verständigen Sie sich und telegraphieren Sie mir … Das Leben ist nicht teuer hier … Ich habe vor, bis August oder September zu bleiben …«*

Diese Postkarte leitete ein Kapitel europäischer Kunstgeschichte ein, das sich dank Tirols touristischer Tradition in diesem Lande abspielte, denn das Erlebnis der Bergwelt blieb nicht ohne Einfluss auf die weitere Entwicklung Dadas bzw. der Dadaisten, die bald alle eigene Wege gingen.

Wie sehr die Künstler aus der Großstadt den Aufenthalt in Tirol genossen, zeigen mehrere Briefe und Bemerkungen in Max Ernsts Memoiren, wie z.B. diese: *»Dieses Jahr machten wir … Hochtouren. Es gab bezaubernde Momente, wo wir nach Felsklettern und Gletscherwanderungen den Gipfel erreichten und uns mit Tränen des Entzückens in die Arme fielen …«*

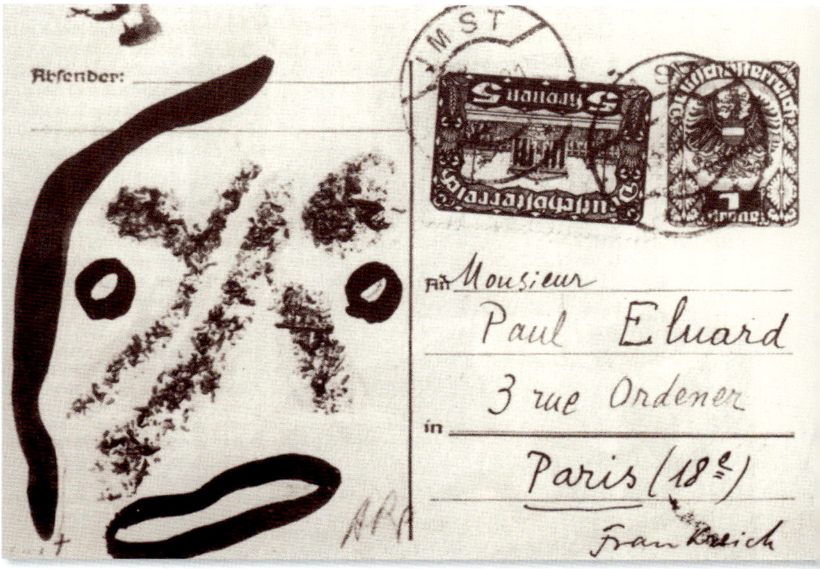

Karte der Dadaisten, die sie im September 1921 von Imst aus (siehe Poststempel) ihrem Freund Paul Éluard nach Paris schickten.

Card from the Dadaists, which they sent from Imst in 1921 to their friend, Paul Éluard, in Paris (see postmark).

The First World War and its consequences

The outbreak of the First World War at the end of July 1914 led to the complete collapse of all the progress tourism had made thus far. It would be decades before similar numbers of visitors to the pre-war period could be achieved again. The end of the war was followed by years of great hardship and political uncertainty. The Austro-Hungarian Empire was destroyed, the southernmost part of the country separated from Tyrol. People's desire to travel dissipated and the loss of wealth, low incomes, high inflation and changing currency rates delayed a fresh start under normal conditions. On the other hand, citizens of nations who had not suffered these problems found Tyrol to be a cheap holiday destination and shopping paradise, to the great resentment of the locals, who had to endure all kinds of suffering. Special guests at this time included German painter, Max Ernst, and a number of his artist friends, who chose Imst and tarrenz as their domicile in 1921and spent some time in Tyrol until 1922, where they initiated a new chapter in Europe's history of art: Dadaism.

Die Entwicklung in Südtirol

Von 1918 an muss die Entwicklung in Südtirol gesondert betrachtet werden. Nicht nur das italienischsprachige Trentino, auch Welschtirol genannt, sondern der südliche Landesteil bis zur Brennergrenze und nach Arnbach im Pustertal fiel durch den Friedenvertrag von Saint Germain zu Italien, wo 1922 der Faschismus an die Macht kam. Mussolinis gewaltsamer Versuch, Südtirol zu italianisieren, zerstörte gewachsene Strukturen und schädigte deshalb auch die Fremdenverkehrswirtschaft. Auch die Verarmung des europäischen Adels, dem ein guter Teil der Kurgäste von Meran und Greis angehört hatte, spielte eine Rolle. Dafür machte

Die Dolomiten wurden in Italien zum Synonym für gepflegte Erholung in prachtvoller Natur.
In Italy, the Dolomites were synonymous with refined relaxation in a beautiful and natural environment.

Meran und der Ritten werben um den italienischen Gast, der nach 1919 zum Inländer geworden war (Plakate des in Meran tätigen Franz J. Lenhart).
Merano and Ritten wooed Italian guests, who in fact became domestic tourists after 1919 (poster by Franz J. Lenhart, who worked in Merano).

DOLOMITI
60 STAZIONI CLIMATICHE ESTIVE
RIPOSO - SPORT - MANIFESTAZIONI
ALBERGHI ALPINI DELLE
DOLOMITI - MERANO
R. R. OFFICINE GRAFICHE LONGO & ZOPPELLI - TREVISO

Nicht nur die Namen der Hotels (hier in Meran, aufgenommen anlässlich einer Ausflugsfahrt) wurden italienisch, die gesamte Tourismuswirtschaft sollte italianisiert werden.
Not only were the names of the hotels (here in Merano during an excursion) changed to Italian; the entire tourism industry was to be "Italianised".

sich bezahlt, dass einige jüdische Hoteliers und Ärzte vor 1914 eine größere Klientel angezogen und begeistert hatten, die in den 20er Jahren wiederkamen und einige Pensionen und Lokale zu Treffpunkten der jüdischen High-Society machten. Der elegante Kurbetrieb von Herbst bis Frühjahr konnte jedoch nicht aufrechterhalten werden. Immerhin gelang es in Meran, auf den italienischen Gast und den sommerlichen Reiseverkehr umzustellen, was bereits in der Saison 1924/25 mit 1,2 Millionen Übernachtungen wieder Vorkriegsziffern brachte. Gries hingegen war immer wieder staatlichen Eingriffen verschiedenster Art ausgesetzt und ging dem Fremdenverkehr schließlich verloren.

Einen harten Schlag versetzte der Staat auch dem Alpinismus, indem er die Berghütten des Deutschen und Österreichischen Alpenvereins enteignete und dem Club Alpino Italiano übergab, worauf die Zahl ihrer Besucher um zwei Drittel zurückging. Die Gebirgsdörfer, die diesen Ausfall als Ausgangspunkte für Bergtouren genauso zu spüren bekamen, verstärkten zwar ihre Werbung in Italien, doch konnte hier nicht ausreichend Ersatz gefunden werden. Nur die Marke »Dolomiti« konnte über die Zielgruppe der Kletterer und Wanderer hinaus als Synonym für gepflegte Erholung in der Natur erfolgreich positioniert werden. In den ladinischen Tälern verstand man es bei der Werbung um den italienischen Gast den Vorteil auszuspielen, dass dieses Urlaubsparadies im eigenen Land lag und somit auch sprachlich keine Probleme zu befürchten waren.

Die 1927 erschienene Skifibel des Südtirolers Hubert Mumelter half mit, den Skisport in breiten Schichten populär zu machen.
Published in 1927, South Tyrolean Hubert Mumelter's ski handbook helped to introduce skiing to wide sections of the population.

Am erfolgreichsten war man mit dem Ausbau des Wintersports. Maßgeblich trug der Südtiroler Dichter Hubert Mumelter dazu bei, ein begeisterter Alpinist und bei Hannes Schneider geprüfter Skilehrer. Er lehrte in Gossensaß den »gerissenen Christiania« im Arlbergstil und verfasste eine Ski-Fibel, die der Rowohlt Verlag 1926 mit Mumelters eigenen Illustrationen herausbrachte. Das ebenso lustige wie lehrreiche Büchlein wurde zum Bestseller und führte nicht nur eine ganze Generation von Südtirolern zum Skilauf, sondern erwies sich im ganzen deutschen Sprachraum als hervorragende Werbeschrift für einen Winter in den Südtiroler Bergen.

Konkurrenzlos an der Spitze des neuen Südtiroler Wintertourismus standen die Dolomitentäler. Corvara machten Luis Langenmair und der Hotelier Franz Kostner Ende der zwanziger Jahre mit ihrer Skischule zum führenden Südtiroler Wintersportzentrum. Sie installierten auch die erste Aufstiegshilfe, einen »Schlittenlift« auf den Hausberg Col Alt. Das plumpe Gefährt wurde vom Motor eines »Fiat 501« gezogen.

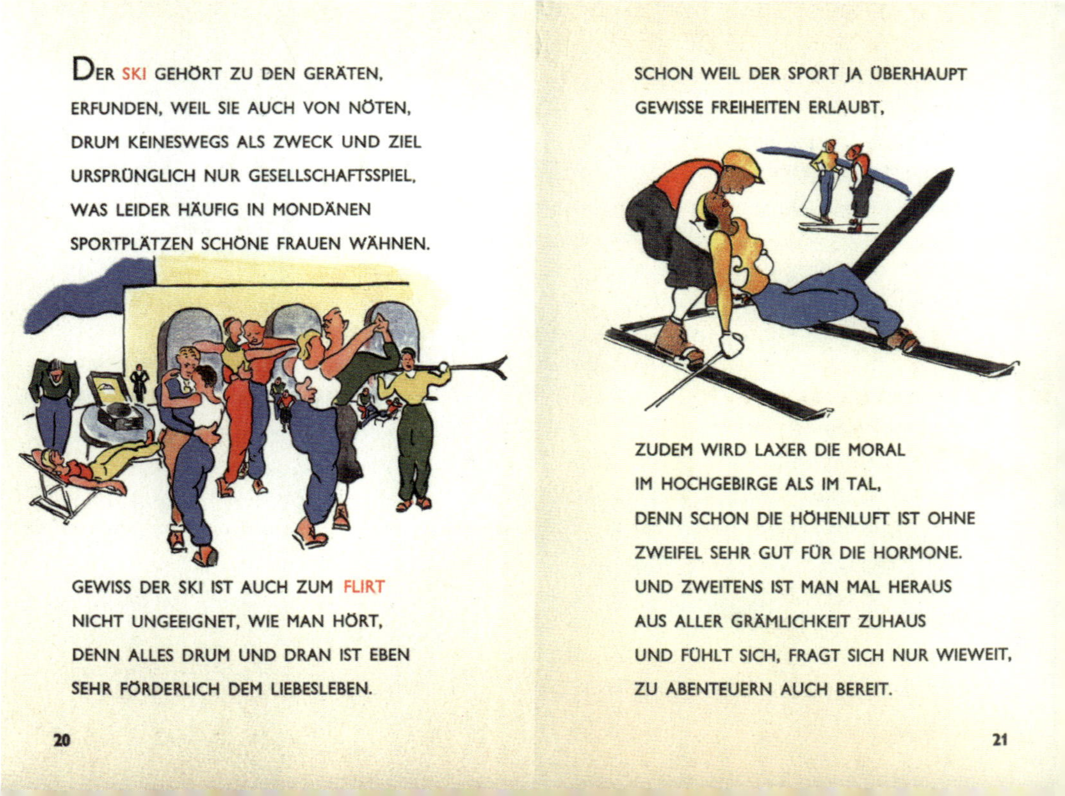

DER SKI GEHÖRT ZU DEN GERÄTEN,
ERFUNDEN, WEIL SIE AUCH VON NÖTEN,
DRUM KEINESWEGS ALS ZWECK UND ZIEL
URSPRÜNGLICH NUR GESELLSCHAFTSSPIEL,
WAS LEIDER HÄUFIG IN MONDÄNEN
SPORTPLÄTZEN SCHÖNE FRAUEN WÄHNEN.

GEWISS DER SKI IST AUCH ZUM FLIRT
NICHT UNGEEIGNET, WIE MAN HÖRT,
DENN ALLES DRUM UND DRAN IST EBEN
SEHR FÖRDERLICH DEM LIEBESLEBEN.

20

SCHON WEIL DER SPORT JA ÜBERHAUPT
GEWISSE FREIHEITEN ERLAUBT,

ZUDEM WIRD LAXER DIE MORAL
IM HOCHGEBIRGE ALS IM TAL,
DENN SCHON DIE HÖHENLUFT IST OHNE
ZWEIFEL SEHR GUT FÜR DIE HORMONE.
UND ZWEITENS IST MAN MAL HERAUS
AUS ALLER GRÄMLICHKEIT ZUHAUS
UND FÜHLT SICH, FRAGT SICH NUR WIEWEIT,
ZU ABENTEUERN AUCH BEREIT.

21

Der erste primitive Schlittenlift in Wolkenstein.
The first primitive sled lifts in Wolkenstein.

Kaum hinter Corvara zurück stand St. Ulrich in Gröden, das während des Ersten Weltkriegs durch eine Schmalspurbahn verkehrstechnisch erschlossen worden war. Die Grödner ließen den ersten Werbefilm drehen, in dem besonders der Wintersport groß herausgestellt wurde. Zum Erfolg trug auch die Seilbahn auf die Seiser Alm wesentlich bei, die man seit 1928 projektierte und 1935 eröffnen konnte. 1938 beförderte die Bahn 135.000 Personen. Zweite Aufstiegshilfe war auch hier ein »Slittone« oder »Riesenschlitten«, der von Wolkenstein zum Ciampinoi gezogen wurde. In das Jahr 1935 fällt auch die Gründung der Skischule St. Ulrich.

Cortina d'Ampezzo, das von Südtirol abgetrennt und zur Provinz Belluno geschlagen worden war, berief einen Münchner Touristikfachmann als eine Art »Sportdirektor«, um den Ort zum Wintersportzentrum zu machen. Es gelang, für 1932 die Weltmeisterschaften des Internationalen Skiverbandes (FIS) hierher in die Dolomiten zu holen. Den Titel bei den Damen (es gab nur einen) gewann die Boznerin Paula Wiesinger, die in den nächsten Jahren zum Aushängeschild des Skisports in Südtirol wurde. Auch andere Weltklasseläufer aus Südtirol machten für ihr Land Werbung. Und ein Name stand bald für alles, was mit Südtirols Bergen zusammenhängt: Luis Trenker aus Gröden, der damals mit seinen Büchern und Filmen zu einem wichtigen Werbefaktor wurde.

Die Südtiroler Skiheldin Paula Wiesinger.
Paula Wiesinger, the South Tyrolean skiing star.

Luis Trenkers Bücher waren wichtige Werbeträger für Südtirol (Umschlagentwurf von Alfons Walde).
Luis Trenker's books were an important advertising medium for South Tyrol (book cover design by Alfons Walde).

South Tyrol's development

The development of South Tyrol after 1918, which now belonged to Italy, merits separate attention. Fascism came to power in 1922 and, with its violent attempt to Italianise South Tyrol, destroyed established structures and caused great damage to the tourism industry. Merano was able to adapt to receiving Italian guests and the recreational demands of summer tourism, but Gries was forced to end its spa operations. South Tyrol was successful in the winter sports sector. South Tyrolean poet, Hubert Mumelter, played a substantial role in this success with his ski handbook, published by Rowohlt in 1926. The leading winter sports resorts were Corvara and Val Gardena, where the cable car to the Seiser Alm opened in 1935. Two important promoters of ski sport could be found in the form of Paula Wiesinger from Bolzano, World Ski Champion of 1932 and Luis Trenker from Val Gardena, with his books and films.

Es geht wieder aufwärts

In Nord- und Osttirol, dem Bundesland der neugegründeten Republik Österreich, zeichnete sich nach den schlimmen Nachkriegsjahren 1923 eine Besserung der Lage ab. Und 1924/25 kam es endgültig zur Normalisierung. Durch die Währungsstabilisierung hatte die einheimische Wirtschaft wieder festen Boden unter den Füßen. Und man musste nicht mehr Angst haben, dass einem die Gäste die wenigen vorhandenen Lebensmittel und Bedarfsartikel vor der Nase wegschnappten. Die Aufhebung der Ausreisebeschränkung für deutsche Urlauber im Sommer 1924 ließ den Gästestrom kräftig anschwellen. Er war jetzt auch wieder willkommen.

Sofort wurde man auf lokaler und regionaler Ebene aktiv. Oft hatte die Tätigkeit der örtlichen Verschönerungsvereine über zehn Jahre geruht. Jetzt begannen sie wieder zu arbeiten, vielfach nach regelrechten Neugründungen oder Umbenennungen. »Verkehrsverein«

Vier Ausgaben der nach dem Ersten Weltkrieg zweimal jährlich erschienenen Informationsbroschüren des Landesverkehrsamtes.
Four issues of the biennial information brochure were published by the National Tourist Office.

oder »Fremdenverkehrsvereine« lauteten die neuen Namen. In Osttirol, wo durch die Abtrennung Südtirols und der dadurch entstandenen räumlichen Trennung vom übrigen Bundesland eine besondere Situation entstanden war, ging man an die Gründung eines Bezirksverbandes für den Fremdenverkehr, der nach einigen Schwierigkeiten auch zustande kam. Ohne den Zwang der besonders kritischen Lage versuchte man auch im Zillertal, nachbarschaftliche Rivalitäten zu überwinden, und gründete einen Talverband der Fremdenverkehrsinteressenten unter dem Titel »Verkehrsverein Zillertal« (1924).

Das Landesverkehrsamt hatte es unter Direktor Heinrich Rohn in der Nachkriegszeit als seine wichtigste Aufgabe gesehen, für geordnete Verhältnisse zu sorgen, wenn schon an eine Wiederankurbelung des Fremdenverkehrs damals noch nicht zu denken war. Zumindest die Nachteile der Verhältnisse sollten nicht allzu drückend werden. Jetzt konnte wieder geworben werden. Und man tat es auf vielfältigste und fantasievollste Weise. Unter anderem wurde unter Künstlern ein Plakatwettbewerb ausgeschrieben, und erstmals kam auch das Medium Film zum Einsatz. Ein eigenes »Tiroler Propagandabüro« setzte die Ideen in die Tat um und sorgte für einen bestmöglichen Einsatz der vorhandenen Mittel, die das Land zur Verfügung stellte und die aus den freiwilligen Mitgliedsbeiträgen des Landesverkehrsrates stammten. 1927 wurde die Finanzierung auf eine neue Basis gestellt, indem per Landesgesetz jeder direkt oder indirekt am Fremdenverkehr verdienende Tiroler Unternehmer von nun an einen Pflichtbeitrag leisten musste. Ein Jahr später wurde ein Fremdenverkehrsförderungsfonds gegründet.

Zwei wichtige Neuheiten für den Tiroler Fremdenverkehr aus verschiedenen Bereichen: Alte Stuben im 1929 eröffneten Tiroler Volkskunstmuseum und Plakat der 1923 gegründeten Innsbrucker Messe.
Two important innovations for Tyrolean tourism from different sectors: the Tyrolean Museum of Folk Art opened an exhibition in 1929; and a poster for the Innsbruck Trade Fair, which was established in 1923.

Der Film als neues Werbemedium für Tirol (um 1923 entstandenes Plakat).
Films were a new means of advertising for Tyrol (poster from c. 1923).

In organisatorischer Hinsicht gab es in den zwanziger Jahren ziemliche Unruhe. Da wurden vom Landesverkehrsamt zur Abwicklung verschiedener Bereiche eigene Firmen gegründet, dann wiederum unter dem Titel »Landesverkehrszentrale« zusammengefasst, die aber 1929 liquidiert wurde. Da wurden Kommissionen und Ausschüsse eingesetzt, Vertretungen und Gremien gewählt und berufen, Statuten geändert usw. Unverändert blieb nur die Leitung des gesamten Fremdenverkehrsbereiches durch den überaus verdienstvollen Dr. Heinrich Rohn, der 1929 starb. Dr. Rohn hatte zu den maßgeblichen Initiatoren der Innsbrucker Messe Ges. m.b.H., die 1923 gegründet wurde, gehört. Das Landesverkehrsamt beteiligte sich zur Hälfte am Stammkapital der Gesellschaft und übernahm die Verwaltung dieser auch für den Fremdenverkehr wichtigen Wirtschaftsveranstaltung, deren Werbewirkung man sicher mit Recht besonders hoch einschätzte.

Wie in den Anfangsjahren des Tourismus der Landesverband für Fremdenverkehr, so sah jetzt das Landesverkehrsamt neben der Werbung vor allem die Verbesserung des Angebotes an den Gast als die wichtigste Maßnahme und das wichtigste Ziel. Dazu mussten Informationen weitergegeben und Verantwortliche geschult werden – was landauf, landab in zahllosen Tagungen, Versammlungen und Vorträgen geschah. Zur Ausbildung des gastgewerblichen Personals wurde im Gasthof Post in Imst eine Gastwirteschule eingerichtet (Eröffnung 1926), für Skilehrer eine Prüfung vorgeschrieben, dies allerdings auf gesamtstaatlicher Ebene unter Tiroler Leitung. Vorstöße in Wien, die Ferienordnung in Österreich zu ändern, gehörten zu den Bemühungen, den Fremdenverkehr durch Maßnahmen der Regierung zu unterstützen. In dieser Beziehung forderten das Landesverkehrsamt und der Landesverkehrsrat den Ausbau des Telefonnetzes, bessere Zugsverbindungen, steuerliche Erleichterungen, Kreditförderungen usw.

Das alles hatte nur einen Sinn, wenn Wirte und sonstige Fremdenverkehrsunternehmer mitzogen. Hotels mussten modernisiert werden, die Bettenkapazität nach den Verlusten der Kriegs- und Nachkriegsjahre wieder gesteigert werden. Außerdem brauchte man Fremdenverkehrsattraktionen in den einzelnen

Die Zugspitzbahn war 1926 die erste Nordtiroler Seilschwebebahn (Baufoto und Werbeprospekt).
The Zugspitzbahn was North Tyrol's first aerial cableway in 1926 (photo of the construction and advertising brochure).

Orten. Auch hier musste man anknüpfen, wo die Bemühungen 1914 geendet hatten. Ortsverschönerungen standen wieder hoch im Kurs, aber auch sommerliche Theateraufführungen, Brauchtumsabende, Platzkonzerte und ähnliche Veranstaltungen sollten die Gäste erfreuen und zum Wiederkommen animieren. Innsbruck erhielt mit dem »Tiroler Volkskunstmuseum« ein neues Aushängeschild. Die Sammlung war unter der Schutzherrschaft der Tiroler Handelskammer bereits vor 1900 begonnen worden und wurde 1928 im ehemaligen Franziskanerkloster neben der Hofkirche erstmals der breiten Öffentlichkeit zugänglich gemacht.

Die kostspieligsten, aber wohl auch erfolgversprechendsten Projekte waren die ersten Seilbahnen. Nachdem schon 1926 von Ehrwald aus die Zugspitzbahn eröffnet worden war, folgten 1927/28 die Hahnenkammbahn in Kitzbühel sowie die Seilbahnen auf den Patscherkofel und über die Seegrube auf das Hafelekar in Innsbruck (Nordkettenbahn). Nicht verwirklicht wurde das Vorhaben, von der Bergstation der Nordkettenbahn aus eine Schmalspurbahn den Grat entlang zum Gleirschjoch und weiter zur Arzler Scharte zu bauen, wie man es sich 1930 ernsthaft überlegt hatte. Die Stationen der Nordkettenbahn, entworfen vom Innsbrucker Architekten Franz Baumann, belegen den hohen Qualitätsstandard vieler Tiroler Tourismusbauten der 1920er und frühen 1930er Jahre. Auch in der Hotelarchitektur schufen einige Tiroler Baukünstler mit Lois Welzenbacher an der Spitze bis heute gültige Meisterwerke.

Als letzte Seilbahn der Zwischenkriegszeit wurde 1937 die Galzigbahn in St. Anton eröffnet, für die jahrelang der dortige Fremdenverkehrs- und Skipionier Ing. Rudolf Gomperz geworben hatte. Dieser um St. Anton verdiente Mann war jüdischer Abstammung und fiel später dem nationalsozialistischen Rassenhass zum Opfer.

Die Erfolge der vielen Bemühungen lassen sich in der Statistik ablesen. Von 336.000 im Jahre 1921 (1,3 Millionen Nächtigungen) stieg die Zahl der gemeldeten Fremden bis zum Jahr 1930 auf 755.000 (3,1 Millionen Nächtigungen), womit das Touristenaufkommen der Vorkriegszeit deutlich überschritten war.

In Innsbruck beginnt das Zeitalter der Seilbahnen 1927 mit der Patscherkofelbahn. Innerhalb eines Jahres werden auch die Bahn auf die Nordkette und in Kitzbühel die Hahnenkammbahn eröffnet.

The Patscherkofelbahn lift heralded the era of the cable car in Innsbruck in 1927. The Nordkette lifts and Kitzbühel's Hahnenkamm cable car system followed within a year.

Gondeltransport zur Galzigbahn (1937).
Gondola transport to the Galzigbahn lift (1937).

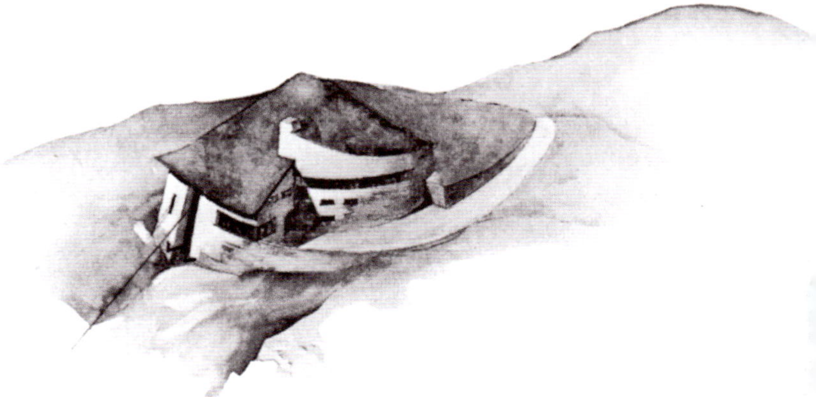

Die Entwürfe von Franz Baumann zu den Tal- und Bergstationen der Nordkettenbahn, hervorragendes Beispiel für architektonische Möglichkeiten für Tourismus-Bauten.
Franz Baumann's designs for the top and bottom terminals of the Nordkette cable car were an outstanding example of tourism's architectonic possibilities.

Entstand ebenfalls in den zwanziger Jahren: Lois Welzenbachers Hotel Berghof in Seefeld (Außenansicht und Aufenthaltsraum).
Another creation of the Twenties: Lois Welzenbacher's Hotel Berghof in Seefeld (exterior and lounge).

The recovery begins

In North and East Tyrol, a province in the newly founded Republic of Austria, the situation began to normalise in 1924/25 thanks to currency reform. Tourism was immediately and actively promoted again at both local and regional levels. The National Tourist Office set a new course in marketing and advertising, took part in the newly founded Innsbruck Trade Fair and began intensive training activities within many areas of tourism. This challenge also applied to accommodation providers and business owners. The number of beds had to be increased, the range of offers modernised, attractions needed to be created.

The most expensive projects were the first cable cars: the Zugspitzbahn railway from Ehrwald in 1926, the Hahnenkammbahn lifts in Kitzbühel in 1927/28, as well as the cable cars to Mounts Patscherkofel and Hafelekar in Innsbruck. The Galzigbahn in St. Anton was the last cable car to be opened during the period between the two World Wars in 1937. The resulting success of all these efforts: the number of registered visitors rose from 336,000 visitors in 1921 (1.3 million overnight stays) to 755,000 (3.1 million overnight stays) in 1930, which considerably exceeded the number of tourists during the pre-war period.

Mit Auto und Flugzeug

Das Automobil spielte im Tourismus der zwanziger Jahre natürlich eine viel wichtigere Rolle als vor dem Ersten Weltkrieg, auch wenn in ganz Tirol 1925 erst 1562 »Personenkraftwagen und Krafträder« angemeldet waren und noch wenige Gäste mit dem eigenen PKW anreisten. Doch für deren Transport im Lande selbst, etwa von den Bahnhöfen zu den Hotels in abseits gelegenen Orten oder für Ausflugsfahrten, war

das Automobil ein nicht mehr wegzudenkendes Beförderungsmittel. Deshalb kam dem Ausbau des Straßennetzes und der Verbesserung der Straßenverhältnisse größte Bedeutung zu.

Vergeblich gefordert wurde von den Fremdenverkehrsfunktionären die Aufhebung der 36 Straßenmautstellen, die es damals in Tirol gab. Auch die Einführung der in Deutschland bereits üblichen Rechtsfahrordnung konnte in den zwanziger Jahren nicht erreicht werden. Und immer noch waren zahlreiche Straßen in den Seitentälern für den Automobilverkehr überhaupt gesperrt, weil die Bauern ihre Kühe frei austreiben und ihre Hennen nicht gefährdet sehen wollten. Oder die schluchtartigen Engstellen an der Einmündung eines Seitentales ins Haupttal waren noch gar nicht für moderne Fahrzeuge passierbar gemacht. In den 20er Jahren nahm man die Beseitigung solcher Hindernisse ziel-

Plakat aus der Zeit um 1925, geschaffen vom Innsbrucker Künstler Wilhelm Nikolaus Prachensky.
Poster designed around 1925 by Innsbruck artist, Wilhelm Nikolaus Prachensky.

Weniger als der private PKW spielten das Postauto und private Autobusunternehmen nach dem Ersten Weltkrieg eine zunehmend wichtige Rolle. Hier eine Straßenszene in Vill bei Innsbruck.

Post bus and private bus companies played an increasingly important role after the First World War, compared to the less prevalent use of private cars. Here, a street scene in Vill near Innsbruck.

Typisch für den Tourismus der 1920er und 1930er Jahre sind Ausflugsfahrten mit kleinen Bussen, dessen Verdeck abgenommen werden konnte.
Day trips on small, convertible buses were typical of tourism during the 1920s and 1930s.

strebig in Angriff. Und in ausgesprochenen Wintersportgebieten wurde die Schneeräumung modernisiert.

Viel diskutiert wurden in diesen Jahren zwei Straßenprojekte, die zur besseren Entwicklung zweier abgelegener Landesteile gefordert wurden. Das eine war die Gaistalstraße von Seefeld nach Ehrwald, das andere war die Verbindung über den Felbertauern nach Lienz. Vor allem die Felbertauernstraße war für den abgeschnittenen Bezirk Lienz von größter Bedeutung, sowohl als Einfallstor für die von Norden erwarteten Gäste als auch für Ausflüge in das Herz der Venedigergruppe. Da damals noch keine Untertunnelung geplant war, hätte die Straße prachtvolle Ausblicke auf die Gletscherwelt geboten. Sehr zum Ärger der Osttiroler wurde das Projekt nicht verwirklicht, während die ganz ähnlich geplante Großglockner-Hochalpenstraße in den dreißiger Jahren gebaut wurde. Dass dann wenigstens der Weg durch die Prosseggklamm ins Tauerntal ausgebaut wurde, war eher eine soziale Maßnahme als ein verkehrstechnisches Projekt. Wie andere Straßenbauten der dreißiger Jahre ging es hauptsächlich darum, den Menschen Arbeit zu verschaffen. Da aber die Regierung kein Geld hatte, wurde in Naturalien bezahlt. Die Matreier sprachen deshalb von der »Mehlstraße«.

Wesentlich erweitert wurden in den zwanziger Jahren die Autobusverbindungen, wobei das Landesverkehrsamt sogar selbst aktiv wurde und 1919 eine »Tiroler Automobilbetriebs AG« gründete. Neben den Postautolinien und den Strecken, die diese TABAG bediente, gab es noch eine Reihe privater Unternehmer, die mit mehrsitzigen, vielfach offenen Kraftwagen die Personenbeförderung zwischen bestimmten Orten betrieben oder Ausflugsfahrten anboten.

Ein ganz neues Element im Tiroler Verkehrswesen, nicht innerhalb des Landes, aber zu seiner Verbindung mit der Außenwelt, war das Flugzeug. 1925 stellte die Stadt Innsbruck 15 Hektar eines im Besitz der Gemeinde befindlichen Landgutes in der Reichenau östlich der Stadt zur Anlage eines Flugplatzes zur Verfügung. Bald gab es hier regen Betrieb von Sport- und Verkehrsmaschinen. Aus Wien und München, im Sommer auch aus Zürich, wurde Innsbruck regelmäßig angeflogen. Tirol war somit in das internationale Flugnetz eingebunden.

Ebenfalls mit der Luftfahrt zu tun hat ein Ereignis, das sich am 27. Mai 1931 im hintersten Ötztal abspielte und für Tirol mit einem gewaltigen Werbeeffekt verbunden war. Der erste Stratosphärenflug des berühmten Professors Piccard endete auf dem Gurgler Ferner, wo die Aluminiumgondel unbeschädigt landete und geborgen werden konnte. Für kurze Zeit rückte das Ötztal in den Mittelpunkt des Weltinteresses.

Beim Straßenbau im Pitztal (1928).
Road construction in the Pitztal Valley (1928).

Bau der Kalser Straße in den 1920er Jahren.
Construction of the Kals Road in the 1920s.

Eine vom Ministerium in Wien zusammengestellte Straßenbaukommission besichtigt die vorgesehene Trasse der von den Osttirolern geforderten Felbertauernstraße.
A road building commission formed by the Ministry in Vienna inspects the intended route of the Felbertauern Road, demanded by the people of East Tyrol.

Weil ihr Bau mit Naturalien bezahlt wurde, nannten die Matreier den neuen Weg durch die Prosseggklamm ins Tauerntal »Mehlstraße«.
Because its construction was paid for in kind, the people of Matrei called the new road through the Prosseggklamm Gorge into the Tauerntal Valley the "Flour Street".

BP 789

Eine amerikanische Schneeschleuder hält die Arlbergstraße bis St. Anton offen. Nach St. Christoph verkehrt ein Motorschlitten.
An American snow-clearing machine keeps the road to St. Anton open. After St. Christoph it is replaced by a snowmobile.

Verkehrschaos auf der Arlbergstraße (1929).
Traffic chaos on the Arlberg road (1929).

By car and plane

The automobile played an increasingly important role after the First World War, despite the fact that only 1,562 "passenger cars and motorcycles" were registered throughout Tyrol and few guests arrived by private car. Many tributary valleys did not even have vehicular access until the 1920s. The focus was placed on significantly extending bus connections, whereby the National Tourist Office even founded a "Tiroler Automobilbetriebs AG" (Tyrolean Automotive Operation) in 1919. In addition to the post bus lines and routes offered by TABAG, there was a whole host of private entrepreneurs that offered excursions in multi-seater vehicles. The aeroplane was a new element in the transport sector. An airport was built in 1925 on the eastern outskirts of Innsbruck and a brisk business in sport and commercial planes soon flourished. Flights from Vienna, Munich and Zurich arrived on a regular basis at Innsbruck airport.

Der Innsbrucker Flughafen der 1920er und 1930er Jahre lag in der Reichenau östlich der Stadt.
Innsbruck Airport was located in the "Reichenau" eastern outskirts of the city in the 1920s and 1930s.

Ein neues Verkehrsmittel wird beworben.
A new means of transport is advertised.

Abtransport der Piccardgondel
Phot. Heiß, Innsbruck

Nicht für den Reiseverkehr einsetzbar, wohl aber für die Werbung, war die Stratosphärengondel des Professors Auguste Piccard, die 1931 nach einem Ballonflug in über 15.000 m Höhe am Gurgler Ferner landete und von einheimischen Helfern geborgen wurde.

Used not only for tourist travel, but also advertising purposes; Professor Auguste Piccard's stratosphere gondola, which landed at the Gurgler Ferner Glacier after a 15,000 metre high flight, was recovered by local volunteers.

»Der Aufstieg«, Ölgemälde des berühmten Kitzbüheler Malers Alfons Walde, dessen Winter- und Sportbilder auch als Ansichtskarten weltweit verbreitet wurden und mithalfen, Tirol als Wintersportland zu einem Begriff zu machen.
"The Ascent", an oil painting by Alfons Walde, the famous Kitzbühel artist whose paintings of winter and sports were used for picture postcards, helping to spread Tyrol's fame as a winter sports region worldwide.

Skikanonen als Werbeträger

Wesentlichen Anteil am Aufschwung des Fremdenverkehrs in den zwanziger Jahren hatte die Wintersaison. Die vielen schon vor dem Weltkrieg gegründeten Wintersportvereine und Skiclubs, die sich 1913 zum Tiroler Skiverband zusammengeschlossen hatten, nahmen ziemlich rasch nach dem Ersten Weltkrieg ihre Tätigkeit wieder auf, wobei zum Teil Skiausrüstungen aus Heeresbeständen verwendet werden konnten. In St. Anton und in Kitzbühel gab es bald wieder die ersten Rennen, und Hannes Schneider, den der Hotelier Carl Schuler von der »Post« in St. Anton schon 1907 aus Stuben geholt und zum Skilehrer seiner Hotelgäste gemacht hatte, gründete im Winter 1921/22 seine Gruppenskischule und schuf damit die Grundlage für das moderne Skischulsystem.

Bald war St. Anton am Arlberg als skipädagogisches Zentrum berühmt, die Arlbergschule ein Begriff in

Der Arlberger Skistar Rudi Matt demonstriert Stemmbogentechnik.
The Arlberg ski star Rudi Matt demonstrates the stem-turn technique.

aller Welt. Mit dazu beigetragen haben zweifellos die in den frühen zwanziger Jahren am Arlberg gedrehten Skifilme mit den besten Läufern Österreichs, Deutschlands und der Schweiz und mit Hannes Schneider als dem großen Star. Er gewann die ersten großen Rennen im Ausland, was den Ruf Tirols als Wintersportland festigen half.

Berühmt wurde der Arlberg nicht nur wegen seiner Skischule, sondern auch wegen seiner internationalen Rennen, wobei der Höhepunkt zweifellos 1928 das erste Arlberg-Kandahar-Rennen war, mit dem der Engländer Arnold Lun vom Kandahar-Skiclub in Mürren in der Schweiz und Hannes Schneider die Idee des rein alpinen Rennlaufs gegenüber der bisherigen Vorherrschaft der nordischen und der Kombinations-Disziplinen durchsetzen wollten. Das Arlberg-Kandahar-Rennen wurde zweimal in St. Anton und dann abwechselnd mit Mürren in der Schweiz ausgetragen.

Ähnlich aktiv wie in St. Anton am Arlberg war man in Bezug auf die Veranstaltung von Rennen und auf das Skischulwesen in Kitzbühel, wo 1929 mit dem Hahnenkammrennen ebenfalls ein Klassiker des alpinen Skirennsports geschaffen wurde. Daneben hatte in Kitzbühel bis zum Zweiten Weltkrieg der Sprunglauf einen hohen Stellenwert.

Die Statistik zeigt die wachsende Bedeutung des Wintersports für den Fremdenverkehr ganz deutlich. Kitzbühel hatte 1913 im besten Vorkriegswinter 1800 Gäste mit ca. 8500 Übernachtungen. 1927/28 kamen 7521 Wintergäste und übernachteten 67.500 Mal! Im Winter 1931/32 wurden 11.400 Gäste mit über 100.000 Übernachtungen gezählt. In St. Anton stiegen die Gästezahlen von fast 6000 im Winter 1928/29 (43.600 Übernachtungen) auf knapp 10.000 mit 70.000 Übernachtungen im Winter 1930/31.

Als neues Wintersportzentrum konnte sich in den zwanziger Jahren Seefeld etablieren, das vor dem Ersten Weltkrieg fast überhaupt keinen Fremdenverkehr zu verzeichnen hatte. Dank intensiver Bemühungen konnte die Heimat des Skiweltmeisters Toni Seelos gegen Ende des Jahrzehnts die Nächtigungszahlen von Kitzbühel erreichen, was als gewaltige Aufbauleistung angesehen werden muss.

Innsbruck machte vor allem durch die Erfolge mehrerer Skirennläufer und -läuferinnen auf sich

Hellmut »Heli« Lantschner zeigt rasante Abfahrtssprünge und ein Inserat macht Lust auf neueste Skimode (1932).
Hellmut "Heli" Lantschner demonstrates speedy downhill jumps and an advert that makes you hanker after the latest ski fashion (1932).

Skikurs in Kitzbühel (1930).
Ski course in Kitzbühel (1930).

Fotoshooting am Übungshang.
Photo shoot on the nursery slope.

aufmerksam, wie Anneliese Proxauf oder die Geschwister Lantschner, die es zusammen auf fünf Weltmeistertitel brachten. 1926/27 erbaute die Stadt eine neue Sprungschanze am Bergisel, die mit gesprungenen Weiten bis zu 65 Metern eine der größten derartigen Anlagen in Mitteleuropa war und viele Sportler und Sportfreunde anlockte.

In Innsbruck waren auch einige der wichtigsten Skipioniere tätig, so gleich nach dem Ersten Weltkrieg Oberst Georg Bilgeri, der am Patscherkofel seine Kurse abhielt und vom Landesverkehrsamt mit der Leitung des im Juli 1924 errichteten Sportreferats betraut wurde.

Im Jahre 1933 wurden in Innsbruck die im Nachhinein zu Weltmeisterschaften erklärten Wettkämpfe des Internationalen Skiverbandes (FIS) ausgetragen, was natürlich Sportjournalisten und Touristikfachleute aus aller Herren Länder nach Innsbruck lockte und somit für Tirol als Wintersportland weltweite Werbung bedeutete. Sie war auch dringend notwendig, denn die Weltwirtschaftskrise hatte den Fremdenstrom drastisch gebremst und noch im selben Jahr sollte die Politik eine noch ärgere Katastrophe auslösen.

Hannes Schneider,
der große Star und Erfinder
der Arlbergschule.
Hannes Schneider,
the big star and founder
of the Arlberg technique.

Das Aufnahmeteam für den Film »Der weiße Rausch« vor dem Abmarsch zu den Aufnahmen (1933) und im Hospiz von St. Christoph am Arlberg.
The film crew for "Der weiße Rausch" (The White Thrill) before setting off for filming (1933) and at the "Hospiz" in St. Christoph am Arlberg.

Eines der ersten Fotoplakate im Tiroler Tourismus zeigt St. Christoph am Arlberg.

One of the first photographic posters for Tyrolean tourism depicts St. Christoph am Arlberg.

In Kitzbühel gab es in den zwanziger und dreißiger Jahren große Sprunglauf-konkurrenzen:
Gemälde von Alfons Walde auf einer zeitgenössischen Ansichtskarte.

In Kitzbühel there were great ski jumping contests in the Twenties and Thirties: painting by Alfons Walde on a contemporary postcard.

Toni Seelos, Weltmeister, Erfinder eines neuen Slalomstils und Werbeträger für Seefeld.

Toni Seelos, world champion, inventor of a new slalom style and Seefeld advocate.

Überall in Tirol gab es neue Skiparadiese zu entdecken. Als Hilfe dazu wurden lokale und überregionale Skiführer herausgebracht.

Everywhere in the Tyrol there were new skiing paradises waiting to be discovered. Welcome tips could be found in guidebooks and skiing manuals.

1928. Frau Steinsky und Dr. Prochaska, I. E. V.

Der Tiroler Meister Richard Hammer, I. E. V.

Ein deutsches Gästepaar.
Photo: Paul Hagemeister.

Ein bekanntes Paar des I. E. V. beim Schaulaufen 1929.
Photo: Paul Hagemeister.

Robert Hogen, Wien, internationaler Eissportlehrer.

Lustiges Schaufelrennen am Wildsee.

Zwischendurch zu anderen Wintersportarten: In Kufstein hatten Eisrennen und Skijöring Tradition; Seefeld war auch ein Eislaufzentrum (Fotos aus einem Seefeld-Buch der 1930er Jahre).

Other winter sports provide variety: Ski-joring and ice racing was traditional in Kufstein; Seefeld was also an ice skating centre (pictures taken from a Seefeld book from the 1930s).

Hellmut »Heli« Lantschner, der Erfolgreichste und Bekannteste der Innsbrucker Ski-Geschwister, schrieb eine Autobiografie, die bei Rowohlt in Berlin erschien.
Hellmut "Heli" Lantschner, the most successful and best known of the Innsbruck ski-siblings, wrote an autobiography which was published by Rowohlt in Berlin.

Rasante Abfahrt und knapper Zieleinlauf des Kandaharrennens von 1930 in St. Anton am Arlberg (Fotos von Lothar Rübelt).
A thrilling downhill race and tight finish during the 1930 Kandahar Race in St. Anton am Arlberg (photos by Lothar Rübelt).

Idealisierte Skifahrer am berühmten FIS-Plakat von Johannes Trojer und die raue Wirklichkeit des Rennalltags.

Idealized skier on Johannes Trojer's famous FIS poster; and the tough reality of everyday racing.

Die folgenden Reportagefotos von den FIS-Wettkämpfen 1933 in Innsbruck stammen vom Wiener Starfotografen Lothar Rübelt. Auf dieser Seite der Marsch der Teilnehmer, Funktionäre und Zuschauer zur Bergiselschanze, wo die beiden Brüder Ruud außer Konkurrenz einen Doppelsprung zeigten.

The following newspaper photographs of FIS competitions in 1933 in Innsbruck originate from star photographer Lothar Rübelt. On this page, the procession of the participants, officials and spectators to the Bergiselschanze Ski Jump, where the two Ruud brothers perform a double jump outside of the formal competition.

Mühevoller Anstieg zum Start der Slalomläufe, die wegen Schneemangels im Tal auf die Seegrube verlegt werden mussten.
A laborious ascent to the starting position for the slalom run, which had to be relocated due to lack of snow in the valley.

Im Ziel der Damenabfahrt und riskante Schrägfahrt am Pfriemesköpfl, wo die Kombinationsabfahrt ausgetragen wurde.

At the finishing line of the women's downhill and the risky traverse at Pfriemesköpfl, where the combined-downhill was held.

Zielrichter, Zeitnehmer und Rennleitung (Hannes Schneider am Telefon) trotzen auf der Seegrube dem starken Schneegestöber.
Finishing line judge, time keeper and race director (Hannes Schneider on the phone) brave the driving snowstorm at the Seegrube.

Die Langlaufbewerbe fanden im Raum Igls-Lans-Sistrans statt, wurden dann aber wegen des Schneemangels nach Seefeld verlegt (unten).
The cross country competitions took place in the Igls-Lans-Sistrans area, but were relocated to Seefeld (below) due to lack of snow.

Ski canons for advertising

The winter season played a major role in the recovery of tourism during the twenties. The first races were soon held again in St. Anton and Kitzbühel, and Hannes Schneider created the basis for the modern ski school system in St. Anton. The Arlberg technique was soon recognised the world over. Other contributory factors for this upswing were the ski films made on location in Arlberg in the 1920s and 1930s, as well as the Arlberg-Kandahar-Races founded in 1928. Kitzbühel also offered an excellent ski school and created one of the great Alpine ski sport classics in 1929, with the Hahnenkamm Races. Seefeld was able to establish itself as a new winter sports centre. The hometown of ski world champion, Toni Seelos, was able to achieve the same number of overnight stays as Kitzbühel in around 1930. Innsbruck attracted attention with the success of its ski racers; the Lantschner siblings alone won five world championship titles. The city built a new ski jump at Bergisel in 1926/27. The greatest advertising impact worldwide was undoubtedly the FIS ski competition held in Innsbruck in 1933, which was subsequently declared to be the Ski World Championships.

Schon damals ein Medienereignis: Bilder der Sieger und der Austragungsorte der FIS-Rennen gingen um die Welt.
A media event, even back then: photos of the winners and FIS race venue were seen all around the world.

Katastrophenjahre

Zu Beginn der dreißiger Jahre wurde die erfreuliche Aufwärtsentwicklung des Tiroler Fremdenverkehrswesens mit einem Schlag gestoppt. Die weltweite Wirtschaftskrise steuerte ihrem Höhepunkt zu. Viele treue Gäste blieben aus. Von 1931 an ging die Zahl der Gäste und Übernachtungen stark zurück, was für viele Gastbetriebe einer Katastrophe gleichkam. Denn die rund 20.000 gewerblichen Betten waren ohnehin mit je 70 bis 80 Nächtigungen im Jahr eher schwach ausgelastet. Und nun kamen statt der 755.000 Fremden von 1930 nur mehr 627.000 (1931). Und die Nächtigungen gingen von 3,1 auf 2,5 Millionen zurück. Am krassesten war der Rückgang der deutschen Gäste, da in Tirols nördlichem Nachbarland im Sommer 1931 die Wirtschaftskrise ihren Höhepunkt erreichte und außerdem eine Verfügung in Kraft trat, dass bei der Ausreise aus Deutschland 100 Mark zugunsten der Wirtschaft in den deutschen Landkreisen bezahlt werden mussten. Im Jahr darauf hatte sich die Situation einigermaßen stabilisiert, der Inländerverkehr ging weiterhin etwas zurück, auch das nichtdeutsche Ausland ließ weiter nach, dafür kamen wieder 55.000 Deutsche mehr nach Tirol. Ein kleiner Hoffnungsschimmer.

Doch 1933 kam endgültig die ganz große Katastrophe. Als Repressalie gegen die österreichische Regierung, die in ihrem Kampf gegen die nationalsozialistische Bedrohung neue Maßnahmen ergriffen hatte, erließ die Regierung des im Jänner an die Macht gekommenen Adolf Hitler eine Verordnung, wonach jeder Reichsdeutsche, der nach Österreich ausreisen wollte, eine Gebühr von 1000 Reichsmark zu zahlen hatte. Diese 1000-Mark-Sperre galt ab 1. Juni 1933. Im Sommer gab es praktisch keine deutschen Gäste mehr. Rund 90.000 waren bis dahin in diesem Jahr gezählt worden. Und dabei blieb es. Im Jahr darauf, als die 1000-Mark-Sperre von Anfang an galt, kamen insgesamt nur mehr 10.000 Deutsche nach Tirol.

Was dieser Schicksalsschlag bedeutete, kann man ermessen, wenn man bedenkt, dass in manchen Tiroler Ferienorten, vor allem im Außerfern, im Zillertal und in anderen Gebieten des Tiroler Unterlandes über

Leer blieben viele der Tiroler Fremdenzimmer (hier eines aus der damaligen Zeit in Serfaus) nach Hitlers 1000-Mark-Sperre gegen Österreich.
Many Tyrolean guest rooms remained empty (here, from earlier times in Serfaus) after Hitler's 1000 mark restriction was levied against Austria.

80 Prozent der Gäste Deutsche waren. Bestürzung, Ratlosigkeit und Verzweiflung in den hauptsächlich betroffenen Orten waren die Folge. In Wien und in Innsbruck entwickelten die Verantwortlichen hektische Aktivitäten. Zweierlei musste geschehen: Die Bundes- und die Landesregierung sollte leergebliebenen Häusern und in Not geratenen Betrieben finanzielle Hilfe gewähren. Und im nichtdeutschen Ausland musste sofort mit einer intensiven Werbung begonnen werden, um neue Gästeschichten zu erschließen. Der Erfolg blieb nicht aus. Noch im Jahr 1933 kamen um 11.500 nichtdeutsche Gäste mehr nach Tirol als im Jahr vorher. Und 1934 kamen 103.800 gegenüber 87.700 im Jahr 1933. Von 1934 auf 1935 machte der Sprung sogar noch einmal 50 Prozent aus.

Das Zillertal war von der Katas-
trophe besonders betroffen.
The Zillertal Valley was particu-
larly hit by the catastrophe.

In Kitzbühel wirkte sich die internationale Zusammensetzung der Gäste positiv aus (Ankunft des Herzogs von Windsor, 1936); in Hall stellte man jetzt die junge Kurtradition des »Solbades« heraus; in Lienz/Osttirol mit seinen vielen österreichischen Stammgästen und der neuen Attraktion der nahen Glocknerstraße (ab 1935) war die Krise bald überwunden.
The international composition of guests had a positive effect in Kitzbühel (arrival of the Duke of Windsor, 1936); the latest "saline bath" spa tradition is introduced in Hall; with its many regular guests from Austria and the new attraction of the nearby Glocknerstrasse Road (from 1935), the crisis was soon overcome in Lienz/East Tyrol.

Plakat und Prospekt von 1938/39, als Tirol bereits zu Deutschland gehörte.
Poster and brochure from 1938/39, when Tyrol belonged to Germany.

Die Kitzbüheler »Streif« bei den Deutschen Wehrmachtsmeisterschaften im Frühjahr 1939.
The Kitzbühel "Streif" course during the German Armed Forces Championships in the spring of 1939.

NS-»Sportführer« bei einem Rennen in St. Anton.
National Socialist sports leaders at a race in St. Anton.

In manchen Orten, die schon vorher nicht allein auf den deutschen Gast angewiesen waren, erreichte der Fremdenverkehr jetzt wieder Frequenzziffern wie gegen Ende der zwanziger Jahre. Inzwischen war nämlich auch die Zahl der inländischen Gäste wieder erheblich gestiegen, was sowohl auf intensive Werbung in Ostösterreich wie auch auf eine Besserung der wirtschaftlichen Lage zurückzuführen ist.

Das absolute Tief von 1,3 Millionen Nächtigungen war 1934 zu verzeichnen. 1935 stieg die Nächtigungszahl auf 1,9 Millionen, 1936 waren es 2,1 Millionen. In diesem Jahr hob die deutsche Reichsregierung aufgrund verschiedener Abkommen mit Österreich die 1000-Mark-Sperre mit 11. Juli teilweise und mit 28. August zur Gänze wieder auf. Es blieben jedoch Devisenbeschränkungen bestehen, die eine sofortige Rückkehr zu früheren Verhältnissen unmöglich machten. Immerhin kamen 1937 über 100.000 Deutsche nach Tirol, und die Gesamtzahl der Nächtigungen machte in diesem Jahr 2,3 Millionen aus, womit der Stand von 1931 wieder erreicht war. In einer Nationenwertung bei den Nächtigungen führt in diesem Jahr der österreichische Gast mit über 1,1 Millionen, gefolgt von Deutschland mit 375.000 Nächtigungen und Großbritannien mit 221.000 Nächtigungen. Nach den Niederlanden (123.000) und Belgien (122.000) folgt die Tschechoslowakei (94.000), erst dann kommt Frankreich mit 81.000, Italien mit 44.000, die Schweiz mit 36.000 und »Amerika« mit 27.000 Nächtigungen.

Diese Statistik umfasst den Zeitraum vom 1. November 1936 bis 31. Oktober 1937. Noch ehe die darauffolgende Wintersaison zu Ende ging, brachte die Angliederung Österreichs an das Deutsche Reich am 12. und 13. März 1938 auch für den Tiroler Fremdenverkehr wieder völlig andere Voraussetzungen und Verhältnisse. Plötzlich überschwemmten die deutschen Gäste Österreich, ins Land gebracht nicht zuletzt durch das NS-Werk »Kraft durch Freude«, das aber auch die Preise bestimmte. Dies war wie ein wildes Aufflackern, bevor der Kriegsausbruch das Leben völlig veränderte. Zwar kamen noch Gäste, die vielen Städter, die später in den Bergen Schutz vor den Bomben suchten, hielten die Nächtigungsziffern sogar sehr hoch. Doch von ihnen als Touristen zu sprechen, wäre zynisch.

Deutsche Gäste, die nach dem Anschluss an Deutschland vom März 1938 wieder in Scharen nach Tirol kamen, vor dem Hotel und beim Skikurs in Alpbach.
German guests, who returned to Tyrol in droves after the annexation of Austria by Germany in March 1938, in front of the hotel and during ski lessons in Alpbach.

Catastrophic years

At the beginning of the thirties, the number of guests and overnight stays fell sharply as a result of the global economic crisis. The real catastrophe, however, came in 1933. Adolf Hitler came to power in January and, as a reprisal against the Austrian government who had taken new measures in its fight against the threat of the National Socialists, issued a regulation requiring every German wanting to travel to Austria to pay a border crossing fee of 1,000 Reischmarks. So there were virtually no German guests in summer. Some Tyrolean resorts, where about 80% of the visitors normally came from Germany, were more or less empty. Intensive efforts began immediately to attract visitors from non-German countries – with great success. In 1935, the number of overnight stays rose again to 1.9 million. The government of the German Reich revoked the 1,000 Mark border crossing fee in 1936 and the integration of Austria into the German Reich on 12th and 13th March 1938 brought completely different conditions and circumstances to tourism in Tyrol again. Austria was suddenly flooded with German guests. It was an incredible revival, until the outbreak of the war changed life beyond all recognition.

Ein neuer Beginn

Schlechte Voraussetzungen für den Neubeginn: Zerbombte Hotels (rechte Seite oben die Hotels Europa und Tyrol am Innsbrucker Bahnhofsplatz, darunter der Lienzer Hauptplatz mit den Hotels Post und Traube) und besetzte Gasthäuser (Hauptquartier der US-Armee im Innsbrucker Breinößl).
An inauspicious rebirth: hotels damaged by bombing (upper right, Hotel Europa and Hotel Tyrol next to Innsbruck station, below Lienz Main Square with the Hotel Post and Hotel Traube) and guest houses requisitioned by the occupying forces (headquarters of the US Army in Innsbruck's Breinößl).

Im Mai 1945 ging der Krieg zu Ende. Österreich war wieder eine selbstständige Republik, wenn auch noch unter der Besatzung der vier Siegermächte. Der Tourismus erlebte neuerlich eine Stunde null.

Erstaunlich schnell war man in den einzelnen Orten bemüht, wenigstens Ansätze eines Fremdenverkehrs wieder in Schwung zu bringen bzw. zumindest die Voraussetzungen dafür zu schaffen. Im ersten Nachkriegsjahr und auch noch 1946 sah es mehr als triste aus. Viele touristische Anlagen waren verwahrlost oder zerstört, selbst Sitzbänke an den Spazierwegen als willkommenes Brennmaterial abgetragen, ein großer Prozentsatz der Beherbergungsbetriebe beschädigt, nicht wenige zerstört, von den verbliebenen gewerblichen Betten Tausende von der Besatzung requiriert oder zur Unterbringung von Flüchtlingen verwendet. Allein in Kitzbühel fehlten auf diese Weise 1600 Hotelbetten. In Innsbruck und Igls fielen von den 4608 Betten in Hotels und Pensionen 1326 durch Bombenschäden und 2097 durch den Bedarf der Besatzung aus.

Bis Sommer 1946 störte die fehlende Bettenkapazität kaum jemanden, denn man hätte Fremde bei der herrschenden Lebensmittelknappheit ohnehin nicht versorgen können. Auch als es etwas besser wurde, gab es für Gäste eigene »Touristenkarten« mit Mahlzeitencoupons. Diese mussten vom ausländischen Gast in seinem Heimatland bei der österreichischen Vertretung bezogen und bezahlt werden. Erst am 15. Oktober 1949 wurden diese Touristenkarten abgeschafft. Jahrelang gab es verschiedene Reise- und Devisenbeschränkungen. Schließlich muss noch bemerkt werden, dass zwar der Zugsverkehr halbwegs funktionierte, jedoch wegen Treibstoffmangel kaum längere Autofahrten unternommen werden konnten und auch die Postautoverbindungen eingeschränkt waren. Trotz all dieser Hindernisse und widrigen Umstände starteten einzelne Gemeinden und Verkehrsvereine, die zum Teil neu gebildet werden mussten, schon im Frühjahr 1946 voll Optimismus zukunftsweisende Initiativen. So schrieb die Stadt Hall einen Plakatwettbewerb aus, organisier-

POST

ten Berwang und Fieberbrunn internationale Jugendlager, begann man in Seefeld, Innsbruck und in der Wildschönau mit Vorarbeiten zum Bau von Sesselliften.

Bei der Besatzungsmacht versuchte man Einreiseerleichterungen zu erlangen und Betten freizubekommen oder man bot gemeinsame Ferienaktionen an, was zu schönen Erfolgen führte. Der Fremdenverkehr bestand damals eben aus lauter kleinen Einzelaktionen. Solche waren auch die Ferienkurse der Universität Innsbruck in Seefeld und später in Mayrhofen und die 1946 gegründeten Alpbacher Hochschulwochen. All dies brachte nicht nur Nächtigungen, sondern hatte auch eine beachtliche Werbewirkung. In England waren Tirolreisen schon im Sommer 1947 so gefragt, dass Wartelisten bei den Reiseveranstaltern und im Österreichischen Verkehrsbüro in London aufgelegt werden mussten, da sich wegen der Lebensmittelknappheit nicht mehr als 2000 Engländer gleichzeitig in Österreich aufhalten durften.

Die Zahl der Fremden nahm jedenfalls wieder stetig zu. 1946/47 wurden 104.000 Gäste mit knapp 600.000 Nächtigungen gezählt (davon allerdings nur 133.000 Ausländer). Ein Jahr später waren es 220.000 Gäste mit über 1,1 Millionen Nächtigungen. Der Ausländeranteil war mit nicht einmal 200.000 immer noch gering. Vor allem die deutschen Gäste fehlten noch fast ganz.

Sieger des ersten Plakatwettbewerbs nach 1945: Maria und Helmut Rehm.
Winner of the first poster design competition in 1945: Maria and Helmut Rehm.

Schon im Sommer 1946 gab es die ersten Internationalen Hochschulwochen des »Österreichischen College« in Alpbach.
The first International University Event, the "Austrian College" was held in Alpbach in the summer of 1946.

Auf dem Weg zur Normalisierung im Jahr 1949: Einheimische und Gäste feiern das 1000-Jahr-Jubiläum der Gemeinde Fieberbrunn und die Bergführer von Matrei in Osttirol haben bereits wieder viel zu tun.

Getting back to normal in 1949: local people and guests celebrate Fieberbrunn's millennium and the mountain guides at Matrei, East Tyrol, are busy again.

Gleichzeitig mit den örtlichen Vereinen und Tourismusunternehmern hatte nach dem Krieg das Landesverkehrsamt wieder zu arbeiten begonnen. In erster Linie ging es um den Wiederaufbau der Organisation und die Ausarbeitung eines neuen Fremdenverkehrsgesetzes, das 1949 beschlossen wurde und in Kraft trat. Durch die Neuorganisation der Tiroler Handelskammer, die 1946 eine eigene Sektion Fremdenverkehr einrichtete, mussten sich das Landesverkehrsamt und seine Leitung um den Wiederaufbau des Gast- und Beherbergungsbetriebes weniger kümmern.

Um die Schäden und Mängel in ihren Betrieben beheben zu können und sie den Erfordernissen der Zukunft anzupassen, nahmen die Hotel- und Gasthofbesitzer große Opfer und viel Risiko auf sich. Zur Finanzierung dieser und anderer Investitionen im Fremdenverkehrsbereich wurde 1947 auf gesamtösterreichischer Basis in Wien eine Treuhandgesellschaft gegründet. Ab 1949 standen dann Mittel aus dem Marshall-Plan zur Verfügung.

Einer weiteren Aufwärtsentwicklung stand nichts mehr im Wege, vor allem als Ende der 1940er Jahre verschiedene Reisebeschränkungen aufgehoben und die Lebensmittelkarten für Touristen abgeschafft wurden. Der Zuwachs von einer Million Nächtigungen vom Fremdenverkehrsjahr 1948/49 (1,3 Millionen Nächtigungen, davon 519.000 Ausländer) auf das Fremdenverkehrsjahr 1949/50, als erstmals die Zwei-Millionen-Grenze um 300.000 überschritten wurde, geht ausschließlich aufs Konto der Ausländer.

Aus England gab es Urlauber-Sonderzüge nach Tirol, und auf dem 1946 gegründeten neuen Innsbrucker Flughafen landeten 1948/49 bereits regelmäßig Maschinen aus Holland und England. Als es 1951/52 auch für die Deutschen endlich keine Devisenbeschränkung mehr gab, wurde erstmals mit fast 3,3 Millionen Nächtigungen das Ergebnis des besten Jahres der Zwischenkriegszeit (1930) überschritten.

Zwei Beispiele von ersten Tiroler Werbeplakaten, die Professor Arthur Zelger gleich nach dem Krieg schuf (1946 und 1947).
Two examples of the first Tyrolean billboards, created by Professor Arthur Zelger just after the War (1946 and 1947).

TYROL
ZELGER

Zum »Klassiker« wurde auch das Tyrol-Plakat von Karl Sommer aus dem Jahr 1947.
The Tyrol poster by Karl Sommer in 1947 became a classic of the genre.

Die ersten Sessellifte werden gebaut (1946/47): Innsbrucker Seegrube und Westendorf.
The first chair lifts appear (1946/47); Seegrube (Innsbruck) and Westendorf.

A new beginning

After the war ended, some villages wasted no time at all in trying to get at least the beginnings of a tourist trade back on track. A number of modest undertakings, such as the Alpach College Weeks founded in 1946, had a significant advertising effect. In England, Tyrol was a considered to be a particularly popular tourist destination. After travel restrictions and ration cards were revoked at the end of the 1940s, the number of guests increased rapidly. With almost 3.3 million overnight stays in 1951/52, even the best results from the inter-war period (1930) were exceeded. As from 1949, funds from the Marshall Plan were made available to finance the necessary investments in the tourist sector.

Steiler Aufschwung

Anfang der fünfziger Jahre hatte sich das Leben normalisiert. Auch im Fremdenverkehr konnte man dort weitermachen, wo im Jahr 1930 die kontinuierliche Entwicklung durch Wirtschaftskrise und politische Katastrophen unterbrochen worden war. Jährliche Steigerungsraten von 10 bis 20 Prozent in den fünfziger Jahren kennzeichnen den steilen Aufschwung. Von 1954 auf 1955 betrug der Zuwachs der Nächtigungen sogar gute 30 Prozent. Wohl vermehrte sich auch die Zahl der inländischen Gäste, doch sind in erster Linie die Ausländer für diese rasanten Zuwachsraten verantwortlich. Das deutsche Wirtschaftswunder, der wachsende Lebensstandard auch in den meisten anderen Herkunftsländern, die zunehmende Motorisierung und der damit verbundene Reiseboom, aber auch die Bemühungen der in Tirol für den Tourismus Verantwortlichen und eine auf vollen Touren laufende Werbung machten es möglich, dass in der Saison 1958/59 erstmals die Zehn-Millionen-Grenze

Dieses Plakat von Arthur Zelger (1949), das zeitlose Modernität und Lebensfreude signalisiert, steht am Anfang einer rasanten Aufwärtsentwicklung.
This poster by Arthur Zelger (1949) represents timeless modernity and vitality, heralding the beginning of a rapid upwards trend.

Das Automobil spielte im Individualtourismus der 1950er Jahre eine immer wichtigere Rolle. Diese Broschüre mit Anregungen für motorisierte Ausflüge erschien um 1952/53. Daneben ein Hotelprospekt aus derselben Zeit.
The automobile played an increasingly important role for individual travellers in the 1950s. This brochure with suggestions for motorized excursions appeared in 1952/53. Alongside, a hotel prospectus from the same period.

ZELGER-INNSBRUCK
TYROL

bei den Nächtigungen überschritten wurde, drei Jahre später sogar die nächste magische Zahl, nämlich 15 Millionen.

Wenn Jahr für Jahr zusätzlich zwei- bis dreihunderttausend Gäste für jeweils ein bis zwei Wochen untergebracht werden mussten und auch konnten, zu aller Zufriedenheit offenbar, dann stellt dies der Leistungsfähigkeit des seit dem Krieg längst wiedererstarkten Gastgewerbes ein gutes Zeugnis aus. Allerdings wäre ohne den Einsatz der privaten Zimmervermieter die Bewältigung des Zustroms nicht denkbar gewesen. Von den rund neun Millionen Nächtigungen im Jahr 1958 entfielen immerhin 3,5 Millionen, das sind 38 Prozent, auf Privatzimmer.

Mehrere Faktoren waren für dieses Verhältnis verantwortlich: die Notwendigkeit, den Bettenbedarf auf diese Weise zu decken; die Wichtigkeit eines Nebenverdienstes der einheimischen Bevölkerung in einer wirtschaftlich noch nicht ganz so rosigen Zeit und dadurch die Bereitschaft, in der Saison die besten Zimmer eines Hauses zu räumen und in unbequeme Notquartiere zu übersiedeln. Viele Häuslbauer finanzierten sich auf diese Weise die Rückzahlung der Kredite. Aber auch die Gäste waren noch nicht auf allerhöchsten Standard bei der Unterbringung erpicht und waren froh, in privaten Unterkünften sparen zu können. In einem Bauernhof zu wohnen, bedeutete sogar ein zusätzliches Erlebnis. Und den Bauern brachte diese Variante des Fremdenverkehrs eine zusätzliche Verdienstmöglichkeit, die bald für viele Betriebe zu einer Existenzgrundlage wurde. Kein Wunder, dass von der Landwirtschaftskammer fleißig für den »Urlaub am Bauernhof« geworben wurde und die Einrichtung von Gästezimmern in alten und neuen Höfen eine Unterstützung durch öffentliche Mittel erfuhr.

Zu einer gesetzlichen Regelung der privaten Zimmervermietung kam es im Jahre 1959. Bis in die siebziger Jahre hinein stieg die Zahl der privaten Gästebetten kontinuierlich auf über 150.000 an. 1950 waren es erst 9000 gewesen.

Plakat von Arthur Zelger für Igls als Sommerfrische (1959). Unten ein Prospekt aus den frühen 1950er Jahren.
Poster by Arthur Zelger to advertise summer holidays (1959). Below, a brochure from the early 1950s.

IGLS
Tyrol Austria
900-1950 m
Printed in Austria

Das Trachtenpärchen
von Maria Rehm (1957)
wurde oft kopiert.
The couple in traditional
costume by Maria Rehm
(1957) was often copied.

Inserate und Prospekte aus den 1950er Jahren.
Advertisements and brochures from the 1950s.

Strong recovery

Life had returned to normal by the early fifties. The tourism sector enjoyed a strong recovery with annual growth rates of between 10 and 20 percent. The increase in overnight stays soared by an incredible 30 percent from 1954 to 1955. The German "economic wonder", rising standards of living in Europe, increasing motorisation and the associated travel boom, as well as concerted efforts made by those responsible for tourism in Tyrol resulted in the number of overnight stays exceeding the ten million mark in the 1958/59 season. This record was smashed only three years later with an incredible 15 million overnight stays. Private guest houses played a major role in accommodating this enormous influx of visitors. Of the approximately nine million overnight stays in 1958, 3.5 million (38 percent) could be accounted to private rooms.

Der Siegeszug der zweiten Saison

Zur besseren Auslastung der vielen neuen Betten im gewerblichen Bereich und bei den Privatzimmervermietern war der Ausbau einer zweiten Saison im Winter immer dringlicher. Auch dabei konnte man an die Vorkriegszeit und den damals zumindest in einigen Orten erreichten Standard anknüpfen. Dies gilt nicht zuletzt für das Skischulwesen, das in den dreißiger Jahren schon gut entwickelt war. Jetzt wurden allerorts wieder neue Skischulen gegründet, 1952 gab es deren schon 60 mit 300 geprüften Skilehrern. 20 Jahre später sollte sich die Zahl der Schulen verdoppelt haben. Man lehrte nach dem Skilehrerplan, den Professor Stefan Kruckenhauser am Arlberg entwickelt und 1936 eingeführt hatte. Sein Name war nicht nur unter Fachleuten ein Begriff. 1955 demonstrierte das Arlberger Team in Val d'Isère der Weltöffentlichkeit den neuen österreichischen Stil, das Wedeln. *»Ein kurzer Schwung geht um die Welt«*, schrieb damals ein französischer Journalist. Zur Ausbildung der Tiroler Skilehrer standen die Bundessportheime in St. Christoph und in Obergurgl zur Verfügung. 1956

Unten links: Weltweite Werbung für Tirol durch den Österreichischen Skilehrplan.
Below left: worldwide advertising for Tyrol with the Austrian ski instructor schedule.

Das Skiballett grüßt mit dem »A« (Austria) die Gäste aus aller Welt.
The ski ballet greets guests from around the world with an "A" (Austria).

Plakat von Arthur Zelger (1948/49).
Poster by Arthur Zelger (1948/49).

kam der »Österreichische Schi-Lehrplan« (damals war diese Schreibweise üblich) sogar auf Japanisch heraus. Dank des Skipapstes vom Arlberg waren die seit 1951 vielfach im Ausland durchgeführten Interski-Kongresse enorme Werbung für Tirol und seine Skischulen in aller Welt.

Neben dem Skilehrer gab es in den fünfziger Jahren ein zweites Zauberwort im Wintertourismus. Es hieß »mechanische Aufstiegshilfen«. Solche gab es vor dem Krieg nur in Form von Gondelbahnen in Innsbruck, Ehrwald, Kitzbühel und St. Anton. Nun kamen die wesentlich billiger und schneller zu errichtenden Sessellifte auf, die nicht große Abfahrten von ganz oben, sondern mittlere Hänge erschließen sollten. Innsbruck, Seefeld, die Wildschönau und Westendorf machten 1947/48 den Anfang. Sölden und Hochsölden wurden im Sommer 1948 durch eine derartige Anlage verbunden. Und in Lienz wurde 1949 der erste Sessellift auf den Schlossberg errichtet, wobei bezeichnenderweise die Initiative vom Skischulleiter ausging. Dann kamen die Schlepplifte dazu. Überall wurde gebaut und erschlossen. 1956 besaß Tirol schon 20 Seilbahnen bzw. Sessellifte und 102 Schlepplifte. Und 1967 waren es 118 Seilbahnen und Sessellifte sowie 872 Schlepplifte. Damals waren in Tirol ungefähr 150 Orte für den Wintersport eingerichtet.

Stefan Kruckenhauser: Der Skipapst vom Arlberg als Kinderskilehrer.
Stefan Kruckenhauser: the "Ski Pope" from Arlberg as children's instructor.

Der erste Kurs der Skischule Brixen im Thale nach 1945 (frühe 1950er Jahre).
The first course at Brixen im Thale Ski School after 1945 (early 1950s).

Man weiß sich zu helfen: Primitive Aufstiegshilfe in Fieberbrunn (1949) und Pistenpräparierung 1955 am Arlberg.

Nothing, if not resourceful: rudimentary assistance for the ascent in Fieberbrunn (1949) and piste grooming at Arlberg in 1955.

Valluga (St. Anton) und Penken (Mayrhofen), zwei der ersten Seilbahnen nach dem Krieg.
Valluga (St. Anton) and Penken (Mayrhofen), two of the first cable cars after the War.

Skischulen und Aufstiegshilfen allein genügten natürlich nicht, dem Gast musste mehr geboten werden. Er wollte sich abends gut unterhalten und neben dem Skifahren auch andere Sportarten ausüben können. Zuerst war das alles noch bescheiden, in den sechziger Jahren lockten dann schon manche Orte mit Hallenbädern und noch später mit Tennishallen. Dem langsam einsetzenden Trend zum Langlauf und zum Skiwandern wurde durch die Anlegung von Loipen und die Anstellung von nordischen Skilehrern Rechnung getragen. Das Ergebnis all dieser Bemühungen sprach für sich.

Die Zahl der Wintergäste stieg und stieg, und stieg auch weiter, als die Nächtigungszahlen im Sommer stagnierten und schließlich sogar leicht zurückgingen. Das war ab 1972. Der gehobene Lebensstandard vieler Menschen und ein längerer gesetzlicher Urlaubsanspruch erlaubten breiten Bevölkerungsschichten, zweimal im Jahr in die Ferien zu fahren, Modetrends und ärztliche Empfehlungen taten das Ihre. So kam es, dass der Anteil der Winterurlauber an den gesamten Nächtigungszahlen ständig zunahm. Entfiel zu Beginn der fünfziger Jahre erst rund ein Fünftel der Nächtigungen auf das Winterhalbjahr, so war es Ende dieses Jahrzehnts schon ein Viertel und Mitte der siebziger Jahre ein Drittel. Damals gab es im Sommerreiseverkehr kaum mehr Steigerungen. Im Fremdenverkehrs-

Das erste durch Seilbahnen erschlossene Gletschergebiet Tirols im Stubaital: Baustelle Eisjoch in 3200 Metern Höhe, primitiver Kassenbetrieb kurz nach der Eröffnung (Mai 1973) und ein Foto aus den 1980er Jahren.
The first glacier skiing area to be made accessible by cableway in the Tyrol at Stubaital: Eisjoch construction site at 3,200 metres above sea level, the rudimentary ticket office soon after official opening (May 1973) and a photo from the 1980s.

Galtür hatte in den frühen 1950er Jahren mit einem Rentierzuchtbetrieb eine besondere Attraktion.
Galtür had a special attraction in the early 1950s – a reindeer stud-farm.

In den frühen 1960er Jahren begann das Interesse an Langlauf und Skiwanderung (hier in Leermoos).
Interest in cross country skiing and ski tours began in the early 1960s (here in Leermoos).

Ein moderner Wintersportort musste außer Skifahren auch andere Aktivitäten ermöglichen (Eisstockschießen in der Wildschönau).
A modern winter sports resort requires other activities besides skiing (curling in the Wildschönau).

jahr 1985/86 schließlich war die Zahl der Nächtigungen im Winter (19,4 Millionen) annähernd gleich groß wie die Zahl der Übernachtungen im Sommerhalbjahr (19,5 Millionen).

Inzwischen waren völlig neue Skigebiete in hohen und deshalb schneesicheren Lagen, zum Teil auf Gletschern erschlossen, was die Saison nach beiden Seiten hin verlängerte, waren großräumige Liftkarusselle errichtet und ganze Hoteldörfer aus dem Boden gestampft worden. 2013 wurden die Skifahrer in Tirol von sechs Standseilbahnen, 136 Seilschwebebahnen und 321 Sesselbahnen in die Skigebiete gebracht, wo dann noch 517 Schlepplifte zur Verfügung standen. Wer abseits der Piste Touren unternehmen und durch den Tiefschnee wedeln möchte, kann dies allein oder unter der Anleitung einer der fast 7000 staatlich geprüften Skilehrer tun. Zudem warten tausende Kilometer Loipen auf die Anhänger des nordischen Skisports. Daneben gibt es fast in allen Wintersportorten Eislaufplätze und Bahnen für Eisschützen, Naturrodelbahnen und drei Kunsteisrinnen. Nicht nur schwimmen und Tennis spielen, sondern auch reiten kann man in überdachten und geheizten Hallen.

Szenen wie diese in Kirchdorf spielten sich in den 1960er und frühen 1970er Jahren, als überall Hallenbäder errichtet wurden, häufig ab.

Scenes like this in Kirchdorf were frequently encountered in the Sixties and early Seventies, when indoor pools were built everywhere.

Die Zahl der Aufstiegshilfen und ihre Leistungsfähigkeit stieg seit den achtziger Jahren rasch an: Standseilbahn Hartkaiser der Ellmauer Bergbahnen (Foto aus den 1980er Jahren) und Sessellift Goldried in Hochötz.
The number of ski lifts and their conveyance capacity increased dramatically from the eighties. Hartkaiser funicular at Ellmau cable cars (photo from the 1980s) and the Goldried chairlift at Hochötz.

Reitställe und Reitschulen mit Winterbetrieb gibt es in mehr als einem halben Hundert Tiroler Orten. Ein spezielles und besonders familienfreundliches Service, das in Tirol zuerst angeboten wurde, hat inzwischen Schule gemacht und gehört heute zum guten Standard eines jeden Wintersportortes in der ganzen Welt: der Skikindergarten.

Einen der ersten Skikindergärten Österreichs bot Lienz seinen Gästen.
Lienz was one of the first places in Austria to offer the services of a ski kindergarten to its guests.

The triumph of the second season

In order to better utilise the many beds in the commercial sector and private rooms, the need to develop a second season in winter became increasingly pertinent. With this in mind, great efforts were made for the development and expansion of the ski school system. Instruction was given according to a set curriculum, developed by Professor Stefan Kruckenhauser in Arlberg and made known worldwide thanks to the Interski Congresses. The second magic phrase in winter tourism was "mechanical assistance for ascents". Tyrol-wide, building and infrastructural developments took place. In 1956, Tyrol could boast of 20 cable car and chairlift systems and 102 drag lifts. Ski schools and lifts were not enough on their own; guests needed to be given a greater choice of entertainment, attractions and the opportunity to partake in other sports. The number of winter visitors rose and rose, and even continued to grow as the number of overnight stays in summer levelled out and then dropped slightly. This occurred from 1972 onwards. Eventually, the number of overnight stays in winter (19.4 million) reached the same level as the summer season (19.5 million). In the meantime, completely new high altitude and snow-sure ski areas were created, developed partly on glaciers, which extended both ends of the season; extensive cable car systems were built and entire hotel villages emerged.

Olympia & Co.

Bei ihren Bemühungen um den Wintergast hatten die Tiroler Fremdenverkehrsmanager starke Verbündete in den vielen Tiroler Skilehrern, die seit den dreißiger Jahren in aller Welt tätig waren. Vor allem in Nordamerika, wohin auch Hannes Schneider nach seiner Flucht vor den Nazis gegangen war, hatten sie dem Land Tirol zu einem hohen Bekanntheitsgrad verholfen. Zusammen mit den in den fünfziger Jahren wieder äußerst erfolgreichen Tiroler Skirennläufern – man denke nur an Dagmar Roms doppelten Weltmeistertitel von 1950 und Toni Sailers dreifaches Olympia- und siebenfaches Weltmeisterschaftsgold (1956 und 1958) – verbreiteten sie den Ruf Tirols als eines der führenden Wintersportländer.

Seriensieger großer Rennen, Weltmeister und Olympiasieger gingen vielfach ins Ausland, um dort Skischulen zu leiten und als Pioniere neue Wintersportzentren zu erschließen. So wurden z.B. Christian Pravda, Anderl Molterer oder Pepi Stiegler zu Herolden Tirols. Und wer kann – um nur noch einen Namen zu nennen – abschätzen, wie viele Wintersportler die langanhaltende und an Höhepunkten und Problemen reiche Karriere eines Karl Schranz nach Tirol gelockt hat, auch wenn er selbst nie im Ausland tätig war. Ähnliches gilt für die Seriensiegerinnen unter Tirols Skirennläuferinnen der sechziger Jahre, Olga Pall, Traudl Hecher und Christl Haas. Von großer Werbewirkung waren und sind auch die traditionsreichen Skirennen. Bis zur Einführung des Weltcups gehörte das abwechselnd mit Mürren in der Schweiz und Sestriere in Italien (später auch noch Garmisch-Partenkirchen und Chamonix) ausgetragene Arlberg-Kandahar-Rennen zu den prestigeträchtigsten Veranstaltungen der alpinen Skiwelt. Das Hahnenkammrennen in Kitzbühel hat

Seit den Olympischen Spielen 1964 ein weltberühmter Blick auf Innsbruck – hinweg über das Zuschaueroval der Bergiselschanze.
Innsbruck's world famous landmark since the 1964 Olympic Games – the Bergisel Ski Jump towers over the spectators' arena.

auch in neuerer Zeit nichts von seinem Glanz verloren und ist inzwischen zu einem internationalen Jet-Set-Spektakel geworden, über das jedes Jahr Hunderte ausländische Reporter, Kommentatoren und Gesellschaftskolumnisten berichten. Nach Einführung des Weltcups haben immer wieder auch andere Tiroler Wintersportorte solche großen Rennen abgewickelt: Lienz (als erstes nach Kitzbühel), Steinach, Fulpmes, Kirchberg, Innsbruck, St. Anton. Seit das Fernsehen Bilder von diesen sportlichen Großereignissen in alle Welt trägt, ist ihre Werbewirkung gigantisch.

Für nordische Großkonkurrenzen ist Seefeld, das auch schon Weltmeisterschaften ausgetragen hat, seit den Olympischen Spielen von 1964 geradezu prädestiniert. Als Biathlon-Zentrum mit regelmäßigen Weltcupbewerben und mehrmaligen Weltmeisterschaften hat sich Hochfilzen die Anerkennung der Sportwelt verschafft und lockt regelmäßig tausende Zuschauer zu spannenden Wettkämpfen.

Den Höhepunkt an sportlicher Bedeutung und weltweiter Aufmerksamkeit erreichte Tirol durch die zweimalige Austragung Olympischer Spiele in der Landeshauptstadt Innsbruck. Die IX. Olympischen Winterspiele 1964 wurden zu »Spielen der Superlative«: Die meisten Aktiven bisher, 1332 Sportler aus 36 Ländern, und noch nie waren so viele Zuschauer – fast eine Million – unmittelbare Zeugen. Die XII. Olympischen Winterspiele 1976 gingen als »einfache« Spiele in die Sportgeschichte ein. Innsbruck sprang damals für Denver, die Hauptstadt des US-Bundesstaates Colorado, ein und machte sein Versprechen

Weltstar Toni Sailer, der »schwarze Blitz aus Kitz«, bei einem seiner Siegläufe in den 1950er Jahren.
World star Toni Sailer, the "Blitz from Kitz", during one of his victory runs in the 1950s.

Das Kitzbüheler Wunderteam der 1950er Jahre, von links: Ernst Hinterseer, Hias Leitner, Christian Pravda, Fritz Huber, Anderl Molterer, Toni Sailer.
The "Kitzbühel Wonder Ski Team" of the Fifties: from the left, Ernst Hinterseer, Hias Leitner, Christian Pravda, Fritz Huber, Anderl Molterer, Toni Sailer.

Die Medaillengewinner Pepi Stiegler (Gold und Bronze) und Karl Schranz, der sich 1964 mit Silber zufriedengeben musste, in den folgenden Jahren aber zu einem der bekanntesten Skifahrer Tirols wurde.
Medal winners, Pepi Stiegler (gold and bronze) and Karl Schranz, who had to settle for silver in 1964, were later to join the ranks of Tyrol's most famous skiers.

Eröffnungsfeier der Olympischen Winterspiele 1964 in Innsbruck; ein Polizist, der fast allen Touristen Auskunft geben kann; und ein hoher Besuch: der Schah von Persien.
The opening of the 1964 Winter Olympic Games in Innsbruck; a policeman providing information for tourists and the Shah of Persia, an eminent visitor.

Unverkennbar Seefeld, wo 1964 und 1976 die Langlaufbewerbe der Olympischen Spiele stattfanden (Foto von 1976).

Unmistakably Seefeld, where the Olympic Games cross country disciplines were held in 1964 and 1976 (photo from 1976).

Plakat von Arthur Zelger der zweiten Olympischen Spiele in Innsbruck und Szene von der Schlussfeier im Bergiselstadion.

Poster from the second Olympic Games in Innsbruck and scenes from the closing ceremony at the Bergisel Stadium.

wahr, der Welt zu zeigen, dass der Sport ohne übertriebenen Aufwand auskommen kann. Keine einzige Sportanlage musste neu errichtet werden, und wie schon 1964 wurden Olympisches Dorf und Pressezentrum in bereits vorhandene Großbauvorhaben integriert. Der Zuschauerrekord von 1964 wurde 1976 gebrochen: Eineinhalb Millionen Zuschauer erlebten

in den Stadien, an den Pisten und Loipen die Spiele, dazu kamen geschätzte 600 Millionen an den Fernsehschirmen in aller Welt. Das positive Echo ist nicht zuletzt der vorbildlichen Betreuung der 1750 Journalisten, Fotografen und Kameraleute zu danken.

Weniger medienwirksam waren zwei andere wintersportliche Großveranstaltungen, die Innsbruck organisierte und die auch unter dem Patronat des Internationalen Olympischen Komitees stehen: die III. und IV. »Weltspiele für Behinderte – Paralympics« im Jänner 1984 und im Jänner 1988. Auch dabei gab es für die idealen Rahmenbedingungen und reibungslose Organisation weltweite Anerkennung. Dasselbe gilt auch für die Winter-Universiade, die Wettkämpfe der besten Studentensportler der Welt, die 1968 in Innsbruck stattgefunden hatten. Dass solche skisportliche Großereignisse in ihrer Werbewirkung nicht nur Innsbruck

UNTER DEM PATRONAT DES INTERNATIONALEN OLYMPISCHEN COMITÉS

III. WELTWINTERSPIELE FÜR KÖRPERBEHINDERTE INNSBRUCK 1984 AUSTRIA

Paralympics 1988: Rennläufer auf Siegkurs und Königin Sylvia von Schweden mit einem Medaillengewinner.
1988 Paralympics: a racer on course for victory and Queen Sylvia of Sweden with a medal winner.

zugutekamen, sondern dem ganzen Land Tirol, darüber gab es keinen Zweifel. So erklärten sich in den sechziger Jahren auch die örtlichen Fremdenverkehrsverbände im ganzen Land bereit, an der Finanzierung der Olympischen Winterspiele durch die Einhebung eines so genannten »Olympia-Schillings« pro Nächtigung – er konnte in manchen Gemeinden auch nur 10 Groschen betragen – mitzuwirken. 30 Millionen Schilling wurden von den Gemeinden und Verkehrsverbänden des ganzen Landes aufgebracht.

Das letzte olympische Feuerwerk versprühten Jugendliche aus aller Welt bei den erstmals ausgetragenen Olympischen Jugend-Winterspielen. Sie fanden vom 13. bis 22. Jänner 2012 statt, und auch sie können in jeder Hinsicht als großer Erfolg verbucht werden. Viele der jungen Leute werden später einmal wiederkommen und als Urlauber zu Gast im Herzen der Alpen sein.

Beim Hahnenkammrennen in Kitzbühel: der berühmte Blick von der Hausbergkante auf die Zuschauermassen im Zielraum. Das Plakat des Jubiläumsjahres schuf der in Mailand lebende Tiroler Künstler Rudi Wach.
During the Hahnenkamm Races in Kitzbühel: the famous view from the Hausbergkante down to the crowds at the finishing line. The poster for this anniversary year was created by Milan resident, Tyrolean artist, Rudi Wach.

Spannung und Begeisterung im Biathlonzentrum Hochfilzen.
Excitement and enthusiasm at the Hochfilzen biathlon centre.

Im Zielraum der Ski-WM 2001 in St. Anton, dem traditionsreichen Mekka des Skisports.
At the finish area during the 2001 Ski World Championships in St. Anton, the traditional Mecca of skiing.

Weltcuprennen 2008 in Seefeld: Der Tiroler Mario Stecher setzt sich von seinen Verfolgern ab.
2008 World Cup Races in Seefeld: Tyrolean Mario Stecher puts a clear lead between himself and his rivals.

Der seit 1970 veranstaltete und damit älteste Tiroler Volkslanglauf, der Lienzer Dolomitenlauf, geht bei Schneemangel im traumhaften Gelände von Obertilliach über die Bühne.
Organised since 1970 and Tyrol's oldest cross country ski race open to the public, the Lienz Dolomites Run, is relocated to the beautiful area of Obertilliach due to lack of snow.

Olympia & Co.

In their efforts to attract winter guests, the Tyrolean tourism managers had strong allies in the many Tyrolean ski instructors who had been working all over the world since the 1930s. Serial winners of the big races, world champions and Olympic winners often travelled abroad to manage ski schools or be pioneering developers of new winter sports centres. Traditional ski races ranging from the Arlberg-Kandahar, to the Hahnenkamm in Kitzbühel, or the Alpine and Nordic World Championships have an enormous advertising effect, especially the television coverage of these major sporting events which transmits images of Tyrol to every corner of the world. By hosting the Winter Olympics twice in Innsbruck (1964 and 1976), Tyrol has earned itself an incredible sporting reputation and was the focus of international interest. The Tyrolean capital also hosted the "Paralympics" in 1984 and 1988, the Winter-Universiade (1968) and most recently the Winter Youth Olympic Games for the first time in 2012.

Und noch einmal Olympia in Innsbruck: Treffpunkt für junge Sportler und Sportlerinnen aus der ganzen Welt waren im Jänner 2012 die 1. Olympischen Jugend-Winterspiele.
And the Olympics visit Innsbruck again: The first Winter Youth Olympic Games are a meeting point for young athletes from around the world in January 2012.

INNSBRUCK 2012
YOUTH OLYMPIC GAMES
YOG DNA

Tirol - ein Sommermärchen

Bei allen Bemühungen um die zweite Saison durfte in den fünfziger und sechziger Jahren nicht darauf vergessen werden, das Angebot für einen Sommerurlaub laufend zu verbessern, stand dieser doch damals noch bei weitem im Vordergrund. Zwar war die gute alte Sommerfrische durchaus noch gefragt, und der Urlaub am Bauernhof mit seiner unmittelbaren Naturbegegnung faszinierte immer mehr Familien aus der Stadt. Gepflegte Spazierwege, Sitzbänke und Aussichtsterrassen hatten immer noch die gleiche Bedeutung wie schon vor hundert Jahren. Nur war das alles allein zu wenig.

Der Sommergast wurde anspruchsvoller, wollte modernere Bäder, womöglich solche, in denen man auch bei Schlechtwetter schwimmen konnte, also geheizte Freibäder oder Hallenbäder, möglichst mit Rutschen. Und der Urlauber war inzwischen sport-

Wiese, Fels und Schnee waren 1952 im Ötztal noch durch keine Seilbahn verbunden, doch gab es im Sommer eine regelmäßige Jeepverbindung in die Welt des ewigen Eises.
Öztal's meadows, rocks and snow were still not accessible by cable car in 1952, but jeeps provided regular transport to the world of eternal ice in summer.

Golf in Rinn bei Innsbruck.
Golfing in Rinn (Innsbruck).

Für Kinder eine Zeit im Paradies: Urlaub am Bauernhof.
A little stay in paradise for children: holidays on a farm.

bewusster, wollte seinen Tennisplatz. Kein Ferienort, der etwas auf sich hielt und im Konkurrenzkampf mithalten wollte, konnte auf solche Einrichtungen, auf Fitness-Parcours, Waldspielplätze, Minigolf, Reitställe usw. verzichten. Der immer größer werdenden Zahl von Freunden des Golfsports standen um 1980 bereits sechs landschaftlich besonders reizvolle Plätze zur Verfügung. Heute sind es 18 Golfplätze.

Nicht überall wollte man freilich beim Sich-Gegenseitig-Überbieten mitmachen, und auch der Rummel der Unterhaltungsindustrie, den der Massentourismus zwangsläufig mit sich zog, fand Kritiker unter Einheimischen und Gästen. Als einige Orte diesen Tendenzen entgegentraten und stattdessen ausreichend Ruhe anboten, kam der Begriff des »Erholungsdorfes« auf, ein Prädikat, mit dem sich gemäß gesamtösterreichischen Richtlinien 1964 bereits 20, 1967 schon 47 Tiroler Orte schmücken durften.

In dieselbe Richtung zielt der Urlaub am Bauernhof, der vor allem Familien aus dem großstädtischen Bereich ein intensives Erlebnis von Natur, Tieren und bäuerlicher Arbeitswelt, aber auch Geselligkeit und zwischenmenschliche Kontakte einer ganz neuen Art vermittelt. Da die Einrichtung von Gästezimmern und ganzen Appartements auf bäuerlichen Anwesen einen

In den frühen 1950er Jahren musste man sich noch mit den alten Schwimmbädern begnügen. Zwanzig Jahre später bot das Freibad in Kirchberg im Brixental wie viele andere wesentlich mehr Badevergnügen …

In the early fifties, swimmers still had to make do with the old pools. Twenty years later, the outdoor pool at Kirchberg in the Brixental Valley offers a whole lot more than just swimming …

wichtigen Zuerwerb bedeutet, gab es dafür Förderungsmittel, die eifrig in Anspruch genommen wurden. Heute gibt es auf rund 3000 Bauernhöfen Unterkünfte für Gäste bzw. regelrechte Ferienwohnungen.

Wie in den Anfängen des Tourismus blieben auch in neuester Zeit Schönheit und Herausforderung der Berge eine Hauptattraktion des Sommerurlaubs in Tirol. Und je weitgreifender die Technisierung, je drückender der zivilisatorische Stress des Alltags, umso befreiender wirkt das Bergerlebnis in seiner körperlichen wie seelischen Komponente.

Aufbauend auf die Pionierleistung des Alpenvereins und anderer alpiner Verbände aus der Zeit der Jahrhundertwende wurde die Erschließung der Tiroler Bergwelt weiter fortgesetzt. 2013 betrieben sie zusammen 184 Schutzhütten. Von den alpinen Vereinen werden über 6300 Kilometer Bergwanderwege und von den Fremdenverkehrsverbänden 5000 Kilometer Wanderwege in mittleren Lagen gepflegt und erhalten. Dazu kommen ein 12.000 Kilometer langes Netz an Forstwegen und 4500 Kilometer Hoferschließungswege zu den letzten Dauersiedlungen außerhalb geschlossener Ortschaften. Wegweiser und Markierungen, eine Fülle von örtlichen Führern und Karten sowie die alpine Auskunftstelle des österreichischen Alpenvereins und der Alpinwetterdienst gewährleisten ein ungetrübtes Bergvergnügen in allen Höhenlagen.

… und noch einmal 15 Jahre später waren Wasserrutschen das Mindeste; in der Wörgler Wasserwelt kann man sich heute gleich durch zwei Loopingröhren stürzen.
… and another 15 years later waterslides are the least of the attractions; nowadays you can plunge down a double looping slide at Wörgl Water World.

Sommerrodeln in Biberwier.
Summer sledding in Biberwier.

Erlebnis und Erholung an wilden Wassern: die Virgener Umbalfälle im Nationalpark Hohe Tauern und die Wolfsklamm in Georgenberg bei Schwaz.

Wild water adventures: the Virgener Umbal Falls in the Hohe Tauern National Park and the Wolfsklamm Gorge in Georgenberg near Schwaz.

Später Nachmittag beim Solsteinhaus oberhalb von Zirl.
Late afternoon at the Solsteinhaus above Zirl.

Wer die imposanten Gletscher, die in Tirol Kees oder Ferner heißen, nicht nur überschreiten, sondern sie zum Skifahren nutzen möchte, der findet auch im Sommer dazu Gelegenheit. Die Gletscherskigebiete im Tuxertal, im Stubaital, im Ötztal, im Pitztal und im Kaunertal haben das ganze Jahr hindurch Saison.

In besten Händen befinden sich Wander- und Kletterfreunde in den rund 35 Tiroler Bergschulen, die neben technischem Rat auch die Freude am Naturerlebnis und den Spaß in der Gruppe vermitteln. Wer die Lust am Klettern verspürt, ohne sich irgendeiner Gefahr aussetzen zu wollen, findet heute in jeder Region mehrere gesicherte Klettersteige. Ungeübten Bergfreunden stehen natürlich wie vor hundert Jahren geschulte und geprüfte Bergführer zur Verfügung, mit denen auch schwierige Gipfel erobert werden können. Ein Sonnenaufgang oder eine wunderbare Abendstimmung in luftiger Höhe kann zum Höhepunkt eines Urlaubs in Tirol werden, ein wahres Sommermärchen.

Ein Gipfelerlebnis kann der Höhepunkt des Urlaubs in Tirol sein – es muss ja nicht wie hier der Großglockner sein, mit 3798 m Seehöhe der höchste Berg Österreichs.
Scaling the peaks can be the highlight of a holiday in Tyrol – it does not, however, have to be the Grossglockner, Austria's highest mountain at 3,798 metres above sea level.

Gesicherte Klettersteige verbinden Sport mit Naturerlebnis.
Secured via Ferrate routes combine sport with nature.

Die Karlsbader Hütte in den Lienzer Dolomiten.
The Karlsbader Hut in the Lienz Dolomites.

Tyrol – a summer fairy tale

The good old "Sommerfrische" summer resort was still in demand after 1945. The summer guest, however, was a demanding one. No self-respecting resort with an eye on its competitors would be without a pool and tennis courts, fitness trail, forest playground, mini-golf or riding stables etc. Not all resorts, however, wanted to or had the wherewithal to take part in this process of outbidding each other and offered the qualities of rest and relaxation instead, leading to the concept of the "relaxation resort" and farm holidays. Both in old and new times of tourism, nature's beauty and the challenges presented by the mountains continue to be the main attraction for summer holidays in Tyrol. For this reason, mountain huts and hiking trails have lost none of their importance to this present day. Later additions include secured via ferrate routes for less experienced holidaymakers, as well as cable cars that transport visitors to the areas of eternal ice.

Erfüllte Straßenträume

Straßen spielen im Tourismus eine große Rolle. Doch das Tiroler Straßennetz war auch nach Beseitigung der ärgsten Kriegsschäden in keinem guten Zustand. Als in den fünfziger Jahren der Autoverkehr sprunghaft zunahm, waren der Ausbau der engsten und steilsten Straßenstücke, die Verstärkung der Brücken und vor allem die Staubfreimachung die wichtigsten Forderungen. Erst 1955 war das Bundesstraßennetz zu 95 Prozent mit einer Asphaltdecke überzogen. Allerdings war oft auf einen soliden Unterbau verzichtet worden, so dass der Belag rasch wieder von Frostaufbrüchen

Die Lienzer Schlossbrücke am 27. August 1951. Zu schwache Brücken waren noch lange nach dem Krieg ein großes Problem.
Lienz Castle Bridge on 27th August 1951. Weak bridges were a big problem long after the war.

Besichtigung der Baustelle »Kanzelkehre« während des Ausbaus der Achenseestraße in den frühen 1950er Jahren.
Inspection of the "Kanzelkehre" construction site during development of the Achensee Road in the early 1950s.

Durch prachtvolle Hochgebirgslandschaft führt die Timmelsjoch-Straße. Die Nordrampe wurde 1959 eröffnet, die Trasse auf der Südseite erst 1968.
Timmelsjoch Road passes through magnificent Alpine scenery. The north ramp was opened in 1959; the route on the south side in 1968.

zerstört war. Das Programm zur Staubfreimachung ging deshalb nahtlos in ein »Regenerierungsprogramm für alte Beläge« über. Von den Landesstraßen waren 1951 erst 21 Prozent asphaltiert. Wichtige Abschnitte wurden in den fünfziger Jahren großzügig erneuert oder ausgebaut, z.B. der Iselsberg bei Lienz, der Zirler Berg und die Strecke Pontlatz–Prutz (alle bis 1955). Langsam bekamen auch die hintersten Täler bessere Zufahrtswege.

Von den großen Projekten, die schon in der Zwischenkriegszeit geplant oder begonnen worden waren, harrte die Achensee-Bundesstraße noch ihrer Vollendung. 1955 konnte die neue Trasse mit der so genannten Kanzelkehre eröffnet werden. Viele Pläne zur Erweite-

Die hintersten Täler waren oft nur schlecht zu erreichen. Zum Beispiel führte zu den letzten Orten im Pitztal nur ein Karrenweg, der im Winter für Autos nicht befahrbar war. Die Gäste mussten die letzten Kilometer zu Fuß bzw. auf Skiern zurücklegen.

The rearmost valleys were often the most difficult ones to access. For example, villages at the back of the Piztal Valley were only accessible along a dirt track, which was impassable for cars in winter. Guests had to walk or ski for the last few kilometres of their journey.

rung des Tiroler Verkehrsnetzes mussten zurückgestellt werden, doch verlieh ihnen der zunehmende Touristenstrom neues Gewicht und brachte in den sechziger Jahren die Erfüllung so manchen Straßentraumes.

Jahrelang hatte der Ötztaler Gastwirt Angelus Scheiber, der Sohn des berühmten Bergführers, Hüttenwirtes und Fremdenverkehrspioniers Martin Scheiber, um eine Autoverbindung vom Ötztal über das Timmelsjoch ins Südtiroler Passeiertal gekämpft, das für das ganze Ötztal eine Belebung des Tourismus bringen sollte. Nachdem er die maßgeblichen Politiker des Landes dafür gewinnen konnte und auch in Wien Zustimmung fand, wurde zur Finanzierung eine eigene Gesellschaft gegründet. Im Herbst 1955 war Spatenstich, und am 17. Juli 1959 wurde die Timmelsjoch-Hochalpenstraße feierlich eröffnet. Es dauerte freilich weitere neun Jahre, bis auch die südseitige Straße vom Passeiertal herauf vollendet und für den Verkehr freigegeben war. Aber schon in den ersten Jahren war das österreichische Teilstück mehr und mehr zu einem beliebten Ausflugsziel geworden. Was die Timmelsjochstraße für das Ötztal, bedeutete die Silvretta-Hochalpenstraße für das Paznauntal. 1948 bis 1953 im Zuge von Kraftwerksbauten durch die Vorarlberger Illwerke angelegt, wurde die 22 Kilometer lange Verbindung ins Montafon 1961/62 modern ausgebaut.

Am notwendigsten brauchten die Osttiroler ihre ersehnte Felbertauernstraße, denn seit der Abtrennung Südtirols besaß der Bezirk keine direkte Verbindung zum übrigen Tirol. Hatte man in der Zwischenkriegszeit bei der Projektierung der Straßenverbindung zwischen Matrei im Iseltal und Mittersill im Pinzgau bzw. weiter nach Kitzbühel noch eine kurvenreiche Hochgebirgsstraße über den 2481 Meter hoch gelegenen Pass gedacht, der früher über einen Saumweg viel begangen wurde und den alten Namen Felbertauern trägt, taucht gleich nach dem Zweiten Weltkrieg als moderne Lösung eine wintersichere Tunnelvariante auf. Der Osttiroler Bauer und Nationalratsabgeordnete Franz Kranebitter wurde zum Pionier der Felbertauernstraße. Sein Hauptargument war die Erschließung »eines der an Naturschönheiten reichsten Gebiete Österreichs« für den Tourismus. Einen ersten derartigen Antrag legte er schon 1949 im österreichischen Parlament vor. Es dauerte aber noch mehr als ein Jahrzehnt und bedurfte größter Opfer der Osttiroler Gemeinden bei der Finanzierung, bis es am 23. Juni 1962 zum Spatenstich kommen konnte. Da eine Aufnahme in das allgemeine Bundesstraßenprogramm nicht zu erreichen war, wurde wieder eine Finanzierungsgesellschaft gegründet, deren Grundkapital die Republik Österreich, das Land Tirol und Gemeinden aus den Bezirken Lienz, Kitzbühel, Kufstein und Zell am See aufbrachten. Die Rückzahlung der aufgenommenen Kredite sollte aus den zu erwartenden Mauteinnahmen gedeckt werden.

Nach fünf Jahren Bauzeit konnte die Felbertauernstraße am 24. Juni 1967 eröffnet werden. Die geringen Steigungen und sanften Kurven, die landschaftsschonende Bauweise und der 5,2 Kilometer lange Tunnel unter dem Alpenhauptkamm hindurch sind die Charakteristika der Straße.

Der Ansturm auf die auch von der internationalen Presse mit überschwänglichem Lob bedachte neue Straße setzte sofort ein. Bereits im ersten vollen Jahr ihres Bestehens fuhren über 600.000 Fahrzeuge über die Felbertauernstraße. Schon 1971 überstieg die Frequenz die Millionengrenze und erreichte 1973 mit 1,144.846 Millionen eine Höchstzahl. Nach diesem Rekordjahr ging die Zahl der Benützer der Felbertauernstraße wieder leicht zurück, da inzwischen die

Brennerautobahn auch auf italienischer Seite fertiggestellt (1974) und erste Teilstücke der Tauernautobahn (1975) eröffnet worden waren.

In ihrer verkehrspolitischen Bedeutung mit der Felbertauernstraße nicht zu vergleichen, aber als lokale Verbindung und Aussichtsstraße für den Tourismus im westlichen Nordtirol durchaus wichtig, ist die Hahntennjochstraße zwischen Imst und Pfafflar im Lechtal. Als nach längeren, immer wieder unterbrochenen Arbeiten 1969 die Verbindung über das Hahntennjoch fertiggestellt war, handelte es sich um eine durchschnittlich vier Meter breite Schotterstraße. Der Verkehr belebte sich jedoch derart, dass bald schon mit Verbreiterungs- und Asphaltierungsarbeiten begonnen wurde. 1984 war der Ausbau fertig.

Es gab in ganz Tirol noch eine ganze Reihe weiterer Straßenprojekte ähnlicher Art, einige kleinere wie die Verbindung vom Zillertal über den Gerlos in den Pinzgau wurden auch verwirklicht, doch sah man

Pressefotos der Felbertauern-AG zur Eröffnung dieser wichtigen Nord-Süd-Verbindung über den Alpenhauptkamm im Juni 1967.
Press photos from Felbertauern-AG on the opening of this important north-south link over the main Alpine ridge in June 1967.

zunehmend die Gefahren einer zu starken verkehrstechnischen Erschließung. So mancher Plan für eine reizvolle Passverbindung von einem Tal ins andere, für Neutrassierungen oder großzügige Neuanlagen von Nebenstraßen blieb in der Schublade. Dagegen arbeitet man fleißig weiter an der Beseitigung von Verkehrsfallen und gefährlichen Straßenstücken, an Ortsumfahrungen, Brücken und ähnlichen Projekten, was den Touristen und Einheimischen gleichermaßen zugutekam.

Fulfilment of the "road dream"
Improvements and modernisation of the road surfaces and development of important road links (for example, Mount Isel near Lienz, Mount Zirler, the Pontlatz–Prutz and Achensee Road routes) took until the middle of the 1950s to complete. The dream of creating a road connection from the Ötztal Valley over the Timmelsjoch Peak into South Tyrol's Passeiertal Valley was only partially realised in 1959, as the Italians needed longer to complete the ongoing southern section of the road. The Silvretta High Alpine Road from Paznauntal to Montafon was expanded in 1961/62. The East Tyroleans needed the long awaited Felbertauernstraße Road most desperately, as they had no direct connection with the rest of the province since the severance of South Tyrol. After a five year construction phase, the road finally opened in 1967. Not comparable to the Felbertauernstraße from a transport objective, but nonetheless important for tourism and a much needed local connection is the Hahntennjochstraße Road between Imst and the Lechtal Valley, which opened in 1969.

Schneller nach Tirol

Eine Verkehrsrevolution hatte in der zweiten Hälfte des 19. Jahrhunderts den Beginn des Massentourismus ermöglicht: der Bau der Eisenbahnlinien. In den fünfziger und sechziger Jahren des 20. Jahrhunderts waren es wieder Errungenschaften des Verkehrswesens, die für die steile Aufwärtsentwicklung des Fremdenverkehrs mitverantwortlich waren: die allgemeine Motorisierung und der Ausbau des Autobahnnetzes in ganz Europa mit den Tiroler Teilstücken Inntalautobahn, Brennerautobahn und zuletzt der Oberinntaler Autobahn. Auch großzügige Verkehrslösungen wie der Arlbergstraßentunnel trugen dazu bei, dass Tirol leichter, schneller und sicherer zu erreichen war.

Dieser Vorteil wird auch durch die Tatsache nicht geschmälert, dass ein Großteil der diese Verkehrswege benützenden Autofahrer auf der Durchreise ist und die jährlich steigenden Frequenzen des Schwerverkehrs auf dieser europäischen Transitstrecke den Fremdenverkehr im eigenen Land durch die Umweltbelastung empfindlich stören. Und trotzdem: Ohne die Auto-

Bau der Europabrücke (1959–1963).
Construction work on the Europabrücke Bridge (1959–1963).

bahnverbindungen wäre gerade die Zunahme der Kurzurlaube in den achtziger Jahren nicht denkbar gewesen. Dass eine Gebirgsautobahn wegen der durchfahrenen Landschaft für sich schon eine Attraktion darstellt und touristische Sehenswürdigkeiten bietet, die allein schon eine Reise wert sind, dafür ist die täglich von tausenden Menschen bestaunte Europabrücke ein eindrucksvolles Beispiel.

Schneller nach Tirol kommt man aber nicht nur mit dem Auto oder der natürlich nach wie vor für den Tourismus besonders wichtigen und in letzter Zeit wieder schneller gewordenen Eisenbahn, der schnellste Weg nach Tirol führt durch die Lüfte. Schon am 6. Jänner 1946 hatte General Béthouart, der Chef der französischen Besatzungsmacht in Tirol, die Grundsteinlegung für ein neues Flughafengebäude im Westen von Innsbruck vorgenommen. 1948 konnte der damals noch schwache Flugbetrieb aus der Reichenau hierher verlegt werden. Und schon im Juni 1948 kam ein Gutteil der holländischen Gäste mit Maschinen, die 21 Passagieren Platz boten, von Amsterdam nach Innsbruck-Kranebitten. Im Sommer 1949 gab es erstmals einen regelmäßigen Flugverkehr zwischen London und Innsbruck. In den fünfziger Jahren übernahmen die KLM, die Swissair und später auch die British Eagle den zivilen Flugverkehr vom Ausland nach Innsbruck. Und die AUA flog Innsbruck von Wien aus regelmäßig an.

Entscheidend waren im Sinne des Tourismus jedoch die Charterflüge, die viele Urlauber aus nördlichen Ländern nach Tirol brachten. Die 1954 gegründete Flughafenbetriebsgesellschaft sorgte für einen laufenden Ausbau und die notwendige Modernisierung der Anlagen und eine Vergrößerung des Rollfeldes sowie der Start- und Landebahnen. 1962 wurde mit dem Bau eines neuen Flughafengebäudes begonnen. Die Zahl der Landungen und Starts stieg zwischen 1954 und 1964 von 346 (mit 5825 Passagieren) auf 2000 (mit 45.252 Passagieren), wobei 1964 natürlich die Olympischen Spiele zu Buche schlagen.

Nach Zeiten der Stagnation des Flugverkehrs, der Einstellung aller Linienflüge wegen Sicherheitsbedenken und des Rückgangs der ankommenden Fluggäste auf knapp über 1000 pro Jahr, erfolgte Ende der siebziger Jahre die Installierung eines neuen Flugleitsystems, das den strengsten Anforderungen Genüge tat und den Flugverkehr sofort wieder steigen ließ. Die Swissair und die in Tirol gegründete Fluggesellschaft Tyrolean nahmen den Linienverkehr wieder auf, zahlreiche Charterfluggesellschaften setzten Innsbruck auf ihr Programm. 1980 gab es schon wieder über 2600 Landungen und Starts mit zusammen rund 60.000 Passagieren. Der größte Teil davon waren Tirol-Urlauber in Chartermaschinen.

Während der »Bedarfsverkehr« in den nächsten Jahren wieder etwas zurückging, stieg das Linienaufkommen sprunghaft an. 1988 landeten und starteten allein im Linienbetrieb über 2800 Maschinen mit zusammen rund 140.000 Passagieren. Dazu kamen die 22.000 eintreffenden und natürlich ebenso viele abfliegende Chartergäste dieses Jahres. Dies waren aber nicht mehr in der Hauptsache Tirol-Urlauber, da zunehmend auch Tiroler von Innsbruck aus in ihren Urlaub fliegen.

Tirol ist in die Flugtouristik jedenfalls voll einbezogen, auch wenn aus Gründen des Lärmschutzes nur »leise« Maschinen landen und starten dürfen.

Das 1965 eingeweihte neue Flughafengebäude im Jahr seiner Einweihung (Foto aus der zum Anlass erschienenen Festschrift).
The new airport building in the year of its inauguration, 1965. (Photo of the commemorative publication).

Die bescheidenen Gebäude des 1948 in den Westen der Stadt verlegten Innsbrucker Flughafens.
The modest building of Innsbruck Airport, which was moved to the west of the city in 1948.

Die schnellste Anfahrt nach Tirol endet am Innsbrucker Flughafen.
The fastest route to Tyrol ended at Innsbruck Airport.

Faster transport to Tyrol

As in the 19th Century, advancements in the transport sector were partly responsible for a sharp upward trend in tourism in the second half of the 20th Century: motorisation in general, as well as the development of the entire European motorway system, including the Inntalautobahn, Brennerautobahn and Oberinntaler motorway sections in Tyrol. Large scale traffic solutions such as the Arlberg Road Tunnel also made the journey to Tyrol easier, faster and safer. The fastest travel, however, was by air. Innsbruck airport was relocated to the western outskirts of the city in 1948 and the first regular air service between London and Innsbruck began in the summer of 1949. From 1954, a new terminal building was extended and modernised and inaugurated in 1965. The number of take-offs and landings between 1954 and 1964 rose from 346 (with 5,825 passengers) to 2,000 (45,252 passengers). Security reasons caused air traffic to stagnate for a short period, until a new flight control system was installed in the late seventies, resulting in an immediate upswing in air traffic again. 2,800 scheduled services alone took off and landed in 1988, transporting around 140,000 passengers. On top of that, 22,000 charter services arrived and departed with just as many charter guests.

»Törggelen« in gemütlicher Stube oder an einem schönen Platzl in später Herbstsonne hoch über einem Tal – für viele der Inbegriff von Südtirol.
"Törggelen" in a cosy restaurant or at a beautiful spot high above a valley in late, autumn sunshine – for many the epitome of South Tyrol.

Ferien in Südtirol

Ähnlich wie in Nord- und Osttirol verlief die touristische Entwicklung nach 1945 in dem auch jetzt bei Italien verbliebenen Südtirol, dessen Fremdenverkehr in den folgenden Jahrzehnten im Gegensatz zur faschistischen Zwischenkriegszeit vor allzu krassen Eingriffen des Staates verschont blieb. Im Verhältnis zu den österreichischen Landesteilen Tirols ergab sich im harten Tourismusgeschäft nicht selten eine gewisse Konkurrenzsituation, in der sich die psychologische Zugkraft des Beiwortes »Süden« vorteilhaft auswirkte.

Die frühere Vorherrschaft einiger weniger Touristen- und Kurzentren ging in den 1950er Jahren zu Ende. Der Tourismus fand nun auch in Südtirol Eingang in alle Täler und in fast jedes Dorf. Um den Fremdenverkehr anzukurbeln, wurde seit Kriegsende von Unternehmern, Gemeinden und Verkehrsverbänden kräftig in die Infrastruktur investiert: Gab es beispielsweise 1950 ganze 16 Seilbahnen und Sessellifte, so waren es vierzig Jahre später 132. Bei den

Schloss Trauttmansdorf bei Meran mit dem inzwischen berühmt gewordenen botanischen Garten beherbergt mit dem »Touriseum« das Südtiroler Tourismusmuseum.
Trauttmansdorf Castle near Merano with its now famous botanical garden is home to the "Touriseum", South Tyrol's Museum of Tourism.

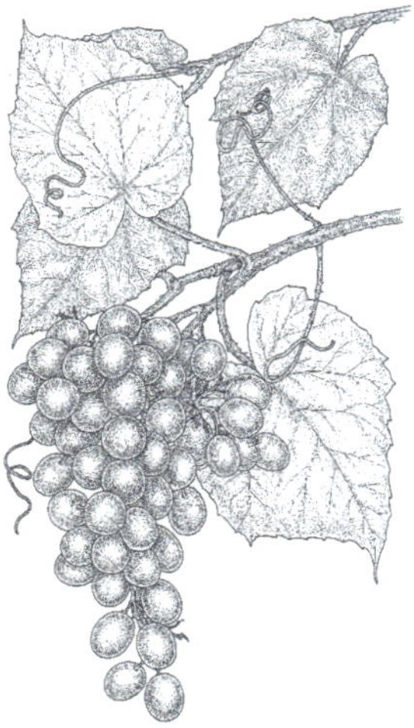

Skiliften war die Entwicklung noch rasanter: 1950 waren ganze sieben Schlepplifte in Betrieb, bis 1990 stieg ihre Zahl auf über 300. Heute gibt es in Südtirol 91 Seilbahnen, 165 Sessel- und 371 Schlepplifte. Seit Inkrafttreten der Südtiroler Autonomie in den 1970er Jahren unterstützt das Land all diese Bemühungen, auch die Errichtung neuer Hotels, mit entsprechenden gesetzlichen Bestimmungen und bedeutenden Mitteln.

Südtirol kann heute als klassisches Urlaubsland bezeichnet werden. Im Sommer und Winter ist das Angebot reichhaltig und von hoher Qualität, dazu kommen der Reiz des südlicheren Klimas, die Apfelblüte, der Wein, die vielen Burgen und die weltberühmten Kunstschätze. Die Südtiroler Kultur- und Kunstlandschaft kann mit den berühmtesten Gegenden Europas mithalten. Zu den bevorzugten Skigebieten zählen das Grödental, die Seiser Alm, aber auch das Schnalstal mit seinem Gletscher. In Gröden wurden im Februar 1970 die Ski-Weltmeisterschaften ausgetragen, 1971 gab es die erste Rodelweltmeisterschaft auf Kunstbahn in Olang im Pustertal. Die erste Auflage der Kastelruther Langlaufwochen datiert mit 1967. Ab 1971 wurden daraus Weltpokalwettbewerbe, und

1982 gab es in Kastelruth und auf der Seiser Alm das erste nordische Weltpokalfinale. Das Ahrntal etablierte sich als Biathlon-Zentrum und trug schon mehrere Weltmeisterschaften aus; Gröden konnte 1981 die Hockeyweltmeisterschaft der Gruppe B ausrichten, und in Meran gab es 1953 die erste Slalom-Weltmeisterschaft im Wildwasserkanu. Aber auch eine Schach-Weltmeisterschaft zog durch Wochen die Augen der Welt auf die Passerstadt.

Die Verwaltungs- und Industriestadt Bozen bemüht sich in den letzten Jahren immer mehr um Kultur. Konnte in früheren Jahren nur mit dem Bindertanz anlässlich der 1948 ins Leben gerufenen Bozner Mustermesse sowie mit dem »Ferruccio-Busoni«-Pianistenwettbewerb (erstmals 1948) aufgewartet werden, so gibt es seit vielen Jahren einen Bozner Sommer mit Ballett, Theater und Konzerten. In Brixen und Meran sind ähnliche Bemühungen zu verzeichnen. In Neumarkt im Unterland werden seit 1969 jährlich Freilichtspiele angeboten. Noch älter ist am Ritten die Tradition der Freilichtspiele in Lengmoos/Klobenstein. Im Pustertal gibt es seit 1980 die Gustav-Mahler-Wochen.

Über die Entwicklung der Bettenzahl sowie der Übernachtungen liegen erst seit 1953 genaue statistische Daten vor. Gab es 1953 erst 24.500 Betten im Gastgewerbe (ohne Privatzimmervermieter), so zählte man 1988 fast 150.000 Betten. 1950 registrierte man 109.127 Übernachtungen, 1988 wurden 24,3 Millionen verzeichnet, heute ca. 28 Millionen. Rangierten 1950 noch die Italiener an erster Stelle, so gab es 1954 erstmals mehr Übernachtungen von Ausländern. Diese Entwicklung ging konstant weiter. Liegen die Urlauber aus der Bundesrepublik Deutschland zahlenmäßig auf Platz eins, so kommen gleich an zweiter Stelle die Österreicher und an dritter Stelle die Schweizer.

Interessant ist auch die Verteilung des Touristenstroms auf die verschiedenen Südtiroler Täler: Das Burggrafenamt und das Pustertal mit dem Abteital verbuchen 53 Prozent des Gesamtanteils der Übernachtungen, gefolgt vom Salten/Schlern, zu dem auch noch das Grödental zählt. Im Unterland und im Vinschgau ist der Fremdenverkehr nicht so ausgeprägt.

Mitten im weltberühmten Kletter- und Wanderparadies der Dolomiten: die Drei Zinnen, links der Paternkofel.
In the midst of the world famous climbing and hiking paradise of the Dolomites: the Three Peaks, Mount Paterno to the left.

Wintervergnügen im Gebiet des Karerpasses.
Winter fun in the Passo di Costalunga region.

Holidays in South Tyrol
The developments in tourism after 1945 in South Tyrol, which was now under Italy's jurisdiction, Äôs jurisdiction, were very similar to that of North and East Tyrol. The early dominance of a few tourist and spa resorts came to an end during the 1950s and South Tyrol could be described as a classic holiday destination. The choice offered to summer and winter holidaymakers is wide and of high quality, with the added advantages of an agreeable southern climate, the apple blossom, the wine, the many castles and world famous art treasures. The classic ski resorts include Val Gardena, Alpe di Suisi and Val Senales with its glacier. The Ski World Championships were held in Val Gardena in February 1970. The first Bobsledding World Championships on an artificial track took place in 1971 in Olang in Val Pusteria. The Ahrntal Valley established itself as a biathlon centre of excellence and was host to several world championships. The administrative centre and industrial city of Bolzano has strived in recent years to cultivate its cultural sector. 24.3 million overnight stays were registered in 1988. Tourists from the Federal Republic of Germany topped the rankings, followed by the Austrians, Swiss and then the Italians.

Paragraphen, Büros, Manager

Die gewaltige Aufbauleistung im Fremdenverkehr nach dem Krieg ist in erster Linie beherzten Unternehmern und der Tätigkeit der Fremdenverkehrsverbände und Verkehrsbüros zu danken, die ihre durch den Krieg unterbrochene Arbeit wieder aufnahmen, da und dort auch neu gegründet wurden. In den 1950er Jahren wurde fast überall die Einrichtung eines ständig besetzten Sekretariats notwendig, dessen Leitung vielfach nicht mehr ehrenamtlich durch den jeweiligen Obmann erfolgen konnte. So gab es in den größeren Orten bald Geschäftsführer oder Fremdenverkehrsdirektoren.

Zwei Plakate, ungefähr aus derselben Zeit (Anfang der 1970er Jahre), zeigen die unterschiedlichen Auffassungen von Werbung, auch die Bandbreite der angewendeten stilistischen Mittel (Plakat »Ehrwald« von Stephan Seilern, Plakat »Tirol« von Ernst Insam).

Two posters from the same period (early 1970s), demonstrate the differing advertising concepts as well as the scope of style techniques used ("Ehrwald" poster by Stephan Seilern, "Tirol" poster by Ernst Insam).

TIROL

Diese mussten mit ihren Mitarbeitern nicht nur für die Werbung und Koordinierung aller Förderungs- und Aufbaumaßnahmen sorgen, das Verkehrsbüro hatte als Anlauf- und Auskunftsstelle auch die Gäste zu betreuen.

Für großzügigere Werbeaktionen und eine sinnvolle Erweiterung der Infrastruktur (Hallenbäder, Erschließung neuer Skigebiete) war die Zusammenarbeit mehrerer örtlicher Verkehrsverbände notwendig. Tal- und Regionalverbände sowie Werbegemeinschaften oder Arbeitskreise der Fremdenverkehrsverbände einer bestimmten Gegend waren das Gebot der Stunde und wurden nach und nach in allen Landesteilen gebildet.

Auf Landesebene waren das Landesverkehrsamt (ab 1963 Landesfremdenverkehrsamt) und seine angeschlossenen Betriebe wie das Tiroler Landesreisebüro und die Tiroler Fremdenverkehrswerbung seit 1945 wieder tätig, ebenso ein provisorischer Tiroler Landesverkehrsrat als beratende Körperschaft. Mit dem Landesfremdenverkehrsgesetz von 1949 baute man auf die Organisationsstruktur und die gesetzlichen Bedingun-

Werbeaktionen der Osttiroler und der Zillertaler in München und in Saarbrücken.
Advertising campaign by East Tyrol and the Zillertal Valley in Munich and Saarbrücken.

gen der Zwischenkriegszeit auf. Die Verkehrsvereine wurden wieder Körperschaften öffentlichen Rechts, das Landesverkehrsamt eine Dienststelle im Amt der Tiroler Landesregierung. Auch der aus Pflichtbeiträgen gespeiste Fremdenverkehrsförderungsfonds wurde wieder errichtet.

Im Jahr 1964 wurde das Tiroler Landesreisebüro samt seinen Filialen aus der Verwaltung des Landesfremdenverkehrsamtes ausgeschieden. Im Rahmen einer weiteren Umstrukturierung wurde 1976 das Landesfremdenverkehrsamt in der bisher bestehenden Form praktisch aufgelöst und in eine »Abteilung II c« des Amtes der Tiroler Landesregierung einerseits und die Tiroler Fremdenverkehrswerbung andererseits geteilt. Diese hatte unter der Leitung eines Landesfremdenverkehrsdirektors alle wirtschaftlichen Aufgaben wahrzunehmen, während sich die Abteilung II c des Amtes der Landesregierung mit der Einhebung der Fremdenverkehrsbeiträge, der Aufsicht über die Fremdenverkehrsverbände und mit verschiedenen gesetzlichen Belangen befassen sollte. Landesfremdenverkehrsdirektor waren von 1976 bis 1982 Dr. Adolf Lässer und danach Dr. Andreas Braun.

Mit dem Tourist World Cup ausgezeichnete Plakatserie des Lienzer Grafikers Reinhard Gruber.
The excellent poster series by Reinhard Gruber, a graphic artist from Lienz, was awarded with the Tourist World Cup.

Mit 1. Jänner 1989 begann ein neuer Abschnitt in der Geschichte der Landesorganisation des Tiroler Fremdenverkehrswesens, da entsprechend der tatsächlichen Aufgabenstellung und der Erfordernisse des Managements die Tiroler Fremdenverkehrswerbung in einen privatwirtschaftlichen Verein mit dem Titel Tirol-Werbung umgewandelt wurde, womit man im Übrigen genau nach 100 Jahren zur Idee der Gründerzeit zurückkehrte. Die »Verbeamtung« durch das Landesfremdenverkehrsgesetz von 1911 war von vielen erfahrenen Tourismusfachleuten bedauert worden.

Die Übernahme eines Teils der Aufgaben einer Landesorganisation des Fremdenverkehrs durch ein Amt der Landesregierung hatte allerdings auch Vorteile und wurde beibehalten. Dazu kam, dass seit der Gründung einer Sektion Fremdenverkehr in der Tiroler Handelskammer andere wichtige Aufgaben abgedeckt waren. Besonders bewährt haben sich auch die Gründung eines eng mit der Handelskammer verbundenen Instituts für Verkehr und Tourismus sowie die Zusammenarbeit mit dem Wirtschaftsförderungsinstitut (WIFI) der Tiroler Handelskammer. Die

Berufsausbildungs- und Beratungstätigkeit des WIFI war für die Weiterentwicklung des Tiroler Fremdenverkehrs von entscheidender Bedeutung, ebenso die zahlreichen im In- und Ausland durchgeführten Ausstellungen und Präsentationen.

Die politische Verantwortung für den Fremdenverkehr in Tirol obliegt dem zuständigen Referenten in der Tiroler Landesregierung und dem 1953 erstmals gebildeten Fremdenverkehrsausschuss des Tiroler Landtages, der die gesetzlichen Bestimmungen für diesen Wirtschaftszweig entsprechend den Erfordernissen der Zeit mehrmals erneuerte. 1963 wurde ein neues Tiroler Fremdenverkehrsgesetz geschaffen, das mit mehreren Novellierungen bis heute in Kraft ist. Auch andere Gesetze regeln Bereiche, die den Fremdenverkehr unmittelbar betreffen, wie das Raumordnungsgesetz, das Naturschutzgesetz, das Campingplatz-Gesetz, das Skischulgesetz, die Tiroler Berg- und Skiführerordnung, die Regelung des Fremdenführerwesens usw. Die Tirol-Werbung dient der Landesregierung als sachverständige Stelle zur Bewältigung ihrer tourismuspolitischen Agenden.

Der Fremdenverkehr oder, wie man sagt, der Tourismus war im Jubiläumsjahr 1989 längst zum wichtigsten Standbein der Tiroler Wirtschaft geworden. Dass sich die Zahl der Gäste und der Nächtigungen in vier Jahrzehnten um das Zwanzigfache gesteigert hat und selbst von 1959 bis 1989 auf das Vierfache angestiegen ist, nämlich von 10 auf 40 Millionen Nächtigungen, ist als Gemeinschaftsleistung aller im Tourismus Tätigen zu verstehen. Es war ein Erfolg privater Initiativen im Gastgewerbe, der Bemühungen um einen entsprechenden Ausbau der Infrastruktur und des Angebots durch örtliche und regionale Verbände und es ist ein Beweis für die Qualität der Werbung auf den verschiedenen Ebenen. Einfallsreiche Aktionen mancher Orte haben ebenso großes Presseecho im In- und Ausland gefunden wie landesweite Initiativen. Zwar lässt sich der Erfolg einer Werbung am besten in der Statistik ablesen, doch ist es immerhin bemerkenswert, dass verschiedene Plakate und Prospekte aus Tirol mit internationalen Preisen bedacht worden sind. So rollte die begehrte »Goldene Reisekutsche« gleich mehrmals nach Tirol.

Aber auch andere Bemühungen fanden sichtbare Auszeichnung durch Preise und Medaillen: So kann man da und dort stolz sein auf das Tiroler Pistengütesiegel, auf Preise im Blumenschmuckwettbewerb, auf vorderste Plätze im Wettbewerb um das schönste Dorf Österreichs, um »Hauben« und andere gastronomische Spitzenbewertungen einzelner Restaurants usw. Auch einen Prominenten als Stammgast zu haben oder zumindest für einen einmaligen Urlaub empfangen zu können, gehört zu den Auszeichnungen, auf die ein Tiroler Fremdenverkehrsort stolz ist – und mit denen man wieder werben kann. Tatsächlich suchen immer wieder berühmte Leute in Tirol Erholung und Entspannung, und dies nicht nur im Jet-Set von Seefeld, Kitzbühel oder St. Anton.

Eine der Trophäen, die »Goldene Reisekutsche«, mit denen Tiroler Werbeideen ausgezeichnet wurden.
The "Golden Reisekutsche", one of the trophies awarded to Tyrolean advertising.

Eine völlig neue Werbelinie bestimmte Ende der 1980er Jahre eine Serie von schwarzweißen Fotoplakaten. Am berühmtesten und vielfach ausgezeichnet wurde das Plakat mit dem von Peter Manninger inszenierten und fotografierten Weihnachtsmotiv.
A completely new line of advertising dominated the end of the 1980s, with a series of black and white posters. The most famous and award winning poster was the Christmas motif designed and photographed by Peter Manninger.

Legal paragraphs, offices and managers

The outstanding achievements in developing tourism after the war were primarily due to the determined efforts made by various entrepreneurs, tourist boards and transport offices. The establishment of permanently manned administration offices became necessary in the 1950s and business managers and tourism directors were soon employed in the larger towns. It was necessary to work in conjunction with local transport associations for widespread advertising campaigns and expansion of the infrastructure. The Tourist Association was also active again at a national level from 1945. A new chapter in the history of national tourism organisation began on 1st January 1989, when the promotion of Tyrolean tourism was transferred to a private sector organisation, which bears the name, Tirol-Werbung (Tyrol Tourism Promotion). Some functions were also assumed by a provincial government office. Tourism has long been the most important pillar of the Tyrolean economy. The number of visitors and overnight stays has increased twenty-fold in the last four decades, from 10 to 40 million overnight stays.

Der Traum vom Fliegen.
The dream of flying.

Canyoning ist Abenteuer zwischen Wasser und Fels.
Canyoning is an adventure in the midst of water and rock.

Auch Freizeit geht mit der Zeit

Im Tourismus muss man sich immer etwas Neues einfallen lassen. Vor allem das junge Publikum sucht neue Freizeitangebote und Aktivitäten in modischen Trends. Dies haben Tirols Tourismusmanager erkannt und bieten entsprechende Geräte, Kurse und Gruppenunternehmungen an, die interessierten Urlaubern die Bekanntschaft mit neuen Trends der sportlichen Freizeitgestaltung ermöglichen. Irgendwann, so in den 1980er Jahren, taten es im Winter die besten Skier auf den wohlpräpariertesten Pisten nicht mehr allein, da sorgten Monoski, Snowboard und Swingbo für Abwechslung und einen Riesenspaß. Das Snowboard ist geblieben, anderes verschwand, machte neuen Sportgeräten Platz. Inzwischen sind bei vielen Winterurlaubern wieder Ruhe und beschauliches Naturerlebnis angesagt. Das Schneeschuhwandern entspricht diesem Trend.

Kitesurfen am Achensee.
Kite surfing at Lake Achensee.

Im Sommer sucht man's vor allem abenteuerlich. Auf das Drachenfliegen folgte das Paragliding, dem Wildwasserpaddeln das Rafting in großen Schlauchbooten und das Canyoning, ein gesichertes Klettern und Abseilen zwischen Wasser und Fels. Gesurft wird nicht mehr nur am Meer, sondern auch auf den Tiroler Seen, besonders der Achensee bietet dafür die besten, weil windigen Voraussetzungen. Letzter Schrei ist das Kitesurfen, bei dem ein vorgespanntes Segel dafür sorgt, dass das Surfbrett kaum mehr das Wasser berührt. Irgendwann in den letzten Jahrzehnten des 20. Jahrhunderts bekam das gute alte Fahrrad Konkurrenz durch das Mountainbike, das inzwischen aus einem Tirol-Urlaub nicht mehr wegzudenken ist. Ob man mit einem dieser zu Wundermaschinen gewordenen Vehikel von Alm zu Alm fährt oder sich auf eigens angelegten Trails ins Tal stürzt, Tirol bietet hunderterlei Möglichkeiten. Und sie werden genützt.

Wer braucht schon eine Piste?
Who needs a groomed piste?

Schneeschuhwandern durch unberührte Winternatur gewinnt immer mehr Anhänger.
Snowshoeing through untouched winter landscapes is growing in popularity.

Ans Freiklettern in senkrechten Wänden, das Freeclimbing, werden sich wohl nur wenige Urlauber wagen können, das muss zuerst erlernt und geübt werden, wie auch das Eisklettern über zugefrorene Wasserfälle. Dann könnte es freilich jene Selbstbestätigung und jene Erfüllung von Abenteuerträumen bringen, die vor allem der junge Mensch auch im Urlaub sucht. Die Möglichkeit zur Ausübung all dieser neuen Sportarten hat jedenfalls den Anteil jugendlicher Gäste in Tirol steigen lassen.

Even leisure moves with the time

You always have to think of something new in tourism. Young audiences in particular are constantly on the look-out for new and fashionable leisure activities. They like to experience exclusive and thrilling adventures. Tyrol's tourism managers have recognised this thirst for new experiences and provide the appropriate equipment, expert courses and group activities. The opportunity to try out new sports has definitely played a decisive factor in increasing numbers of young people choosing Tyrol as their holiday destination.

Nächste Doppelseite: Am Single-Trail hoch über Innsbruck.
Next two pages: along a single-trail high above Innsbruck.

Innsbruck – auch eine Kulturstadt. Die gut erhaltene Altstadt (Blick nach Westen) stammt aus spätgotischer Zeit.
Innsbruck – is also a cultural city. The well preserved old town (looking westwards) dates from the late Gothic period.

Seele und Kultur

Dass der Urlaub nicht nur für den Körper, sondern auch für die Seele da ist, ist eine alte Erkenntnis. Der Trend zum ausgesprochenen Kulturtourismus begann sich jedoch eher spät bemerkbar zu machen. Zwar gab es leidenschaftliche Festspielbesucher, seit diese Art von musikalischen Veranstaltungen angeboten und beworben wird, und ausgedehnte Besichtigungsprogramme von Kunstschätzen, Museen und historischen Sehenswürdigkeiten gehörten seit jeher zum Programm mancher Reisender. Doch die große Mehrheit der Touristen war in erster Linie an Natur und Entspannung, viele auch an Sport interessiert, vor allem wenn ein Bergland wie Tirol als Urlaubsziel gewählt wurde. Da und dort ein Konzert, eine Schlossbesichtigung, der Besuch von Kirchen und Klöstern, ein Einkaufsbummel in der nächstgelegenen Stadt – all das war angenehme Abwechslung im üblichen Tagesablauf der Ferien oder ein Schlechtwetterprogramm, aber

Die »Madonna von Pfons« (um 1380), eines der Meisterwerke der Gotiksammlung des Tiroler Landesmuseums Ferdinandeum.
The "Madonna of Pfons" (c. 1380), one of the masterpieces of the Gothic art collection at the Tiroler Landesmuseum Ferdinandeum in Innsbruck.

Apostelgruppe aus den spätromanischen Fresken der St. Nikolaus-Kirche von Matrei in Osttirol (um 1270).
Group of Apostles from the late Romanesque frescoes at St. Nicholas Church in Matrei, East Tyrol.

nicht entscheidend für die Wahl des Reiseziels. Das wurde im letzten Drittel des 20. Jahrhunderts zunehmend anders. Die Attraktivität eines Urlaubslandes wurde von einem steigenden Prozentsatz der Gäste daran gemessen, welches Kulturprogramm geboten wird, und immer mehr wurden es, die eigens wegen kultureller Veranstaltungen anreisten. Das hängt auch mit dem Anstieg der Kurzurlaube und mit der Beliebtheit von Städtereisen zusammen, bei denen Kunstschätze, Ausstellungen und die Kultur insgesamt eine große Rolle spielen.

Nun hat Tirol auf diesem Sektor einiges zu bieten. Auch ohne den unvergleichlichen Reichtum des 1918 verloren gegangenen Südtiroler Kulturraumes bleiben genügend Kirchen und Klöster, Burgen und Schlösser zu besuchen, können Fresken aus (fast) allen Epochen der Kunstgeschichte bestaunt und studiert werden, gibt es museale Sammlungen und wechselnde Ausstellungen von großer Attraktivität. An erster Stelle ist sicher das Tiroler Landesmuseum Ferdinandeum mit seiner reichen Gotik-Sammlung zu nennen. Oder das Schloss Ambras mit den freilich seit zweieinhalb Jahrhunderten stark reduzierten Sammlungen des Tiroler Landesfürsten Ferdinand II., der dort seine »Kunst- und Wunderkammer« als eines der ersten Museen Europas eingerichtet hat. Wären noch das Tiroler Volkskunstmuseum sowie das Tirol-Panorama am Bergisel mit dem Riesenrundgemälde der dort 1809 stattgefundenen Schlacht gegen die bayerischen Besatzer. Und die vielen Heimatmuseen kleinerer Städte und Orte, die durchaus einen Besuch wert sind, etwa – um nur zwei Beispiele zu nennen – Schloss Bruck in Lienz mit der großen Egger-Lienz-Galerie oder das Heimatmuseum Kitzbühel, das nicht nur Interessantes zur Skigeschichte zu bieten hat, sondern zu einem guten Teil dem heimischen Künstler Alfons Walde gewidmet ist.

»Festspiele« hat Tirol zwar erst in jüngster Zeit zu bieten, doch gibt es seit Jahrzehnten ein vielseitiges Angebot an kulturellen Veranstaltungen kleinerer Art oder ganzer Veranstaltungsreihen. Das Besondere daran ist, dass sich diese Aktivitäten kontinuierlich über das ganze Jahr verteilen und nicht nur für den Tourismus, sondern in erster Linie für die Einheimischen gedacht sind. Der Gast wird somit in das kultu-

Das neue Tirol-Panorama am Bergisel mit Panoramablick auf Innsbruck.
The new Tyrolean panorama at Bergisel, with breathtaking views over Innsbruck.

relle Leben seines Urlaubslandes integriert, was als Vorzug betrachtet werden sollte. Die Aufführungen der vielen Volksbühnen im ganzen Land etwa ermöglichen ein spezifisch tirolisches Kulturerlebnis. Die professionell aufgezogenen sommerlichen Volksschauspiele in Telfs, wo auch Uraufführungen zeitgenössischer Volksstückautoren gebracht werden, sind wieder ganz etwas anderes. Oder das Tiroler Landestheater, das von Ende September bis Anfang Juli einen reichhaltigen Spielplan ohne tirolische Note bietet. Sommerliche Freilichtspiele an einigen, meist historischen Orten – lange Tradition haben zum Beispiel die Rattenberger Schlossbergspiele – ergänzen sinnvoll das Theaterprogramm.

Was die verschiedenen musikalischen Veranstaltungen betrifft, so reicht der Bogen von Platzkonzerten der dörflichen Musikkapellen, die durchaus nicht nur

Blick in die Egger-Lienz-Galerie des Museums der Stadt Lienz auf Schloss Bruck.
A glimpse of the Egger-Lienz Gallery in the Museum of the City of Lienz at Schloss Bruck.

Eine Opernaufführung der Innsbrucker Festwochen der Alten Musik, ein Pflichttermin für Kulturtouristen.
An opera performance at the Innsbruck Festival of Ancient Music is a real must for cultural tourists.

Ihr zehnjähriges Bestehen feierten die Volksschauspiele Telfs mit einem Plakat von Chryseldis.
Telfs Folk Theatre celebrated their tenth anniversary with a poster by Chryseldis.

Marsch- und Volksmusik beherrschen, über Jazz und Pop bis zum Symphoniekonzert und zur Kammermusik. Von prominenten Künstlern dargeboten und im stimmungsvollen historischen Rahmen eines Klosters oder einer Burg aufgeführt, können solche Veranstaltungen durchaus zum ständigen Programmpunkt des internationalen Kulturtourismus werden.

Die längste Tradition in dieser Hinsicht haben die Ambraser Schlosskonzerte in Innsbruck, die – dem Aufführungsort gemäß – der Musik bis zur frühen Klassik, also der so genannten »Alten Musik« gewidmet sind. Das Schloss Ambras, die Residenz in der Stadt und die Kirchen und Klöster waren ja zu Zeiten des Tiroler Landesfürsten Ferdinand II. in der zweiten Hälfte des 16. Jahrhunderts und seiner Nachfolger bis 1665 ein Zentrum der europäischen Musikpflege. An diese Tradition hat man wieder angeknüpft. Organisch aus dieser Veranstaltungsreihe hervorgewachsen ist die »Internationale Sommerakademie für Alte Musik«, die Studierende aus der ganzen Welt besuchen, und wiederum daran anschließend und organisatorisch sowie inhaltlich damit verbunden sind die »Festwochen der Alten Musik« mit Konzerten und Opernaufführungen von allerhöchstem Niveau und beispielhaftem Charakter.

Die aus der Renaissance stammende Ebert-Orgel in der Innsbrucker Hofkirche.
The Ebert organ at Innsbruck Hofkirche Church dates back to the Renaissance period.

Für viele die schönste Sportanlage der Welt: Die Sprungschanze am Bergisel von Zaha Hadid.
For many this is the most beautiful sports facility in the world: the Bergisel Ski Jump designed by Zaha Hadid.

Moderne Architektur für Theater und Musik, zwischen Kufstein und der deutschen Grenze in die Landschaft komponiert: links das 1959 errichtete Haus für die im Abstand von fünf Jahren stattfindenden Erler Passionsspiele und rechts das 2012 eröffnete Festspielhaus der Tiroler Festspiele Erl.
Modern architecture for theatre and music blends aesthetically in the countryside between Kufstein and the German border: left, the building created in 1959 for the Erler Passion Play which is performed every five years and right, the Festspielhaus, which opened in 2012 and is home to the Tyrolean Festival Erl.

Ohne den Titel »Festspiele« gewählt zu haben, hat Innsbruck mit dieser konzentrierten Pflege der Alten Musik Weltgeltung erlangt. Internationalen Ruf haben auch die Innsbrucker Orgeln, die regelmäßig in Konzerten erklingen. Die Tiroler Landeshauptstadt ist reich an hervorragenden Exemplaren dieser Königin der Instrumente, am berühmtesten ist die Ebert-Orgel in der Hofkirche (1555–1558).

Apropos Festspiele. Seit 1997 gibt es auch in Tirol eine musikalische Veranstaltungsreihe, die sich mit diesem Titel schmückt und ihn ob der Qualität der Ausführungen und dem künstlerischen Stempel, den ihr sein Gründer und Leiter Gustav Kuhn aufdrückt, auch verdient, die Tiroler Festspiele Erl. Seit einigen Jahren haben die bisher im Haus der traditionsreichen Passionsspiele Erl untergebrachten Festspiele sogar ein eigenes Festspielhaus, das wie das benachbarte Passionsspielhaus (entworfen 1959 von Robert Schuller) architektonische Maßstäbe setzt (Delugan Meissl Associated Architects, 2010–2012).

Überhaupt ist die moderne Architektur in Tirol – sowohl die der 1920er und 1930er Jahre als auch die zeitgenössische – mit genügend ausgezeichneten und in den Fachzeitschriften der ganzen Welt vorgestellten Objekten vertreten, um speziell interessierte Gäste einige Tage lang vollauf beschäftigen zu können.

Der grasbewachsene Riese von Wattens bewacht den Eingang zu den von André Hellers erdachten Kristallwelten.
The grass covered giant of Wattens guards the entrance to the Crystal Worlds, designed by André Heller.

Namen wie Zaha Hadid (Bergiselschanze, Hungerburgbahn) und Dominique Perrault (Innsbrucker Rathausgalerien), aber auch zahlreiche einheimische Baukünstler von internationalem Ruf bürgen für Qualität und das Besondere.

Die meistbesuchte Sehenswürdigkeit Tirols – und sogar österreichweit an der Spitze des Publikumsinteresses – sind die Kristallwelten der Firma Swarovski in Wattens, eine vom Tausendsassa der österreichischen Kulturszene André Heller geschaffene Kunst- und Wunderkammer unserer Zeit. Nicht weit von Wattens kann man im Museum der Völker einen Blick weit außerhalb Tirols werfen und sich in die Welt des Buddhismus und an magische Orte Afrikas versetzt fühlen.

Sicher, ein Zoo ist kein Museum, dennoch muss auch der Innsbrucker Alpenzoo genannt werden, wenn es um Kulturstätten Tirols und ihre Bedeutung für den Tourismus geht. 1962 gegründet, zählte man bereits zehn Jahre später 250.000 Besucher jährlich, unter denen ganz gewiss, wenn auch nicht gezählt, viele Besucher von auswärts waren. Immerhin kann man hier die Tierwelt des Alpenraums erleben, auch aus Tirol längst verdrängte Arten wie den Bären, den Luchs oder den Wisent. Im Blick auf die Großstadt Innsbruck im Tal unten einen Steinbock über Felsen klettern zu sehen und dem imponierenden Tier ganz nahe zu sein, ist wahrlich ein einzigartiges Erlebnis.

Soul and culture

It has long been known that holidays are not just good for the body, but also for the soul. The trend towards more cultural tourism, however,emerged later on. Tyrol has much to offer in this respect: not only churches, castles and frescoes from (almost) all periods of art history, but also incredibly attractive museum collections. Most notable is the Tyrolean State Museum Ferdinandeum with its splendid collection of Gothic art. In the field of music, the "Festival Weeks of Ancient Music" has gained international recognition with its top class concerts and exemplary operatic performances. The Tyrolean Festival Erl has also been held since 1997, and performed in a purpose built "Festspielhaus" since 2012 – an extraordinary piece of modern architecture. Contemporary architecture is, in fact, very well represented in Tyrol with enough interesting objects to keep architecture fans amused for a number of days. Tyrol's most visited attraction, the Swarovski Crystal Worlds in Wattens, was designed by the multi-talented Austrian artist, André Heller and is home to contemporary chambers of wonder. And when it comes to Tyrol's cultural heritage and its importance for tourism, the Innsbruck Alpine Zoo is also worth a mention.

Begegnung über der Stadt Innsbruck: Neugierige Steinböcke im Alpenzoo.
Encounters above the city of Innsbruck: inquisitive ibex mountain goats in the Alpine Zoo.

Erste Informationsbroschüre des 1962 gegründeten Innsbrucker Alpenzoos.
The first information brochure for Innsbruck Zoo (founded in 1962).

Hier gehört das Zuschauen mit zum Brauch: Die tanzenden Hexen beim Schellerlaufen in Nassereith.
Watching this spectacle is all part of the tradition: dancing witches during the "Schellerlaufen" procession in Nassereith.

Tourismus und Brauchtum

Seit es Tourismus gibt, seit Menschen reisen und sich zeitweise in einem fremden Land unter Leuten mit anderer Kultur, anderen Gewohnheiten und Lebensweisen aufhalten, stellt sich die Frage, wie weit sie an den Bräuchen des Gastlandes teilnehmen können und wie man mit den sich daraus ergebenden Problemen umgeht. Denn natürlich ist es für die meisten Touristen reizvoll, altes Brauchtum mitzuerleben, das andererseits seinen Platz im Familienkreis, in der dörflichen Gemeinschaft, im kirchlichen Raum hat und – wenn echt empfunden und von Tradition oder Glauben getragen – sich nicht als touristische Attraktion eignet. Doch niemand wird bestreiten, dass die meist sehr bunten und auch sonst sinnfälligen Äußerungen der überlieferten Volkskultur mit ihrer barocken Prunkentfaltung, mit Fahnen, Schützen und Musik eine große Anziehungskraft auf die Gäste des Landes ausüben und deshalb zu einem wichtigen Werbefaktor werden können.

Roller und Scheller beim Schemenlaufen in Imst.
"Roller" and "Scheller" during the Schemenlaufen procession in Imst.

Diese Maske hat vier Gesichter, jedes eine Jahreszeit symbolisierend.
This mask has four faces, each symbolising a season.

In den 1980er Jahren sorgte die Aufnahme der Fronleichnams- oder einer anderen Prozession in den Veranstaltungskalender örtlicher Tourismusbüros mehrmals für Unmut und Proteste von Gläubigen, die dies als Missbrauch empfanden. Das Problem ist bei jenen Bräuchen kleiner bis gar nicht existent, die seit jeher vor Zuschauern stattfinden, wo sozusagen das Zuschauen zum Brauch gehört, was man vor allem von den diversen Fasnachtstraditionen sagen kann. Zum Schemenlaufen in Imst, dem Schellerlaufen in Nassereith, zu den Mullern in den Innsbrucker Nachbardörfern, zum Blochziehen in Wenns oder dem Wampelerreiten in Axams – um nur einige der bekanntesten zu nennen – kommen Leute aus nah und fern, auch Urlauber und extra Angereiste, um diese schönen, noch nicht kommerzialisierten Bräuche zu sehen.

Heikler ist es bei Bräuchen intimeren Charakters. Der frühere Landesfremdenverkehrsdirektor Dr. Andreas Braun hat einmal die von vielen als ketzerisch empfundene Äußerung gemacht, es sei nichts dagegen einzuwenden, wenn man Bräuche eigens für Touristen inszeniert. Man müsse den touristischen Charakter derartiger Veranstaltungen nur ehrlich zugeben, dürfe nicht so tun, als sei das jetzt gelebtes echtes Brauchtum, und vor allem müsse es gut und professionell gemacht sein. Damit werde verhindert, dass die im Grunde intimen Ausdrucksformen einer noch sehr lebendigen

Von Zuschauermassen umringt: Die tanzenden Hexen beim Schellerlaufen in Nassereith.
Surrounded by crowds of spectators: dancing witches during the "Schellerlaufen" procession in Nassereith.

und vielfach gepflegten traditionellen Volkskultur vom Tourismusgeschäft erdrückt werden.

Zwei Veranstaltungsformen können für diese Gedanken als Beispiele dienen. Was die landauf, landab veranstalteten Adventsingen betrifft, besteht das Publikum nur in Ausnahmefällen hauptsächlich aus Touristen, in der Regel überwiegen die einheimischen Zuhörer. Ihnen wird meist von zwei, drei Gruppen echte Volksmusik geboten, auch werden zum Advent passende Gedichte und Geschichten vorgelesen. Natürlich ist das inszeniert, aber Niveau und Qualität sind hoch, Vorweihnachtsstimmung wird nicht künstlich erzeugt, sondern entsteht aus tief verwurzelter Tradition. Dem Urlaubsgast wird nichts vorgemacht, er wird unaufdringlich ins Geschehen einbezogen und lernt ein Stück Tiroler Lebensart und Festkultur kennen.

Die andere Veranstaltungsform, die hier erwähnt werden muss, ist der Tiroler Abend. Seit den Urzeiten des Fremdenverkehrs gab es Schauvorführungen alter Tänze für die Touristen. Vielfach wurden aber neue, wirkungsvollere Formen für diesen Zweck erst entwickelt und haben mit überliefertem Kulturgut nichts zu tun. Vom Schuhplatteln, von Liedern und Jodlern ist Ähnliches zu sagen. Die »Tiroler Abende« haben sich dem vermeintlichen Geschmack der Gäste angepasst und gaben bald ein völlig falsches Bild von Brauchtum und Volkskultur in Tirol. Von den schlechten Witzen und Zoten ganz abgesehen. In den 1960er und 1970er Jahren setzten intensive Bemühungen ein, in diesem Bereich ärgste Missstände auszumerzen. Wer Veranstaltungen unter dem zugkräftigen Titel »Tiroler Abend« anbot, ob von Hotel zu Hotel ziehend oder auf der Bühne eines Saales mit Ausschank, musste sich strenger Kontrollen einer Fachkommission unterziehen. Geändert hat sich dadurch auf Dauer kaum etwas, wie allein schon die Fotos beweisen, die man im Internet zu sehen bekommt.

Dem Liebhaber lebendiger Volkskunst bietet das Erlebnis der Trachten und alten Bräuche mit den dabei verwendeten Masken, Kleidungen, Statuen und verzierten Utensilien reiches Anschauungsmaterial. Volkskunst aus früheren Jahrzehnten und Jahrhunderten gibt es in den vielen örtlichen Heimatmuseen und im weltberühmten Innsbrucker Volkskunstmuseum zu bewundern.

Bei einem Tiroler Abend ist wenig wirklich authentisch.
Not everything during a Tyrolean Evening is truly authentic.

Anschauungsmaterial zu Trachten und reich verzierten bäuerlichen Geräten bietet das Tiroler Volkskunstmuseum in Innsbruck.
Illustrative material on costumes and lavishly decorated farming equipment at the Museum of Tyrolean Folk Art in Innsbruck.

Ursprüngliche Volksmusik
bei einem Adventsingen.
Authentic folk music
at a carol singing event.

Tourism and tradition

During the 1980s, the inclusion of the Corpus Christi and other religious processions in the local tourist board event calendar caused anger and unrest with devout Catholics, who perceived this as abuse of their religion. This is less of a problem for customs where spectators have always taken part, which applies in particular to the various traditions surrounding carnival time. A positive example of the interaction between tourism and tradition is the Advent singing performed across the country. Audiences are generally made up of many tourists, who can enjoy genuine folk music performed by two or three groups of singers. The quality and standards are high and the Christmas spirit is not created artificially, but based on deep-rooted tradition. Since the earliest days of tourism, demonstrations of traditional dances have been performed for visiting tourists. In many cases, however, this involves a more dramatic and show-worthy form of the original dance and has little left in common with cultural folklore. The traditional "Tyrolean Evenings" adapted to the supposed tastes of the guests and gave a completely misleading image of tradition and folk culture, which still holds true to this day.

Kongresse im Herzen der Alpen

Einen nicht unwesentlichen Faktor im modernen Tourismus stellt der Kongresstourismus dar, was im Grunde paradox ist, denn Kongressteilnehmer kommen ja nicht zur Erholung, sondern leisten während ihres Aufenthaltes harte Arbeit. Doch es sind Gäste im Land, die Hotels und Gastbetriebe in Anspruch nehmen und auch sonst die Wirtschaft beleben.

Dem internationalen Trend einer sprunghaft zunehmenden Zahl von Kongressen Rechnung tragend, plante man in Innsbruck schon in den 1960er Jahren die Errichtung eines Kongresshauses. 1973 konnte diese Idee von einer Gesellschaft, an der sich die Stadt Innsbruck, das Land Tirol, die Tiroler Handelskammer und der Fremdenverkehrsverband Innsbruck-Igls beteiligten, verwirklicht werden. Mit dem modernen Kongresshaus am Nordrand der historischen Altstadt wurden die nötigen Voraussetzungen geschaffen, Kongresse aller Art und aller Größen nach Innsbruck

Von Anfang an wurde in Innsbruck neueste Kongresstechnik angeboten (Foto aus den 1970er Jahren) und viel Fantasie in die Werbung investiert.
From the very beginning, Innsbruck offered the latest conference technology (photo from the 1970s) and a great deal of imagination was invested in its promotion.

Im großen Saal Tirol des Innsbrucker Kongresshauses.
The large "Tirol" Hall at Innsbruck's Congress Centre.

zu holen. Der Erfolg ließ nicht lange auf sich warten, was einer zielstrebigen Werbung, einem fachkundigen Führungsteam des Hauses, der günstigen Lage Innsbrucks und sicher auch der touristischen Attraktivität Tirols gleichermaßen zu verdanken ist. 1995 wurde das Haus großzügig erweitert.

Das aus dem ehemaligen Kurhaus hervorgegangene Kongresszentrum in Igls wurde 1979 als »Congress Igls« von der Innsbrucker Kongresshausgesellschaft übernommen und in ihr Raumangebot mit einbezogen. 2004 wurde das inzwischen in Congress Innsbruck GmbH umbenannte Unternehmen mit der Messe Innsbruck GmbH zur Congress und Messe Innsbruck GmbH zusammengeschlossen, was die Nutzung weiterer Synergien möglich machte. Die Igler Dependance wurde unter dem Namen »congresspark igls« zu einem multifunktionalen Veranstaltungszentrum mit einem modernen Glaspavillon umgebaut.

Im idyllischen Dorf Alpbach sind die 1946 gegründeten Alpbacher Hochschulwochen immer mehr zu internationalen Kongressen geworden. Die spätsommerlichen Treffen führender Fachleute aus Politik, Wirtschaft, Kultur, Wissenschaft und Medien brauchten entsprechende räumliche Voraussetzungen, die wiederum auch für weitere Kongresse genutzt werden konnten. 1998 entstand, vom Innsbrucker Team »DIN A4 Architektur« modern und zweckentsprechend in das »schönste Dorf Österreichs« hineinkomponiert, ein Aufsehen erregendes neues »Congress Centrum Alpbach«. Hier werden am Kongressparkett und auf der nur wenige Meter weiter für Diskussionen und Gespräche genutzten Wiese Gedanken und Ideen entwickelt, die zur geistig-politischen Entwicklung Europas und der Welt beitragen sollen.

Daneben haben sich viele andere Tiroler Orte darauf eingerichtet, geeignete Häuser – meist multifunktional geplant und eingerichtet – für Tagungen und Seminare, aber auch größere Kongresse anzubieten, Seefeld und Mayrhofen im Zillertal gehören zu diesem Thema an erster Stelle genannt. Oder St. Anton und St. Christoph am Arlberg als Zentrum für einen fachspezifischen internationalen Gedanken- und Wissensaustausch zum Thema Skifahren. Bei der Werbung um solche Veranstaltungen legen die Veranstalter meist einen Hauptakzent auf die Schönheit der umgebenden Natur und diverse touristische Möglichkeiten, die einen angenehmen Aufenthalt in Tirol garantieren. Der Kongress – fast ein kleiner Urlaub.

Indira Gandhi bei den Alpbacher Hochschulwochen.
Indira Gandhi at the European Forum in Alpbach.

Congresses in the heart of the Alps
In light of the dramatic increase in the number of international congresses, a modern congress centre was opened in Innsbruck in 1973. The company merged with the Innsbruck Exhibition in 2004, becoming the "Congress und Messe Innsbruck GmbH" and the Igls branch was converted into a multi-functional event centre named "congresspark igls". There are also many congresses held in other Tyrolean locations, such as Seefeld, Mayrhofen in the Zillertal Valley or in Arlberg. The "Alpbach College Weeks" were founded in the idyllic village of Alpbach in 1946 and have gained an increasingly international reputation ever since. The new "Congress Centrum Alpbach" was built in 1998.

Moderne Kongress-Architektur in Alpbach zwischen Wiesen und dem alten Dorf.
Modern architecture defines Alpbach Congress, nestled in the midst of meadows and the old village.

Spielfilme werben für Tirol

Dass die beliebte Fernsehserie »Der Bergdoktor« in Tirol spielt und damit für Tirol Werbung macht, weiß jeder. Bei vielen Filmen in grandioser Landschaft weiß der Zuschauer aber nicht, wo sie gedreht worden sind, welches Land die Kulissen lieferte. Dennoch hat auch so ein Film was mit Tourismus zu tun. Immerhin hält sich ein meist sehr großes Filmteam samt Schauspielern für einige Wochen in Tirol auf, von den Vorarbeiten, der Suche nach Locations für die einzelnen Szenen, der Abstimmung des Drehbuches auf die Gegebenheiten vor Ort, dem Casting von Statisten, der Quartierbeschaffung usw. ganz abgesehen. Und für Interessierte gibt der Nachspann Hinweise auf die Drehorte oder man findet im Internet die entsprechenden Angaben. Diese Erkenntnis führte 1998 zur Gründung der Cine Tirol Film Commission als ein neues Geschäftsfeld der Tirol Werbung. Ihre Aufgabe sollte es sein, Filmschaffende aus dem In-

Joseph Vilsmaier (Regie und Kamera) und Fritz Wepper (Titelfigur) drehten den Film »Das Weihnachtsekel« in Tirol.
Joseph Vilsmaier (director and camera) and Fritz Wepper (title character) filmed "Das Weihnachtsekel" (The Christmas Purse) in Tyrol.

Linke Seite: Dreharbeiten zum Spielfilm »Das Geheimnis der Schneekönigin« inmitten prachtvoller Tiroler Landschaft.
Left: shooting of the feature film "Das Geheimnis der Schneekönigin" (The Secret of the Snow Queen) amidst magnificent Tyrolean landscapes.

und Ausland für Tirol als Drehort zu interessieren, Vorschläge zu erarbeiten und bei der Verwirklichung von Projekten zu helfen, auch bei der Finanzierung.

Vorausgegangen war die Erfahrung mit dem zitierten »Bergdoktor«, der auch woanders hätte ordinieren können. Im gesamten Alpenraum hatte das ZDF 1990/91 nach geeigneten Drehorten für das Projekt gesucht. Unter anderem hatte man auch bei der Tirol Werbung angefragt. Die daraufhin den Filmemachern unterbreiteten Vorschläge und die angebotene Unterstützung führten zum Zuschlag an Wildermieming, das nicht nur weltweite Gratiswerbung bekam, sondern bis 1998 mit Dauergästen aus der Filmbranche rechnen konnte.

In Tirol waren schon früher Filme gedreht worden. Vor allem eher Berg- und Heimatfilme, wo man auf die Qualität des Drehbuchs weniger Wert legte als auf populäre Stars und die Landschaft, in der die Handlung angesiedelt wurde. In den 1950er und frühen 1960er Jahren wurde eine ganze Reihe dieser Produktionen in Tirol verwirklicht. Dass Tirol sehr oft im Titel vorkam (»Mein Schatz kommt aus Tirol«, »Das Forsthaus in Tirol« u. Ä.), half bei der Werbung für den Film und machte umgekehrt den Namen des Landes in Kreisen bekannt, die bisher noch nicht an Ferien in Tirol gedacht hatten.

In Osttirol entstanden: eine moderne Version des »Meineidbauer« mit Suzanne von Borsody und Günther Maria Halmer.
Origins in East Tyrol: a modern version of the "Meineidbauer" (Perjury Farmer) with Suzanne von Borsody and Günther Maria Halmer.

Szene aus dem Skifilm »Der weiße Rausch« von 1930/31.
Scene from "Der weiße Rausch" (The White Ecstasy) ski film of 1930/31.

Der erste große internationale Spielfilm, der in Tirol gedreht wurde (1925 im Ötztal), scheint Alfred Hitchcocks »The Mountain Eagle« gewesen zu sein. Der Streifen ist leider verschollen.

Der wohl berühmteste Tirol-Film der Zwischenkriegszeit ist der 1930/31 am Arlberg gedrehte Skifilm »Der weiße Rausch« des Regisseurs Arnold Fanck mit zahlreichen Tiroler Skihelden der damaligen Zeit – Hannes Schneider, Guzzi Lantschner und Rudi Matt an der Spitze. Der Film mit seinen außergewöhnlichen Szenen, damals noch nie gesehenen Zeitlupenaufnahmen und einer durchgehend spannenden Choreographie war bei Publikum und Presse ein sensationeller Erfolg und machte vor allem in den europäischen Großstädten Reklame für den Wintersport.

Bei den Dreharbeiten zum Film »Teufelsparade« (1950) im Passionsspielhaus von Thiersee, das zum modernen Filmstudio umfunktioniert worden war.
During filming of the "Teufelsparade" (Devil's Parade) in 1950 at Thiersee's Passion Play House, which was converted into a modern film studio.

Die Trachten- und Volkstanzgruppe »Die Spitzkofler« aus Lienz als Mitwirkende am Film »Der unsterbliche Lump«, gruppiert um die Hauptdarstellerin Liane Haid.
Costume and folk dance group, "Die Spitzkofler", from Lienz were involved in filming of "Der unsterbliche Lump" (The Undying Blight), here grouped around the leading actress, Liane Haid.

Von ganz anderer Art war »Der unsterbliche Lump«, ein Spielfilm mit Musik nach der gleichnamigen Operette von Edmund Eysler. Zu den Dreharbeiten in Virgen kamen 1929 zwei der großen Stars des damaligen Filmgeschäfts nach Tirol, die Hauptrollen spielten Gustav Fröhlich und Liane Haid. Aus Lienz wurde die Trachten- und Volkstanzgruppe »Die Spitzkofler« engagiert.

Nach 1945 wurde das Passionsspielhaus in Thiersee in ein Filmstudio verwandelt, in dem bis 1951 achtzehn österreichische, deutsche, aber auch internationale Filme gedreht wurden. Stars wie Curd Jürgens, Hans Albers, Oskar Werner und Paula Wessely standen hier vor der Kamera. Rund um das Dorf herum und in der weiteren Umgebung wurden die Außenaufnahmen gedreht, u.a. für »Das doppelte Lottchen«. Imst, das Kühtai, Kitzbühel und St. Anton waren etwa zur gleichen Zeit Gastgeber für amerikanische Produktionen, am Arlberg standen Stars wie Yul Brynner und Britt Ekland für den Film »The Double Man« vor der Kamera. 1969 war wieder ein besonderes Jahr für Tirol als Filmland, als im Gschnitztal mit Michael Caine, Omar Sharif und Florinda Bolkan der Film »Das ver-

Ein Spaziergang zu Filmdreh-orten fasziniert nicht nur Filmfreaks.
Not only film freaks find walking to the movie location fascinating.

gessene Tal« und in Kitzbühel und St. Anton der Skifahrerfilm »Downhill Racer« mit Robert Redford gedreht wurden.

Es dauerte eineinhalb Jahrzehnte, bis Tirol wieder als Schauplatz einer internationalen Produktion auser-sehen wurde. Und vom Regisseur dieses im Lienzer Raum entstandenen Familienfilms »Der Bär«, dem Franzosen Jean-Jacques Annaud, stammt das größte Kompliment für die einheimischen Helfer bei diesem Projekt: *»Tirol bietet die Tüchtigkeit Deutschlands, die Schönheit der Schweiz und den Charme Italiens.«* Kein Wunder, dass seit der Gründung von Cine Tirol rund 400 Filmprojekte hier verwirklicht wurden.

Ein vorläufiger Höhepunkt dieser erfreulichen Entwicklung des Filmlandes Tirol sind die Dreharbeiten zum nächsten James-Bond-Film, für die Schauplätze in Sölden und in Obertilliach auserkoren wurden. Ein unbezahlbarer Werbeeffekt für Tirol.

Längst haben findige Tourismusmanager entdeckt, dass man Tirol als Filmland auch auf eine weitere Art und Weise vermarkten kann. Fast überall, wo es Dreharbeiten für bekannte Filme gab oder populäre Stars agierten, gibt es heute Spazierwege und Führungen zu den Drehorten. In Wildermieming hat man das durch Jahre hindurch von Bergdoktor-Fans belagerte Kulissenhaus nicht abgerissen, als die Filmcrew samt neuem Hauptdarsteller nach Ellmau am Fuße des Wilden Kaisers übersiedelte.

In Thiersee gedreht wurde »Das doppelte Lottchen« (1951), die Szene im Boot entstand am See vor der Studiotür.
"Lottie and Lisa" was filmed at Lake Thiersee in 1951; the boat scene was filmed on the lake in front of the studio.

Movies promote Tyrol

The popular German TV series, "Der Bergdoktor" (The Mountain Doctor) has been filmed in Tyrol since 1991. The fact that Wildermieming became a film village goes back to a recommendation made by the Tirol Werbung (Tyrol Tourism Promotion) followed shortly afterwards by the establishment of their new business segment, the Cine Tirol Film Commission. Their task is to attract filmmakers from Germany and abroad to use Tyrol as a film location, develop proposals and assist in the implementation of projects and financing. Films were also made much earlier in Tyrol, especially mountain and sentimental regional movies. But probably one of the most famous Tyrol-based films from the 1930/31 inter-war period is "Der weiße Rausch" (The White Ecstasy), which was filmed in Arlberg. After 1945, the Passion Play Theatre at Lake Thiersee was turned into a film studio, where until 1951 many German and international productions were created. 1969 was another exceptional year for Tyrol as a film nation when Michael Caine, Omar Sharif and Florinda Bolkan starred in the "The Last Valley" in Kitzbühel and the "Downhill Racer" ski film with Robert Redford was filmed in St. Anton. Since Cine Tirol was founded, over 400 film projects been carried out in Tyrol. At almost all of the famous locations where movies were filmed with the popular stars, there are now walking trails and guided tours. Yet another new attraction for the visitors.

»Bollywood in Tirol«: In indischen Spielfilmen haben die Berge Tirols längst ein fixes Gastrecht.

"Bollywood in Tirol": the mountains of Tyrol have long enjoyed guest roles in Indian movies.

Neue Strukturen für vernetztes Handeln

Zwei Mal in der 125-jährigen Geschichte der Landesorganisation des Tiroler Tourismus hat sich in ihrer Struktur – weniger in ihren Aufgaben – Wesentliches verändert. Das war erstmals 1910, als aus dem privatrechtlich konstituierten Dachverband örtlicher Vereine eine halbamtliche Körperschaft wurde, später sogar eine Abteilung im Amt der Tiroler Landesregierung. Der zweite tiefe Einschnitt war das Ende des Behördenstatus, als 1989, eher zufällig zum Hundert-Jahr-Jubiläum der Gründung, aus dem Landesfremdenverkehrsamt wieder ein Verein wurde, der einerseits Organisationsstrukturen der Privatwirtschaft hatte, andererseits zu 100 Prozent vom Land Tirol finanziert war: die Tirol Werbung.

Immer schon wurden – weil man den Bedarf dafür sah – Unterorganisationen, Tochterfirmen und diverse Sondereinrichtungen gegründet, zusammengelegt, umorganisiert und aufgelassen. Doch blieben Wesen und Aufgaben dieselben. Daran haben nicht einmal die ziemlich tiefgreifenden Umstrukturierungen der letzten 25 Jahre etwas geändert, wie 2003 die Umwandlung der Tirol Werbung in eine GesmbH., deren Hauptgesellschafter der alte Verein ist. Dieser wiederum erfuhr im selben Jahr eine grundlegende Veränderung, als die Vertreter von Tourismusverbänden und Tourismuswirtschaft sich nicht mehr in der Generalversammlung, sondern nur noch in einem Fachbeirat vertreten sahen. Dafür wurde ein paar Jahre später von den Obleuten ein Verein der Tourismusverbände gegründet, dessen Vertreter seit 2011 wieder im Leitungsgremium der Tirol Werbung sitzen.

All dieses Hin und Her samt neuem Organigramm der Tirol Werbung ist jedoch weniger wichtig als das Ende der Kirchturmpolitik im Tiroler Tourismus. Die Zusammenlegung kleinerer Tourismusverbände zu größeren Einheiten wird wohl für einen Historiker des Tourismus in Tirol später einmal als die einschneidendste Maßnahme seit Gründung des Landesverbandes gesehen werden. Begonnen hat diese Flurbereinigung unter Landeshauptmann Wendelin Weingartner, der auch das Ressort Tourismus übernommen hatte.

Karte des Bundeslandes Tirol mit den Grenzen der 279 Gemeinden, die bis 1997 zum überwiegenden Teil mit den Grenzen der 247 Tourismusverbände übereinstimmten. Nur wenige Gemeinden hatten sich bis dahin zusammengetan. Unten die Karte Tirols mit den Grenzen der 34 neuen Tourismusverbände.

Map of the federal state of Tyrol with the boundaries of 279 municipalities, which corresponded predominantly with the borders of the 247 individual tourist boards until 1997. By this time only few municipalities had grouped together. Below, the map of Tyrol with the boundaries of the 34 new tourist boards.

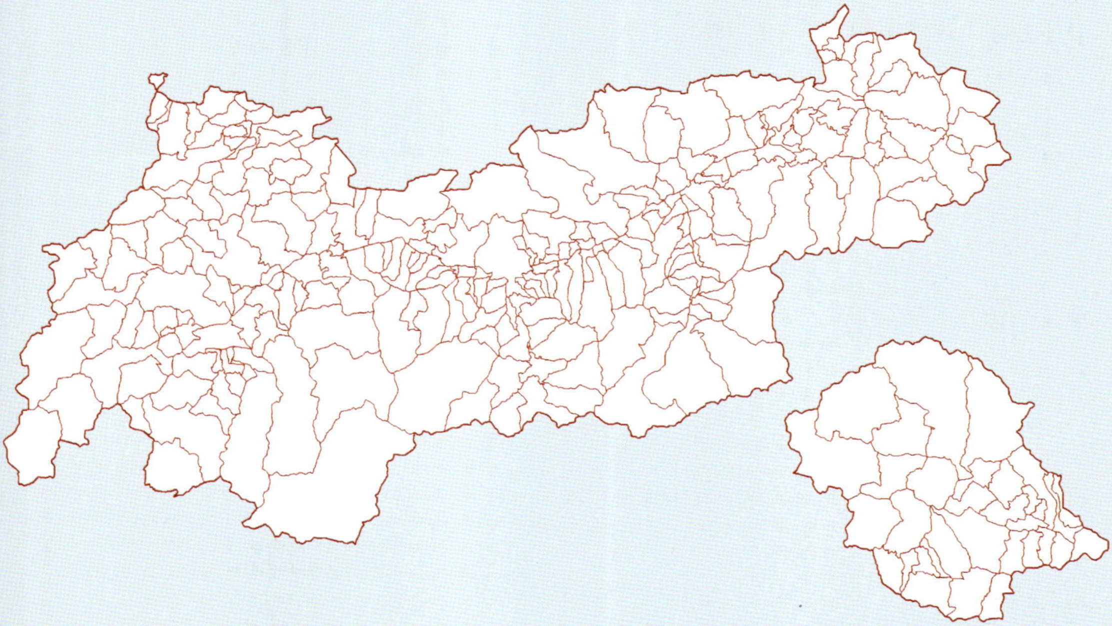

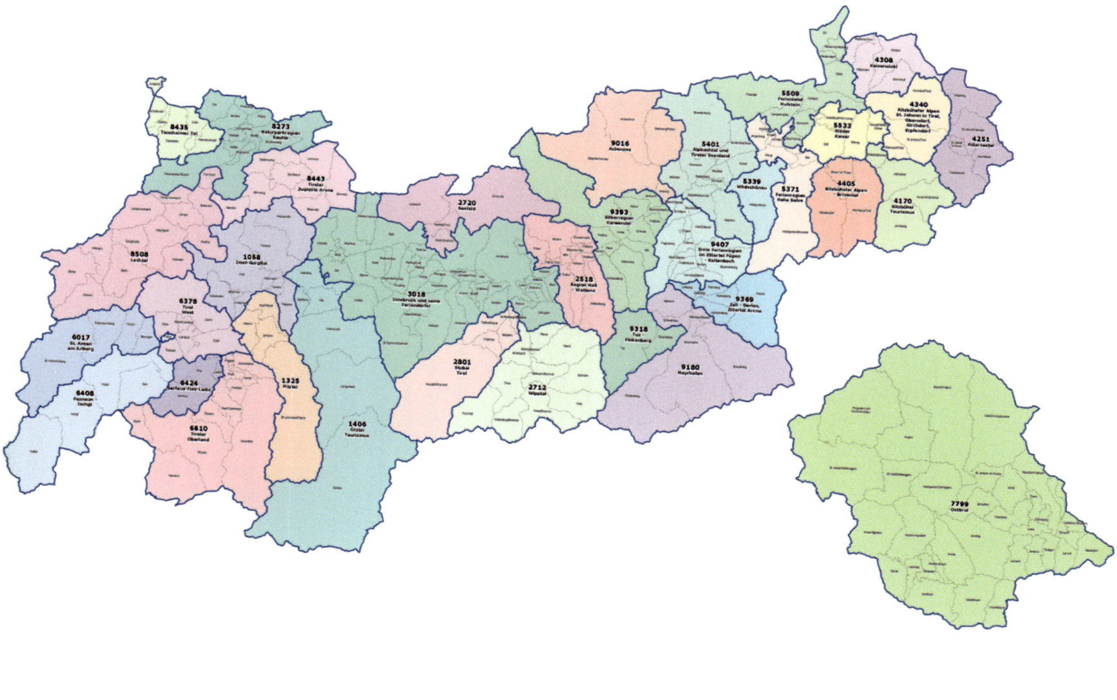
8435
Tannheimer Tal
8273
Naturparkregion Reutte
8443
Tiroler Zugspitz Arena
8508
Lechtal
1058
Imst-Gurgltal
6378
Tirol West
6017
St. Anton am Arlberg
6408
Paznaun - Ischgl
6424
Serfaus-Fiss-Ladis
6610
Tiroler Oberland
1325
Pitztal
1406
Ötztal Tourismus
2720
Seefeld
3018
Innsbruck und seine Feriendörfer
2801
Stubai Tirol
2712
Wipptal
2518
Region Hall - Wattens
9016
Achensee
9393
Silberregion Karwendel
9318
Tux - Finkenberg
9180
Mayrhofen
5401
Alpbachtal und Tiroler Seenland
9407
Erste Ferienregion im Zillertal Fügen - Kaltenbach
9369
Zell - Gerlos, Zillertal Arena
5339
Wildschönau
5371
Ferienregion Hohe Salve
5509
Ferienland Kufstein
5533
Wilder Kaiser
4405
Kitzbüheler Alpen - Brixental
4308
Kaiserwinkl
4340
Kitzbüheler Alpen St. Johann in Tirol, Oberndorf, Kirchdorf, Erpfendorf
4251
Pillerseetal
4170
Kitzbühel Tourismus
7799
Osttirol

Das Ergebnis der Strukturreform: 34 Tourismusverbände.
The result of structural reform: 34 tourism organisations.

Er trat vehement für freiwillige Zusammenschlüsse kleinerer Verbände ein und stellte als Anreiz dazu beträchtliche Förderungen in Aussicht. Die Tourismusabteilung im Amt der Tiroler Landesregierung unter Hofrat Dr. Ansgar Rudisch rührte kräftig die Werbetrommel, nicht ohne Erfolg. Doch die vom Landestourismusdirektor Josef Margreiter im Jahr 1997 vor 500 Touristikern genannte Zielvorgabe von nur mehr 20 Tourismusregionen im Lande wurde weit verfehlt. Immerhin reduzierte sich die Zahl der Tourismusverbände bis 2002 von 247 auf 154. Landeshauptmann Herwig van Staa, ebenfalls gleichzeitig Tourismusreferent in der Landesregierung, unternahm noch 2002, also im Jahr seines Amtsantrittes, einen neuen Anlauf.

Gegen heftigen Widerstand und Kritik ankämpfend, konnte von ihm und dem neuen Leiter der Tourismusabteilung, Dr. Gerhard Föger, in intensiven Verhandlungen, aber auch mit harter Hand die Zahl der Tourismusverbände bis 2008 auf 34 reduziert werden. *»Es gibt kaum einen Touristiker, selbst unter den damals vehementesten Gegnern, der heute die Sinnhaftigkeit, ja Notwendigkeit dieser Maßnahme bestreitet«*, resümiert Dr. Michael Brandl, damals Regierungssekretär von Landeshauptmann van Staa, heute Prokurist der Tirol Werbung und ursprünglich selbst Verwaltungsjurist.

Er erklärt auch, warum das so ist: *»Weil sich die gesamte touristische Landschaft, bestehend aus Anbietern, Käufern, Mittlern, Informationsformaten und anderen Komponenten, in den letzten 25 Jahren kom-*

plett verändert hat. Die Geschwindigkeit, Differenziertheit und Punktgenauigkeit, mit der wir heute touristisches Marketing betreiben, war Ende der 1980er Jahre noch nicht vorstellbar. Dieser enorme Paradigmenwechsel erfordert eine Änderung unserer Arbeitsweise, strategisches Denken und ein vernetztes Handeln.« Die ersten, die sich vernetzen, also zusammengehen mussten, waren die örtlichen Verbände. *»Es war für einen einzelnen kleinen Tourismusverband einfach nicht mehr möglich, sich mit seinen Besonderheiten und einem gezielten Angebot selbständig am Markt zu positionieren. Das geht nur auf der Ebene eines Tales, einer Region, im Raum, in dem sich ein Gast während seines Aufenthaltes bewegt.«*

Wie alles, hatten auch diese Zusammenschlüsse Vor- und Nachteile, doch die Vorteile überwiegen bei weitem. Brandl: *»Es gibt Synergien von der Buchhaltung über den gemeinsamen Bauhof mit den verschiedenen Geräten und Maschinen, z.B. zur Pisten- und Loipenpräparierung, bis zum Marketing. Gerade in diesem Bereich sind die Vorteile einsichtig. Einerseits stehen mehr Mittel zur Verfügung, andererseits gibt es etwa nur mehr eine Homepage mit gemeinsamer Redaktion, die Marketingkraft wird deutlich größer. Insgesamt wird das Personal zwar nicht weniger, aber profes-*

Blick von der Lippenalm auf den Walchsee. Poster der Tirol Werbung mit einem Motiv aus der Region des Tourismusverbandes Kaiserwinkl.
View over Lake Walchsee from the Lippenalm. Tirol Werbung poster depicting a motif from the Kaiserwinkl tourist board region.

sioneller, und es kann spezialisierter eingesetzt werden. Effizienz und Wirkung der Arbeit wird gesteigert. Die Erfahrung hat längst bewiesen, dass diese Vorteile den vermeintlichen Nachteil, den man früher im Verlust der Selbständigkeit sah, mehr als ausgleichen.«

Zugleich ergeben sich aus dem Zusammenschluss von Regionen ganz neue Möglichkeiten und Ansätze für die Entwicklung der Infrastruktur, was wiederum die Verbesserung des Angebotes an den Gast und damit große Vorteile bei der Werbung bedeutet. Regionale Schwerpunktsetzungen erlauben es, dass zum Beispiel Skigebiete in einer Region nicht nur nicht konkurrieren, sondern sich in ihrem Angebot ergänzen. Nicht da und dort Verbesserungen im örtlichen Verkehrswesen, sondern eine Lösung für den öffentlichen Personennahverkehr für die gesamte Region, die von einer Stelle aus zentral mit dem Verkehrsverbund Tirol verhandelt wird. Früher für den Gast deutlich spürbare Grenzen von einem Ort zum anderen bestehen nicht mehr. Er freut sich über ein riesiges und vielfältiges Regionsangebot, das er üblicherweise überall mit seiner Gästekarte nutzen kann.

Was brachte diese Strukturreform der Landestourismusorganisation für Vorteile und neue Möglichkeiten? Dr. Brandl: *»Die Tirol Werbung wird erstmals in die Lage versetzt, ihrem Koordinationsauftrag im Tourismusmarketing für das Land tatsächlich nachzukommen. Die Zentrale kann sich jetzt einen viel besseren Überblick verschaffen, welche Zielgruppen,*

Ein Foto aus dem Tiroler Gailtal. Alle Osttiroler Gemeinden sind zu einem einzigen Tourismusverband zusammengeschlossen.
Photo of the Tyrolean Gailtal Valley. All East Tyrolean municipalities are represented by one tourist board.

Seebensee mit Zugspitze im Gebiet des Tourismusverbandes »Tiroler Zugspitz Arena«.
Lake Seebensee with Mount Zugspitz in the "Tiroler Zugspitz Arena" tourism region.

Themen und Märkte von den Tourismusverbänden bearbeitet werden. Auf diese Weise lassen sich die Marketingprogramme der Tirol Werbung und jene der Verbände viel besser aufeinander abstimmen. Die Programme können sich komplementär ergänzen und wie Zahnräder ineinandergreifen. Das erhöht die Effizienz und Effektivität des Gesamtsystems.«

Damit dieser Vorteil voll zum Tragen kommt, wurde mit dem »Tirol Tourism Board« – einem »Tourismusbeirat« – ein neues Gremium geschaffen, in dem die Tourismusverbände mit einigen ihrer besten Leute vertreten sind. Damit gibt es ein hervorragendes Instrument, um gemeinsame Strategien für den Tiroler Tourismus zu entwickeln, konkrete Planungen abzustimmen und wichtige Maßnahmen zu koordinieren. Der Tirol Tourismus Board hat keineswegs nur beratende Funktion, sondern ist das strategische Leitungsgremium für alle das Marketing betreffenden Bereiche.

Neben der im Zuge der Strukturreform der Tirol Werbung 2011 erfolgten Beteiligung der Tourismusverbände an der Tirol Werbung ist die weitere strukturelle Stärkung der Tourismusverbände selbst ein wichtiges tourismuspolitisches Anliegen. Ende 2014 liegt über Antrag des Tourismusreferenten Landeshauptmann Günther Platter ein Gesetz zur Beschlussfassung im Landtag, das den Verein der Tourismusverbände in den Status einer Körperschaft öffentlichen Rechts hebt. Damit wird die bisher als Verein geführte überregionale Plattform, die zur Vertretung von regionalen Interessen, zur Professionalisierung des Destinationsmanagements und zum Erfahrungsaustausch unter den Tourismusverbänden dient, nun auch gesetzlich und für alle Tourismusverbände verbindlich verankert.

Über all die Fragen der Strukturen, der Organisation und der internen Entwicklung der Tourismuswirtschaft, *»dürfen wir nicht versäumen, darüber hinaus zu denken«*, ist Dr. Brandl überzeugt. *»Wir sind nicht allein, wir müssen uns mit anderen Stärkefeldern des Landes vernetzen, mit der Industrie, der Universität, der Kultur, dem Sport. Tirol ist eine starke Marke. Und es gibt nur eine Marke Tirol. Der ausgezeichnete Ruf des Landes, das positive Image sowie die große Bekanntheit können für die Profilierung Tirols als Standort, wie es in der Marketing-Fachsprache heißt, genutzt werden. Umgekehrt helfen diese anderen*

Bereiche mit herausragenden Leistungen, die Qualität Tirols über den Tourismus hinaus darzustellen, um im immer schärferen Wettbewerb unverwechselbarer zu werden. Es geht im Interesse aller Standortpartner um die Sichtbarmachung unserer hohen und ganz spezifischen alpinen Lebensqualität. Deshalb arbeiten wir eng mit der Standortagentur Tirol zusammen, um die Bereiche Tourismus, Wirtschaft sowie Forschung und Bildung geschickt zu vernetzten und gemeinsam als Marke Tirol noch besser zu positionieren – zu aller Nutzen, nämlich aller hier im Lande wohnenden Menschen, natürlich auch zum Nutzen des Tourismus.«

Als Zugpferd dient die touristische Marke Tirol, da sie über Jahre und Jahrzehnte hinweg positiv aufgeladen und professionell geführt wurde. Dr. Brandl denkt an viele noch ungehobene Synergiepotenziale, auch mit der Landwirtschaft, »*wo wir mit dem Agrarmarketing schon erfolgreich kooperieren*«. Auch im Bereich der Mobilität gibt es noch viele Möglichkeiten der Vernetzung und gemeinsamer Strategieentwicklung, man denke nur an die Anbindung zum Flughafen München oder an das Problem, den mit der Eisenbahn anreisenden Gästen den Weg zu ihrem Hotel möglichst bequem zu gestalten und den Gepäcktransport zu organisieren.

Die Bahnanreise erlebt derzeit eine Renaissance. Der gesellschaftliche Wandel, aber auch Klimasorgen- und Nachhaltigkeitsdiskussionen führen dazu, dass die öffentliche Hand bzw. ihre Bahnunternehmen Milliarden in neue Bahnhöfe, Hochgeschwindigkeitsnetze, hochmoderne Wagengarnituren und Serviceverbesserungen investieren. Dies betrifft vor allem unsere Hauptherkunftsmärkte Schweiz, Deutschland und Österreich. Und die Tirol Werbung forciert mit den Tiroler Tourismusorganisationen diese neuen Möglichkeiten mit strategischen Partnerschaften, neuen Angeboten und Marketingoffensiven.

Damit wäre der Bogen aus der Urzeit des Tiroler Tourismus bis heute geschlagen, denn kaum etwas anderes war wichtiger für den Beginn und den Aufschwung des »Fremdenverkehrs« in der zweiten Hälfte des 19. Jahrhunderts als die Einbindung ins europäische Eisenbahnnetz und die Verbindung von den Bahnhöfen in die Sommerfrischorte, Kurbäder und in die ersten Zentren des Alpinismus.

Das Rofangebirge teilen sich die Tourismusregionen Achensee und Alpbachtal & Tiroler-Seenland.
Lake Achensee and Alpbachtal & TirolerSeenland tourist boards are jointly responsible for the Rofan Mountain region.

New structures for networking activities

The structure of Tyrolean tourism organisations changed significantly between 1997 and 2006. With strong support from the provincial government, the number of tourism associations was reduced from 247 to 34 – despite hefty opposition. Nowadays, even former opponents of these measures can see their advantages. Dr. Michael Brandl, authorised signatory for Tirol Werbung, names the reasons: "The entire tourism landscape has changed dramatically in the last 25 years, so a change in the way we work, our strategic thinking and networking activities was also necessary. It was no longer possible for small tourist boards to position themselves independently on the market with their own special attractions. This is now only possible for valleys as a whole, regions and areas in which a guest stays during their holiday." The present situation also demands networking within alternative sectors; industry, universities, culture, sport, agriculture. Brandl: "Tyrol is a strong brand. Its excellent reputation and positive image can be used to raise Tyrol's profile as an advantageous location."

Kritische Stimmen

Niemand zweifelt heute mehr daran, dass der Tourismus ein Grundpfeiler des Tiroler Wirtschaftslebens und des Wohlstandes der Bevölkerung ist. Dennoch gibt es seit langem auch kritische Stimmen, die negative Seiten aufzeigen und vor einem gedankenlosen Weiterlaufenlassen der Entwicklung warnen. Ein Kritikpunkt der 1960er und 1970er Jahre ist heute weitgehend behoben. Damals befürchtete man einen Ausverkauf von Grund und Boden durch ausländische Feriengäste, die sich in Tirol einen Zweitwohnsitz errichteten. Da vor allem die riesigen Appartementblöcke mit Ferienappartements auch den einheimischen Wirtschaftstreibenden nicht viel einbrachten, wurde das entsprechende Gesetz mit Einschränkungen

Karikaturen von Dietmar Kainrath aus der 1986 herausgegebenen Broschüre »Licht und Schatten« der Tiroler Fremdenverkehrswerbung.
Caricatures by Dietmar Kainrath from the "Light and Shade" brochure published by Tyrolean Tourism Promotion in 1986.

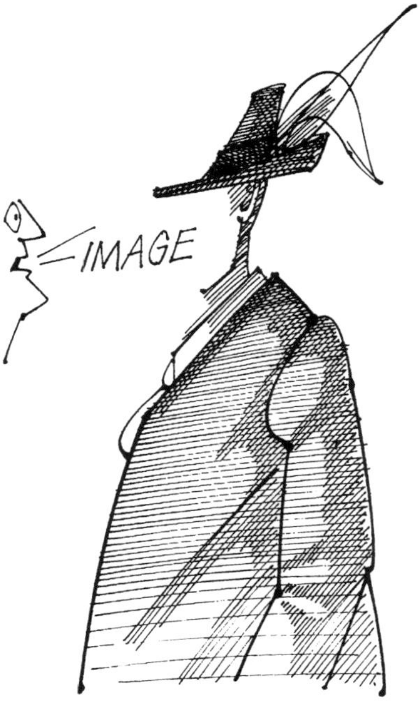

im Grundverkehr auch von Seiten des Tourismus allgemein gebilligt. Neuerliche Diskussionen brachten diesbezüglich erst wieder die Verhandlungen über einen Beitritt zur Europäischen Union und die Anpassung bestehender Gesetze auf die von der EU geforderte Gleichstellung aller EU-Bürger auch in Hinblick auf Grunderwerb.

Die kaum mehr zu ertragende Transitbelastung Tirols mit all ihren schädlichen Folgen für Mensch und Natur ist kein Problem, das ursächlich mit der Tourismuswirtschaft zusammenhängt, sondern eine ungelöste Frage europäischer Verkehrspolitik. Zwei aktuelle Problemkreise unserer Gesellschaft haben dagegen sehr viel und unmittelbar – zumindest auch – mit dem hausgemachten Tourismus zu tun: der Identitäts- und Kulturverlust einerseits, die Umweltzerstörung andererseits.

»Einheimische werden mehr und mehr zu Tanzbären für die Touristen. Statt Mozart nur noch Mozartkugeln. Der Kaiser wird zum Kaiserschmarrn ...« So begann der Ötztaler Volkskundler und Dichter Hans Haid in den 1980er Jahren eine Aufzählung von Auswirkungen des Massentourismus. Weiter schreibt er unter anderem: *»Kinder schämen sich für das zudringliche, tölpelhafte Imponiergehabe ihrer folkloristischen Profi-Vermarktungs-Eltern. Jugendliche, die noch einen Funken kritischen Denkens bewahrt haben, ziehen frustriert in die Städte, steigen aus, saufen sich an ... Autonome und eigenständige Kulturformen werden aufgelöst, Traditionen müssen verschwinden oder vermarktet werden. Das Geschäft ist hart ...«*

Über die im Tourismus häufig anzutreffenden Familienbetriebe heißt es in einer zwischen 1970 und 1980 im Pitztal erstellten wissenschaftlichen Untersuchung: *»Für die Gäste hat so ein Familienbetrieb eigentlich nur Vorteile. Sie können sich integrieren, sprengen ihre Rolle als Touristen, indem das Kauf-Verkauf-Verhältnis scheinbar durch Freundschaft und Intimität aufgehoben ist ... Die Selbstausbeutung erreicht für die Hausfrau und Wirtin die Grenze des Erträglichen ...«*

Kultur wird – nach Haid und anderen Tourismuskritikern – in touristischen Zentren *»vielfach mit der Ware verwechselt, die man den Fremden unter dieser*

Szene aus der von Landestourismusdirektor Andreas Braun Ende der 1980er Jahre in Auftrag gegebenen satirischen Kurzfilmserie, die zum Nachdenken über Probleme des touristischen Alltags anregen sollte. Vor allem der »Knödelspot« wurde legendär.
Image from the satirical film series commissioned by State Tourism Director, Andreas Braun, which was intended to make people reflect on the problems encountered in everyday tourism.

Bezeichnung verkauft«. Von der wirklichen Volkskultur, die nicht nur Aufputz für frohe Stunden und Feste ist, sondern im Alltag verankert sein muss, bleibt unter diesen Verhältnissen nicht viel übrig. Der Kultur- und Identitätsverlust äußert sich – auch ein zentraler Punkt der Kritik – am augenscheinlichsten *»in der gesichtslos-protzigen Fremdenverkehrsarchitektur, im Verlust von Maß und Mitte nach außen und innen«.*

Der Massentourismus gefährdet auch die Umwelt. Die schönsten Landschaften werden von der Tourismusindustrie verbaut, obwohl sie sich damit selbst ihrer Grundlage beraubt. Immer mehr Straßen und immer mehr Lifte bringen immer mehr Menschen in immer mehr bisher verschonte Gebiete; noch mehr und noch breitere Pisten schlagen in die Berge kaum heilbare Wunden, die Reduzierung der Bannwälder lässt die kommende Katastrophe vorausahnen. Dennoch sieht etwa Hans Haid nicht darin die Hauptgefahr: *»Das alles ist messbar, ist analysierbar, vorhersehbar und vielleicht sogar verhinderbar. Der inwendige Verlust, die Zerstörung des Inwendigen bei den Menschen, die am meisten dem Massentourismus ausgesetzt sind, das sind kaum messbare Fakten. Bei den Menschen und ihrer Kultur, bei den Formen ihres Zusammenlebens geschehen Veränderungen von ärgster Totalität und Grausamkeit.«* Und doch sah selbst ein so harter Kritiker wie Haid Ansätze zum

Umdenken, erkannte mutige neue Initiativen, arbeitete mit bei Konzepten für einen *»sanften Tourismus«*.

Ziemlich allgemein setzte sich in den 1980er Jahren die Erkenntnis durch, dass es nicht um einen weiteren Sprung nach oben in den Nächtigungsziffern gehen kann. Was der Tourismus brauchte, waren neue Perspektiven. Deshalb nahmen verantwortungsbewusste Fremdenverkehrsfunktionäre die immer lauter werdenden kritischen Stimmen und Anregungen durchaus ernst. Ja selbst in der Werbung versuchte man die Probleme nicht mehr zu verschleiern. »Licht und Schatten« war der Titel einer Broschüre zu diesem Thema und einer Inseratenserie, die zum Nachdenken anregen sollte und viel Anklang fand. Über Initiative des damals für Fremdenverkehr zuständigen Landesrates Dipl.-Ing. Franz Kranebitter wurden 1987 mehrere Arbeitskreise geschaffen, die sich seitdem mit den Problemkreisen »Tourismus und Umwelt«, »Tourismus und Arbeitswelt«, »Tourismus und Familie« u.a. befassen. Andreas Braun, aus dem Amt der Tiroler

Das Buch zum Fernseh-Vierteiler von Felix Mitterer, der große Aufregung unter Tirols Touristikern verursachte.
The book on which the television four part series was based caused much furore amongst Tyrol's tourism operators.

Tobias Moretti in einer Szene aus dem zweiten Teil der »Piefke-Saga«.
Tobias Moretti in a scene from the second episode of the "Piefke-Saga" series.

Landesregierung an die Spitze des Tiroler Tourismus berufen, gab in den frühen 1990er Jahren tourismuskritische Filmspots in Auftrag, um die Menschen in und außerhalb der Branche für diese Probleme zu sensibilisieren. Der Tiroler Autor Felix Mitterer sorgte mit seinem Fernseh-Vierteiler »Die Piefke-Saga« für ein heftiges Für und Wider und aufgeregte Gespräche im ganzen Land. In zahlreichen Dorfbildungswochen wurden Fremdenverkehrsprobleme erörtert, Symposien fanden statt, Diskussionsrunden wurden zusammengerufen: Nachdenken über die Gegenwart. Gab es ein Umdenken für die Zukunft?

Die Zukunft von damals ist die Gegenwart von heute. Bei der Feier »125 Jahre Werben für Tirol«, bei der sich die Tourismusbranche im Festspielhaus Erl traf, hielt u.a. der Tiroler Schauspielstar Tobias Moretti, dessen große Karriere ausgerechnet in der Piefke-Saga begonnen hatte, eine Rede mit sehr kritischen Aussagen und vielen Denkanstößen. Im Grunde sagte er nicht viel anderes als Hans Haid vor gut 30 Jahren. Und was Felix Mitterer in vielen seiner Werke und nicht nur in der Piefke-Saga auf unterhaltsame Weise unterschwellig und direkt ausspricht. Hat sich also nichts verändert? Alles aktuell geblieben?

Es ist schwierig, aus Morettis Rede zu zitieren, weil sich ein Wort, ein Satz, ein Gedanke aus dem anderen ergibt und sich gegenseitig begründet. Trotzdem ein paar Zitate, auch auf die Gefahr hin, dass sie, für sich allein stehend, nicht mehr ganz dasselbe aussagen wie im Kontext der Rede: *»Wir verbiegen uns bis in alle Windungen hinein. Mit einem Bein sind wir traditionell, mit dem anderen hip, mit dem dritten ein lächelnder Diener seiner Herren.«* Oder, in Hinblick auf die Kurzfristigkeit und das rasante Lebenstempo, dem sich auch das Marketing des Tourismus nicht verschließen könne: *»Ich kann und will die Flüchtigkeit, die Kurzlebigkeit und die Geschwindigkeit der neoliberalisierten Welt weder ingnorieren noch sonst was, aber eines muss einem klar sein: Wenn man sich ihr immer unterordnet, ihr keinen Standpunkt entgegensetzt, ihr immer hinterherhinkt (immer noch was mitnehmend), dann wird unsere Identität, die gewachsene Lebenswelt aussterben. Und dann wird's schwierig, den Friedhof zu vermarkten.«* Moretti wendet sich gegen das aus dem 19. Jahrhundert stammende Denkmuster, dass alles immer mehr werden muss. »*Aber dieses Land, unsere Ressource, unser Lebensraum wird nicht mehr. Wenn wir ihn dauerhaft erhalten wollen, und zwar auch als Wirtschaftsfaktor, müssen wir uns genau zwei Fragen stellen, die in diesem Muster nicht vorgesehen sind: Wann ist genug genug? Und: Wann ist oans mehr als koans?*« Zum Schluss ein durchaus positiver Gedanke, auch wenn er die Bedeutung von Marktanalysen und Werbung relativiert: »*Tirol ist ein starkes Land, mit hoffentlich noch mutigen und nicht zu biegsamen Menschen. Ein Land, das schon da war, ehe es als Marke definiert wurde. Und dieses Land wird es noch geben, wenn alle Werbekonzepte längst Geschichte sind.*«

Tobias Moretti: Der kritische Geist flankiert von den Tourismus-Chefs Landeshauptmann Günther Platter (links) und Landestourismusdirektor Josef Margreiter.
Tobias Moretti: the critical spirit flanked by tourism chief and Governor of Tyrol, Günther Platter (left) and State Tourism Director, Josef Margreiter.

Critical voices

No-one doubts that tourism is a cornerstone of Tyrolean economic life and prosperity for its people. Nevertheless, there are also critical voices that underline the negative aspects of mass tourism. Their worries are mainly based on the loss of local identity and environmental dangers. The most beautiful natural landscapes are being developed, even though this ultimately detracts from what makes them attractive in the first place. The officials responsible for tourism certainly took the growing criticism and suggestions seriously. Several working groups were created in 1987 to deal with the problem areas of "Tourism and Environment", "Tourism and Working Environment", "Tourism and Family". The critical voices, however, have yet to be silenced.

Wie soll's weitergehen?

Wenn vor 25 Jahren, zum 100-Jahr-Jubiläum der Landesorganisation des Tiroler Tourismus, dem damaligen Tourismusdirektor Dr. Andreas Braun oben genannte Frage gestellt wurde, dann pflegte er zu sagen, dass keine weiteren Rekordergebnisse mehr erwünscht seien. Denn *»es gibt einen Punkt, an dem die Statistik kippt«*. Man dürfe diese Grenze nicht ungestraft überschreiten, denn wenn sich der Gast nicht mehr wohl fühle, weiche er aus, fahre woandershin. Die weltweite Mobilität verschaffe ja Ausweichmöglichkeiten, vermittle andererseits aber auch genügend Beispiele dafür, wie ein Ferienangebot nicht ausschauen solle. *»Das ist unsere Chance, denn bei uns ist die touristische Welt trotz mancher Sünden noch relativ in Ordnung.«*

Ende der 1980er Jahre wurde bei Tiroler Künstlern ein Plakatwettbewerb ausgeschrieben. Als Sieger ging Anton Christian mit diesem Plakat hervor.
Tyrolean artists were invited to participate in a poster design competition in the late 1980s. Anton Christian won with this poster.

Unter den in den folgenden Jahren gedruckten Künstlerplakaten war das von Chryseldis eines der beliebtesten.
Artistic posters were published in subsequent years, of which the Chryseldis design was one of the most popular.

Damals beherbergte Tirol Jahr für Jahr zehn Mal so viele Gäste, wie es selbst Einwohner hatte, jeden über eine Woche lang. 40 Millionen Nächtigungen waren es im Tourismusjahr 1989. Und heute? Die Statistik ist trotz weiterer Zuwächse nicht gekippt. Die Gäste fühlen sich nach wie vor wohl in Tirol. Freilich hat sich das Wachstum bald darauf verlangsamt, schließlich pendelte sich die Zahl der Übernachtungen auf ca. 45 Millionen ein, davon knapp 19 Millionen im Sommer, was gegenüber 1989 einen Rückgang bedeutet. Dafür hat die Wintersaison seit damals deutlich an Bedeutung gewonnen.

»Die Reisewelt ist in den vergangenen 25 Jahren zum Dorf geschrumpft«, resümiert Landestourismusdirektor Josef Margreiter und spricht damit gleichzeitig die derzeit wichtigsten Herausforderungen der Branche an: *»In einer globalisierten, industrialisierten und digitalisierten Konsumwelt ist die Konkurrenz dank billiger Flüge, spontanem, wetterfühligem Kurzreisetourismus und unendlich vieler Reisemöglich-*

keiten – vom schnellen Shopping-Trip über den All-Inclusive-Strandurlaub bis zur Erlebniskreuzfahrt für jeden Geschmack und Geldbeutel – immens geworden. Auch die Bedürfnisse und individuellen Ansprüche der Gäste haben zugenommen, sind umfassender und komplexer geworden. Abgesehen vom rasanten Gesellschaftswandel hat das Internet besonders dramatische Veränderungen in allen Geschäftsprozessen gebracht. Die Palette reicht vom völlig veränderten Informations- und Buchungsverhalten bis zu den beliebten sozialen Medien, welche dem Gast erlauben, in Echtzeit mit Film und Foto aus dem Urlaub zu berichten und seine Erfahrungen mit der ganzen Welt zu teilen. Das altbewährte Kommunikationsprinzip von Sender und Empfänger ist damit völlig aus den Angeln gehoben.«

Worin sieht Margreiter, der seit 1995 die Landestourismusorganisation Tirol Werbung leitet, die größten Herausforderungen für die Zukunft? Was muss getan und beachtet werden, wie soll's weiter gehen? *»Es gibt drei Punkte, die sehr wichtig sind. Erstens braucht jeder Betrieb ein Leistungsprofil, das die Bedürfnisse des gesellschaftlichen Wandels berücksichtigt. Denn dieser stellt die größere Herausforderung für uns Touristiker dar als der Klimawandel. Er vollzieht sich sehr rasch und ist nicht zuletzt eine Folge der enormen Urbanisierung. Komfortbedürfnis, gehobener Lebensstil, Gesundheitsbewusstsein – etwa beim Essen – sind nur drei von mehreren Komponenten, die beim heutigen Gast im Vordergrund stehen. Darauf müssen unsere Betriebe eingehen, und das mit ihrem Angebot gezielt ansprechen. Zugleich müssen sich die Unternehmen spezialisieren, ein erkennbares Profil entwickeln, weniger austauschbar sein. Persönlichkeit, Stil und Interessen des Gastgebers sind dabei gefragt.«*

Als weitere Herausforderung nennt Margreiter die Profilierung der verschiedenen Destinationen. *»Der Bewegungsraum des Gastes, wie wir es nennen, muss eine spezielle Qualität bekommen. Eine Talschaft, ein Hochplateau, eine Stadt sollte nicht nur ein starkes lebenskulturelles und landschaftliches Profil aufweisen, sondern auch in seinen Leistungsstärken gegenüber ausgewählten Anspruchsgruppen. Es gilt zu definieren, ob man sich mehr jugendlich oder klassisch-traditionell präsentieren will, ob das Angebot*

Ein heftiges Pro und Contra lösten einige der Anfang der 1990er Jahre enstandenen schwarzweißen Fotoplakate aus. Dieses stammt vom bekannten US-amerikanischen Fotografen Kurt Markus.
A vehement pro and contra debate was sparked by the black and white posters published in the early 1990s. They were created by well known American photographer, Kurt Markus.

gesundheitsorientiert oder mehr auf Kultur ausgerichtet ist. Der Gast setzt heute voraus, dass ihm in Sachen Infrastruktur – sei es zum Skifahren, Wandern oder Mountainbiken – das Beste geboten wird. Das alleine genügt ihm aber nicht mehr. Er will mehr erleben, will etwas aus dem Urlaub mitnehmen, das ihn in seiner Lebensführung weiterbringt. Dazu gehört es, das alpine Lebensgefühl zu genießen, Kraft zu tanken, einen Mehrwert aus dem Lebensraum zu ziehen, den er sich für seine Urlaubstage ausgesucht hat.«

Der einzelne Betrieb kann diese Herausforderung nicht mehr bewältigen, zumindest nicht allein, das ist jetzt Aufgabe einer Region, die sich spezialisieren, ein Profil gewinnen muss. Dass kann durch ein besonderes Thema passieren, das man in den Vordergrund stellt, wie es zum Beispiel Söll mit dem Wasser gelungen ist. Das kann auch eine ganz bestimmte Zielgruppe sein, deren Ansprüchen man ganz besonderes Augenmerk schenkt. »*Eines der besten Beispiele dafür ist die*

Unbearbeitete Fotos von Landschaft, Dorfkultur und Lebenswelt Tirols sind typisch für die Bildsprache der neuen Werbelinie.
The new advertising campaign uses unedited photos of Tyrol's landscape, village life and culture as a form of visual language.

Mit seinem »Hexenwasser« (im Bild das »Hexenbadehaus«) bewies die Bergbahn Hochsöll, dass ein profiliertes Leistungsangebot die Gästezahlen in die Höhe schnellen lässt.
With its "Hexenwasser – Witches Water" ("Witches bathhouse" pictured), Hochsöll cable cars demonstrated that a profiled range of services can trigger a massive increase in visiting guests.

Region Serfaus-Fiss-Ladis, die sich konsequent als Familiendestination positioniert hat. Seit mehr als zwei Jahrzehnten orientiert sich die Region an den Bedürfnissen der Familien im Urlaub und entwickelt laufend Angebote, um diese Ansprüche auf höchstmöglichem Niveau zu erfüllen. Das hat einen messbaren Erfolg gebracht: größere Nachfrage und höhere Wertschöpfung. Die Bergbahnen Serfaus konnten innerhalb von zehn Jahren ihren Umsatz verdoppeln, weil sie eben nicht nur auf das übliche, wenn auch noch so gute Angebot für Skifahrer setzten, sondern speziell darauf, Familien mit Kindern ein besonderes Service zu bieten – und da gibt es derzeit weltweit kein besseres. Kulinarik, Entspannung, Unterhaltung, kulturelle Programme sind ebenso konsequent auf Familien abgestimmt. Ganz andere Stärken muss hingegen eine Region bieten, die junges Publikum ansprechen will, das in Gruppen kommt und lustige Tage mit Sport, Nachtleben und Shopping erleben will.«

Neben der konsequenten Profilierung der Betriebe und der Destinationen ist die Professionalisierung von Vermarktung und Vertrieb in einer digitalisierten Kommunikationswelt die dritte große Herausforderung für die Zukunft. Margreiter nennt als Beispiel den Spätwinter und Frühling, *»wo ein hochwertiges*

Angebot sowie die entsprechenden Kapazitäten bereitstehen, aber nur an Wochenenden und Feiertagen Auslastung finden. Dieses Potenzial gilt es noch besser zu nutzen«. Die besten Chancen dazu bietet das Internet. Die Nachfrage hat sich massiv in die Onlinewelt verlagert. Dort sucht der Interessierte heutzutage seine Inspirationen oder nützt die Erfahrungen anderer, zum Beispiel mittels sozialer Netzwerke. Und sobald er eine Entscheidung getroffen hat, will er bequem buchen. *»Wenn wir heute sehen, dass nur rund 25 Prozent der Betriebe direkt online buchbar sind, auch in den besten Regionen sind es nicht viel mehr, dann wird völlig klar, dass hier die Marketing- und Vertriebskraft gesteigert werden kann. Jahrzehntelang war dies nicht notwendig, weil sich die Nachfrage größer als das Angebot dargestellt hat, und nun ist es umgekehrt. Daher sind es die Betriebe teilweise noch nicht gewohnt, offensiv und systematisch zu verkaufen, was sie anzubieten haben. Hier braucht es ein Umdenken.«*

Ganz auf Familienurlaube hat sich der Tourismusverband Serfaus-Fiss-Ladis spezialisiert, von dem dieses Foto stammt.
Serfaus-Fiss-Ladis Tourist Board, who provided this photo, has specialised entirely on family holidays.

Margreiter verweist in diesem Zusammenhang darauf, dass der Tiroler Tourismus mit dem ersten Informationssystem TIS im Internet am Puls der Zeit war, dass der Umgang mit dem neuen Medium und den Konsequenzen und Möglichkeiten, die sich daraus ergeben, aber auf allen Ebenen zur Selbstverständlichkeit werden muss. *»Davon sind wir derzeit noch weit*

entfernt.« Wenn diese Herausforderungen gemeistert werden, sollte es auch gelingen, das dringendste Problem der Tourismuswirtschaft zu lösen: die vielfach zu geringe Wertschöpfung. Derzeit sind noch viele Kapazitäten ungenutzt. Im Durchschnitt ist ein Gästebett nur 70 Tage im Jahr belegt.

»Die Berge und die Natur werden ihre Attraktivität nicht verlieren, im Gegenteil«, ist Margreiter überzeugt. *»Und so werden auch in 25 und in 50 Jahren noch Menschen aus aller Welt zu uns kommen, aus den immer größer werdenden Städten vor allem, wo diese natürlichen Erholungsmöglichkeiten und Kraftplätze Mangelware sind. Wir müssen uns nur noch mehr einfallen lassen, was und wie wir davon erzählen. Spannende, radikale, faszinierende Geschichten müssen wir vermitteln, wie es damals mit dem Alpinismus gelang und mit unserem Jahrhundertglück Wintersport. Zum Beispiel Geschichten über das Wandern. Von seiner gesundheitsfördernden Wirkung müssen wir erzählen, von der sozialen Komponente einer Gemeinschaftswanderung, vom Wandern als Weg zu mehr Lebensqualität, auch zum persönlichen Erfolg. Es geht darum, das Wandern nicht allein als Freizeitvergnügen zu propagieren, sondern als gesundheitliche Therapie einerseits sowie als leistungssteigerndes Element im Beruf andererseits. Noch etwas zögerlich, als Versuche, setzen auch Kongress- und Tagungsveranstalter auf das Wandern. Nicht die Spaziergänge in den Pausen sind gemeint, sondern das Wandern beim Diskutieren, das Wandern als eine Möglichkeit, gemeinsam zu neuen Ideen und Erkenntnissen zu finden, befreit es doch den Geist und gibt frischen Ideen und Gedanken Raum. Das Motto sollte lauten: Die Wanderung ist die bessere Sitzung! Selbst das unsichere Wetter darf bei der heute zur Verfügung stehenden Ausrüstung kein Hindernis mehr sein.«*

Das Wandern ist für Margreiter nur ein Beispiel. Denn es gilt ganz allgemein: *»Wir müssen den Mut zu radikalen Gedanken haben und uns von ihnen den Weg in die Zukunft weisen lassen, die vor 125 Jahren begonnen hat.«*

Mit einem Slogan versehen, eignen sich die reizvollen Landschaftsbilder der Poster-Serie für Image-Inserate im In- und Ausland.
Decorated with a slogan, one of the charming landscape images of the poster series for advertising at home and abroad.

Werbung für Tirol kommt auch ohne strahlende Sonne und tiefblauen Himmel aus.
Tyrol advertising does not necessarily need bright sunshine and deep blue skies.

What is the way forward?

"The traveller's world has shrunk to the size of a village over the last 25 years", says State Tourism Director, Josef Margreiter, and thereby addresses the most important issues affecting the tourism industry. "In a globalised, industrialised and digitised consumer world, the competition has become immense, thanks to cheap flights, spontaneous, weather-related short breaks and countless travel options. What does Margreiter see as being the biggest challenges for the future? "There are three very important points. First of all, every business needs a performance profile which takes the needs of social change into account. Secondly, every region needs an individual profile. One that attracts a certain target group; youthful or classic-traditional, health orientated or culture seeking guests." The third greatest challenge is presented by professional marketing and sales. "Currently, only 25 percent of our businesses are bookable online. This has to change."
When these challenges are surmounted, it should be possible to solve the most pressing problem of the tourism industry, namely the sector's low prices, to secure future healthy prospects. The tourism director is sure of one thing. "The mountains and nature will never lose their attractiveness, on the contrary. People from all over the world will still visit us in 25 and in 50 years time, from ever-growing cities, especially those where natural beauty is in short supply."

Neustift, Stubai

Nachwort des Autors

Das 125-Jahr-Jubiläum der Landesorganisation für den Tourismus in Tirol war der Anlass, das von mir bereits zum »Hundertjährigen« erarbeitete Buch neu aufzulegen. Es war längst vergriffen und hat, so versichern viele in der Branche, eine Lücke hinterlassen, die geschlossen werden sollte. So ging der Anstoß dazu von der Tirol Werbung aus. Wir haben uns für ein handlicheres Format entschieden und für eine aufgelockerte, fast magazinartige Gestaltung. Dafür konnte die aus Prag stammende Grafikerin Hana Hubálková gewonnen werden.

Die Bilder sind nicht weniger geworden. Viele wurden direkt aus dem alten Buch übernommen, ganz neues Bildmaterial ist dazugekommen. Auch inhaltlich gibt es Neues zu lesen, etwa das Kapitel über die frühe Fotografie im Dienste des Tourismus, der Abschnitt über die Funktion von Tiroler Klischees in der Werbung oder Tirol als Filmland.

Mein Wissen zum Thema entstammt meiner jahrzehntelangen Auseinandersetzung mit der Tiroler Geschichte. Erkenntnisse zum Tourismus habe ich aus vielen Büchern, Aufsätzen und Katalogen gewonnen, die aufzuzählen den Rahmen dieses Buches sprengen würde, das ja keinen wissenschaftlichen Anspruch erhebt, obwohl es sehr wohl auf wissenschaftlicher Grundlage beruht und jede Aussage belegt werden kann. Die längst erhofften zwei, drei großen wissenschaftlichen Arbeiten über dieses Spezialthema sind immer noch ein Desiderat. Nur die Entstehung und Entwicklung der Landesorganisation erfuhr eine entsprechende Bearbeitung. Und zwar durch den früheren Landesfremdenverkehrsdirektor Adolf Lässer. Sein 1989 erschienenes Werk »100 Jahre Fremdenverkehr in Tirol. Die Geschichte einer Organisation« bietet auch reiches Material über die verschiedensten Aspekte des heimischen Tourismus. Eine weitere wichtige Arbeit ist Josef Fontanas »Wirtschaft in Südtirol vom Vormärz bis zur Gegenwart« und von Walter Ager »Tirol einst, jetzt und in der Zukunft. Eine Darstellung der Wirtschaftsentwicklung im Land Tirol«. Mit dem Tourismus in der Landeshauptstadt vor allem in neuerer Zeit befasst sich ausführlich Benjamin Türkis in dem Buch »Innsbrucker Tourismusgeschichte«. Viel Interessantes zum Fremdenverkehr enthält fast jedes Gemeindebuch, jede Ortschronik, und natürlich habe ich aus diesem Fundus geschöpft und Wissenswertes oder auch Unterhaltendes in meinen auf leichte Verständlichkeit und Kürze bedachten Überblick einfließen lassen.

Zu danken habe ich in erster Linie Josef Margreiter, dem Landestourismusdirektor von Tirol und Geschäftsführer der Tirol Werbung. Er sorgte durch ein entsprechendes Übereinkommen mit dem Haymon Verlag dafür, dass eine Neuauflage des Buches in neuer Form möglich wurde. Ein Dank auch an alle, die mich bei der Arbeit unterstützt haben, vor allem in der Führungsetage der Tirol Werbung und in den diversen Abteilungen dieses Unternehmens. Auch für das neue Wissen, das ich ganz persönlich in den vielen Gesprächen erwerben durfte. Mein Dank gebührt auch der Grafikerin Hana Hubálková für die einfühlsame Zusammenarbeit. So entstand ein Buch, das – wie ich meine – inhaltlich und grafisch aus einem Guss ist. Möge es vielen Menschen gefallen und mögen noch mehr einschlägig Interessierte daraus Wissen und neue Erkenntnisse gewinnen. Die Erfahrungen unserer Vorfahren können durchaus für die Gegenwart und Zukunft nutzbar gemacht werden.

Innsbruck, im November 2014
Michael Forcher

Orts- und Personenregister

Der Name und Begriff Tirol mit allen seinen Verbindungen ist nicht aufgenommen. Täler und Berggruppen sind aufgelistet. Von den Bezirken des Bundeslandes Tirol sind nur Osttirol und das Außerfern eigens notiert.

Bildnachweis

Folgende Institutionen und Privatpersonen stellten Fotos und Originaldokumente zur Verfügung. Zu bemerken ist, dass viele Bilder, die aus der ersten Auflage dieses jetzt erweiterten und neu gestalteten Buches übernommen wurden, oft von Institutionen stammen, die in der Form nicht mehr existieren, man denke nur an die kleinen Tourismusverbände.
Bei inzwischen verstorbenen Bildbesitzern oder Sammlern ist nicht immer klar, wo sich der Nachlass befindet. In solchen Fällen ist die ehemalige Kontaktperson angegeben.

Tiroler Landesmuseum Ferdinandeum:
10, 12/13, 14 (2x), 15, 18, 20 (2x), 23, 24, 26, 27, 28, 45, 46 o., 51, 53 (2x), 66, 67, 68 u., 77, 94, 95, 109 (2x), 111 o., 114 u., 118, 119, 120, 122, 125, 126, 128 m., 131, 132, 137, 201, 144, 150 (2x), 151, 152 o., 155, 157 u., 166, 167 o., 173 o., 175 u., 179 o., 180, 181 (3x), 182, 183, 184, 185, 188 o., 189 (2x), 194, 195, 216, 217 r., 218, 220, 229 o., 119, 251 o.r., 252 o., 253 u., 314, 329

Sammlung Forcher, Innsbruck:
16, 17 (3x), 21 (2x), 29 o., 30 o., 31, 32, 33, 36 u., 38 u., 40, 46 u., 47 (2x), 52, 54 (2x), 55 o., 57 u., 60, 61 (3x), 62/63, 64 (2x), 68 o. (2x), 69 (2x), 70, 72 (2x), 73 (2x), 76, 78, 80 (2x), 81 (2x), 82, 83 (2x), 85 o.r. und o.m., 87, 90, 96 o., 100/101, 102 u.r., 103 (3x), 111 u., 115 o., 116, 117 (2x), 121, 127 u., 128 o. und u., 129 (2x), 133, 134, 140 (2x), 146 o., 149, 152 u., 153 o., 154 o., 257 o., 158 (2x), 159, 160/161, 165 (2x), 168 u., 169, 172 u., 175 o., 177, 178 u., 179 u. (2x), 186 (3x), 187, 188 u., 191 o.r., 201, 206 (2x), 207, 209 u., 210/211 (4x), 217 o., 227 u., 228 (2x), 229 u., 237 o. und u.l.,

238 (2x), 239 (2x), 240 o.r., 257 u., 264 (ex), 269 (2x), 271, 285 o.r., 308 o. und u.r., 317, 318 (2x), 319 (2x), 331 u., 335 u., 351

Sammlung der Tirol Werbung 125, 252 u., 260, 261, 262, 265, 267, 268, 315, 316, 320, 321

Fotoarchiv der Tirol Werbung 5 (Foto Jörg Koopmann), 292 u. (Foto Alexander Ziegler), 293 (2x, Laurin Moser), 296 u. (Bernhard Aichner), 297 (Martina Wiedenhofer), 298 u.l. (Bernd Ritschel) und u.r. (Martina Wiedenhofer), 322 o. (Wolfgang Ehn) und u. (Mario Webhofer), 323 o. (Bernd Ritschel) und u. (Maria Ziegelböck), 324 (Frank Bauer), 325 (Josef Mallaun), 336 u. (Bernhard Eichner), 353 (Frank Bauer), 354 (Thomas Defner), 355 (Markus Jenewein), 357 (Laurin Moser), 363 (Die Fotografen), 367 (Jörg Koopmann), 370 o. (Peter Neusser), 370 u. (Monika Höfler), 371 (Frank Bauer)

Akademisches Gymnasium, Innsbruck 230
Alpenvereinsmuseum, Innsbruck 36/37, 38, 39 r.
Amort Robert, Gossensass 102 o.
Archiv der Familie Brunner, Brixen 71 u.
Archiv der Filiale der ehemaligen CA in Innsbruck 199 o.
Archiv des Haymon Verlags 39 l., 192, 193 o., 208, 209 o., 258 o. (Reproduktion aus dem Besitz der Künstlerin), 282 o., 306, 307 (3x), 308 u.l.
Archiv March, Margit Strasser, Brixen 142, 147
Arlberger Bergbahnen AG, St. Anton 217 u., 273 u., 274 o.
Bergbahnen Langes, Lermoos-Biberwier 295 u.
Bibliothèque Doucet, Paris 202, 203
Bildarchiv der Marktgemeinde Matrei i.O. 104 o., 112 o., 138, 139, 224 u., 225 (2x), 259 u.
Bildarchiv des ehemaligen Landesverkehrsamt Südtirol, Bozen 204 (2x), 205
Cine Tirol, Innsbruck 348 o., 348 u. (Graf Filmproduktion), 349 (Oliver Roth), 350 o. (A. Fanck), 353
Congresszentrum Alpbach 342 (2x), 343 (2x, Foto Puiu/Naderer)
Congress Innsbruck 340 (3x), 341
Eck, Maria-Franziska, Lienz 113 o.
Egger-Lienz-Archiv des Landes Tirol 93 u.
Felbertauernstraße AG, Lienz 305, 306
Filmmuseum Thiersee 350 u., 352 (3x)
Fondazione Sella, Biella 143
Foto Christian Forcher 287 u., 290, 291 (3x), 326/27, 332 (2x), 336 o., 336 o., 337 (2x)
Foto Michael Forcher, Innsbruck 55 u., 191 o.l., 328 o. und u.
Foto Oswald Kofler (Sammlung Forcher), Meran 25
Foto Lothar Rübelt (Sammlung Forcher) 226, 227 o., 231, 233 (3x), 234 (2x), 235, 237 u.r., 240 o.l. und u., 241 u., 342–347 (12x)
Foto Othmar Seehauser 310, 312, 313
Foto Erich Spiess 285 (2x), 286 u.
Frischauf-Bild (Sammlung Forcher) 281, 283 (4x), 284 (2x)
Fotohaus Karg, Kufstein 198
Gröbmer Max, Gossensass 104 u.
Haid Norbert, Meran 112 u.
Heimatwerbung GesmbH (Bildarchiv) 219 (2x), 331 o., 339
Hexenwasser Söll – Hohe Salve 368, 369 o.
Hotel Sonne, Sölden 292 o.
Hundsbichler Maria, Hippach 97 u.
Innsbrucker Antiquariat Dieter Tausch 199 u., 236
Institut für Sportwissenschaft der Universität Innsbruck 270 (2x), 272 o.
Kapavik Ralph, Innsbruck 339
Kitzbüheler Nachrichten 251 o.l.
Lami Monika, Landeck 114 o., 115 u.
Landesbaudirektion, Innsbruck 300 (2x)
Museo Correr, Venedig 43 o.
Museum Kitzbühel 113 u., 148, 153 u., 163 o., 282 u.
Museum Landeck 58
Museum Schloss Bruck, Lienz 330 u. (Foto Zita Oberwalder)
Nordkettenbahn Innsbruck 263 o.l.
OK Hochfilzen 287 o. (Foto C. Einecke)
Österreichisches College, Wien 258 u.
Osttirol Werbung 288 (2x, LRC/Felgenhauer), 296 o. (NPHT), 298 o. (TVB Osttirol/Tembler), 299 (TVB Osttirol/Leischner)
Pernwerth Adelheid, Innsbruck 85 or.
Privatbesitz 19, 29 u., 154 u., 178 o., 213
Sammlung Eccher, Trient 106, 108
Sammlung Jäger, Ötz 97 o.m. und o.r.
Sammlung Kröll, Wien/St. Jakob i.D. 105
Sammlung Pechtl, Tarrenz 93 o., 193 u., 223, 302, 303
Sammlung Pizzinini, Völs 30 u., 65, 75 o., 92, 251 u.
Sammlung Sieber, Innsbruck 62, 63 u., 172 o., 174, 176
Sammlung Stadtgemeinde Lienz, Archiv Museum Schloss Bruck–TAP 41
Sammlung Treffner, Imst 110 o.
Sammlung Waibl, Bruneck 48/49, 50, 74 o.
Schwarzenauer Herbert, Alpbach 254, 255
Skiclub Kitzbühel 253 o. (2x), 285 o.
Sportabteilung im Amt der Tiroler Landesregierung, Innsbruck 241 o.
Stadtarchiv Innsbruck 42, 74 u., 122 (2x), 127 o., 164, 167 u., 221
Stadtmuseum Meran 79
Swarovski Kristallwelten Wattens 334 (4x)
Timmelsjoch-Hochalpenstraße AG, Innsbruck 301
Tiroler Archiv für photographische Dokumentation und Kunst (TAB) 99, 224 o.
Tiroler Festspiele Erl 333
Tiroler Flughafenbetriebsges. m.b.H., Innsbruck 309 (Foto Christoph Plank)
Tiroler Landesarchiv, Innsbruck 84, 85 u., 88, 257 o.
Tiroler Skiverband 152 o., 256 (2x)
Tiroler Volkskunstmuseum, Innsbruck 212 (2x, Foto Christian Forcher), 338 u. (2x)
Tirol Panorama Bergisel 330 o.
Touriseum, Meran 35, 204 (2x), 205, 311
TVB Serfaus-Fiss-Ladis 371 u. (Foto Andreas Kirschner)
Verein Meraner Volksschauspiele, Meran 170/171
Verkehrsamt Toblach 190
Wikipedia, Commons 338 o.
Wintersport Tirol AG, Innsbruck 275 (3x)
Wörgler Wasserwelt 295 o.
Zugspitzbahn AG, Ehrwald 214 (2x)

Folgende ehemalige Fremdenverkehrsverbände stellten für die Erstauflage Bilder zur Verfügung: Brixen im Thale 168 o., 272 u., 294 o.r., / Fieberbrunn 136, 259 o., 273 / Galtür 276 o. / Kirchdorf 277 u. / Leermoss 276 u. / Lienzer Dolomiten 434 / Mayrhofen 274 u. / Reutte 266 / Serfaus 249 / Westendorf 263 o.r. und u. / Wildschönau 277 o., 294 o.l.